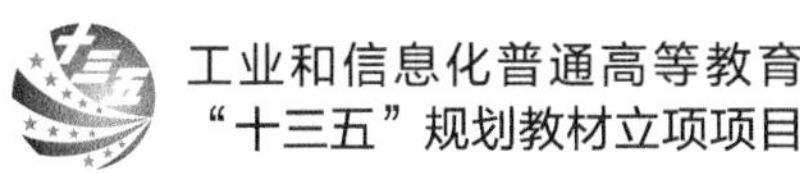

全国跨境电商“十三五”规划教材

逯宇铎 陈璇 张斌 楼晨昕◎编著

LOGISTICS
of Cross-border E-commerce

微课版

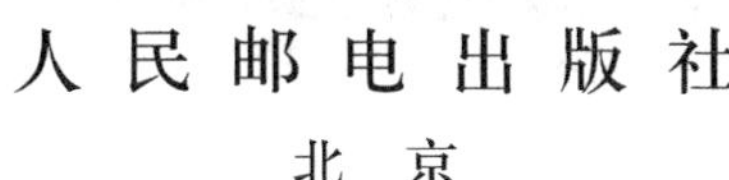

北京

图书在版编目（CIP）数据

跨境电商物流 ：微课版 / 逯宇铎等编著. -- 北京 ：
人民邮电出版社, 2021.7
全国跨境电商“十三五”规划教材
ISBN 978-7-115-55205-1

Ⅰ. ①跨… Ⅱ. ①逯… Ⅲ. ①电子商务－物流管理－
高等学校－教材 Ⅳ. ①F713.365.1

中国版本图书馆CIP数据核字(2020)第214085号

内容提要

本书共 8 章，分别为跨境电商物流概述、邮政物流、国际商业快递、专线物流、海外仓、跨境电商物流中的通关与报关、跨境电商物流信息管理和跨境电商物流平台操作。通过学习本书，读者可以了解跨境电商物流的基本理论，掌握跨境电商物流模式，熟知跨境电商物流中通关与报关流程，熟练掌握跨境电商物流平台的操作，学会运用相关理论和方法分析并解决实际问题。

本书可作为普通高等教育本科院校及高职院校的国际贸易、电子商务、跨境电子商务、商务英语、市场营销等专业相关课程的教材，也可作为跨境电子商务行业从业人员了解行业发展，提高技能的参考书。

◆ 编　　著　逯宇铎　陈　璇　张　斌　楼晨昕
责任编辑　刘向荣
责任印制　李　东　胡　南
◆ 人民邮电出版社出版发行　　北京市丰台区成寿寺路 11 号
邮编　100164　　电子邮件　315@ptpress.com.cn
网址　https://www.ptpress.com.cn
固安县铭成印刷有限公司印刷
◆ 开本：787×1092　1/16
印张：12.5　　2021 年 7 月第 1 版
字数：288 千字　　2025 年 8 月河北第 8 次印刷

定价：42.00 元

读者服务热线：(010)81055256　印装质量热线：(010)81055316
反盗版热线：(010)81055315

前言

党的二十大报告指出，加快建设网络强国、数字中国。加快发展数字经济，促进数字经济和实体经济深度融合。

我国跨境电商正在政策的支持下成长为推动中国外贸增长的新动能。跨境电商的快速发展，带动了跨境电商物流的发展。跨境电商物流是两个或两个以上国家进行的物流服务，是物流服务的进阶阶段，跨境电商物流包括国际物流、国内物流等，并涉及出入境海关与商检，其物流时间更长，距离更远，方式更复杂。通过跨境电商发展的带动，与之相关联的跨境物流已经不再简单拘泥于国际邮政小包、国际快递或托人捎带等相对传统的物流模式，一些新兴物流模式如雨后春笋般不断涌现，且呈现迅速发展的态势，如海外仓的兴起与发展等，多种物流模式共用，体现聚合效应。

跨境电商物流是电子商务专业和跨境电子商务专业的一门核心课程。通过学习该门课程，学生可了解跨境电商物流的基本理论，掌握跨境电商物流的模式，熟知跨境电商物流中通关与报关的流程，熟练掌握跨境电商物流平台的操作，学会运用相关理论和方法分析并解决实际问题。

本书共 8 章，分别为跨境电商物流概述、邮政物流、国际商业快递、专线物流、海外仓、跨境电商物流中的通关与报关、跨境电商物流信息管理和跨境电商物流平台操作。

与其他同类图书相比，本书的特色主要体现在以下几个方面。

（1）时效性。本书中的案例多为 2019 年的，同时又交代了大量 2020 年的新生事件及计划内容，案例时效性强。

（2）全面性。本书除包含同类教材中的一般内容外，还包含跨境电商物流对跨境电商产品定价的影响、中国商业快递国际化发展、虚拟仓、“互联网+物流”背景下跨境电商物流新发展等内容，十分全面。

（3）实践性。本书突破以往相关图书重理论轻实践的现状，内容包含最新报关单填制，并且详细介绍了敦煌网、全球速卖通、eBay 等跨境电商物流平台的操作流程，实践性强。

（4）发散性。本书章节前配有引导案例，章后配有课后习题，题型多样，包括选择题、判断题、简答题、计算题和案例分析题等，难易搭配，对读者的发散思维起引导作用。

本书的编写人员全部是高校从事跨境电子商务教学和科研的老师。逯宇铎教授负责拟定大纲，构建全书框架，确定体例。各章编写具体分工如下：第 1 章由逯宇铎、李娜编写；第 2 章、第 3 章由李娜编写；第 4 章、第 5 章由陈璇编写；第 6 章由张斌、韩艳、高建明编写；第 7 章由楼晨昕、韩朝胜、叶雨编写，第 8 章由陈真真、李娜、滕飞编写。最后由李娜、逯宇铎负责统稿。本次印刷参与修改工作的有高建明、张斌、王佳桐、万淑莲、逯宇铎。此外，本书编写过程参阅了大量资料，在此对所有作者表示感谢。

虽然在编写过程中，本书经过多次校对和修改，但由于作者水平有限，书中难免有不当之处，敬请读者批评指正。

逯宇铎 教授/博士生导师

2023 年 12 月

目　录

目 录

第1章 跨境电商物流概述

2014 年,《物流业发展中长期规划（2014—2020）》明确提出，积极推动国际物流发展。积极构建服务于全球贸易和营销网络、跨境电子商务的物流支撑体系，为国内企业“走出去”和开展全球业务提供了物流服务保障。支持优势物流企业加强联合，构建国际物流服务网络，打造具有国际竞争力的跨国物流企业。2018 年 8 月,《中华人民共和国电子商务法》颁布，跨境电商迎来新的发展机遇，跨境电商物流模式直接影响跨境电商的发展，优质的跨境电商物流，能够促使跨境电商交易更加便利。

跨境电商物流概述

本章学习目标

1. 理解跨境电商物流的内涵和特征；
2. 掌握跨境电商物流的类型；
3. 了解跨境电商物流在发展中存在的问题；
4. 结合实际提出跨境电商物流的发展对策。

1.1 认识跨境电商物流

引导案例

随着互联网逐渐普及，支付体系逐步完善，以及物流行业的便捷化，跨境电商在国内如火如荼地展开，跨境电商以其小额交易、低成本、低风险、敏捷灵活的特点迎合了海外买家的需求。随着5G的推出，以后更是一个互联网的时代。电子商务的迅猛发展，已逐渐改变了我们的生活方式，同时也带给我们很多创业机会，跨境电商卖家足不出户，就能轻松拓展全球业务。

2019年10月10日—12日，第14届中国（深圳）国际物流与供应链博览会在深圳会展中心举办。中国（深圳）国际物流与供应链博览会是中国企业走出去参与国际物流分工与竞争的重要窗口和吸引国际物流公司进入中国的门户，对促进中国的物流与交通运输行业的发展，提高行业的国际知名度和影响力发挥着积极作用，它推动了国际合作的深度融合，作为企业与行业展示的平台，该博览会是中国物流与交通运输业在国际体系中地位日益提升的重要载体和标志，这次博览会的主题是改革优化供应链，开放提升价值链。

物流是买家线上购物的终端体验，现在买家看物流不再只简单停留在价格和时效上，而且也越来越注重服务。因此选择一家效率高、成本低、服务好的物流平台对卖家进军蓝海市场是很重要的一个环节。

阅读以上案例，思考：

1. 什么是跨境电商物流？

2. 跨境电商物流对跨境电商有什么影响？

跨境电商物流是伴随跨境电商的发展而产生的。随着跨境电商的发展，跨境电商物流迅速成长。跨境电商的发展是物流、信息流和资金流的协调发展，跨境电商物流作为其中重要的一个环节，是决定跨境电商行业发展的关键性因素。

1.1.1 跨境电商的概念

跨境电商（Cross-border E-commerce），也称跨境电子商务，是电子商务应用过程中一种较为高级的形式，是指不同国家和地区间的交易双方通过互联网及其相关信息平台实现交易。实际上就是把传统国际贸易加以网络化、电子化的新型贸易方式。跨境电商以电子技术和物流为手段，以商务为核心，把原来传统的销售、购物渠道转移到互联网上，打破国家和地区间的壁垒，使厂家实现了全球化、网络化、无形化、个性化、一体化。

拓展知识

海关总署公告2014年第12号《关于增列海关监管方式代码的公告》明确：增列海关监管方式代码“9610”，全称“跨境贸易电子商务”，简称“电子商务”，适用于境内个人或电子商务企业通过电子商务交易平台实现交易，并采用“清单核放、汇总申报”模式办理通关手续的电子商务零售进出口商品（通过海关特殊监管区域或保税监管场所一线的电子商务零售进出口商品除外）。

海关总署公告2014年第57号《关于增列海关监管方式代码的公告》明确：增列海关监管方式代码“1210”，全称“保税跨境贸易电子商务”，简称“保税电商”。适用于境内个人或电子商务企业在经海关认可的电子商务平台实现跨境交易，并通过海关特殊监管区域或保税监管场所进出的电子商务零售进出境商品［海关特殊监管区域、保税监管场所与境内区外（场所外）之间通过电子商务平台交易的零售进出口商品不适用该监管方式］。

海关总署公告 2016 年第 75 号《关于增列海关监管方式代码的公告》明确：增列海关监管方式代码“1239”，全称“保税跨境贸易电子商务 A”，简称“保税电商 A”。适用于境内电子商务企业通过海关特殊监管区域或保税物流中心（B 型）一线进境的跨境电子商务零售进口商品。

国内 15 个试点城市，以及 2019 年新设的 22 个跨境电商综合试验区的城市，暂不适用“1239”监管方式开展跨境电子商务零售进口业务。

1.1.2　我国跨境电商平台的运营模式

（1）我国出口跨境电商平台的运营模式

以不同跨境电商平台在整个跨境商品交易过程中承担的任务、其在该领域内的影响力，以及各自采取的模式为标准来划分，我国出口跨境电商平台的运营模式有如下四种：传统跨境大宗交易平台模式、综合门户类跨境小额批发零售平台模式、垂直类跨境小额批发零售平台模式和专业第三方服务平台的运营模式。

① 传统跨境大宗交易平台模式

这种模式主要为达到一定经营规模的国内进出口贸易企业提供服务以 B2B 模式展开运营。在平台运营过程中，采用该模式的企业，主要面向与平台达成合作协议的海外商家或国内经营者，使他们可以在线上渠道进行商品推广，并为商家提供各方面的资源支持，促成跨境商品交易。一般情况下，传统跨境大宗交易平台的营销渠道具有多样化特点，除了举办实体活动，还可通过报纸、杂志，或者利用网络平台进行推广。其主要利润来源：向合作企业收取会员费用，以及营销过程中获得的部分营收，如阿里巴巴国际交易市场、中国制造网、环球资源等。

② 综合门户类跨境小额批发零售平台模式

国内的经营商借助第三方电子商务平台与其他国家的用户进行互动沟通，完成商品买卖。经营商与用户之间往往存在国别差异，距离较远，采用这种模式不用办理进出境手续及相关海关事务，也无须扣除关税，从本质层面来理解，就是国内的经营商利用网络平台完成小额国际贸易。其主要利润来源：收取佣金，此外还包括会员费、广告费等增值服务费，如阿里速卖通、敦煌网等。

③ 垂直类跨境小额批发零售平台模式

运营方主动与商品供应企业进行合作，作为某种商品的唯一经销商，采用 B2C 模式开展平台运营，满足海外用户的商品需求。其主要利润来源：商品销售为主要盈利渠道，如米兰网、兰亭集势以及 DX。

④ 专业第三方服务平台的运营模式

该类平台不参与任何电子商务的买卖过程，而是为跨境电子商务企业提供物流、支付、客服等解决方案，收取服务费，如递四方、四海商舟等。

（2）我国进口跨境电商平台的运营模式

在跨境进口贸易中，传统海淘模式是一种典型的 B2C 模式。所谓海淘是指国内的消费者在外国的 B2C 网站上购物，然后通过直邮或转运的方式将商品运送至国内的购物方式。

除了最为传统的海淘模式，根据不同的业务形态，我们可将进口零售类电商平台的运营模式分为五大类：海外代购模式（C2C 模式）、直发/直运平台模式、自营 B2C 模式、导购/返利平台模式、海外商品“闪购特卖”模式。

① 海外代购模式（C2C 模式）

海外代购是指在海外的人或商户为有需求的中国消费者在当地采购所需商品，并通过跨境物流将商品送达到消费者手中。价格差异显著、商品品质有保障、商品选择丰富是消费者进行海外代购的主要原因。

在形态上，海外代购可分为海外代购平台和朋友圈海外代购。海外代购平台走的是 C2C 平台模式，通过吸引符合要求的第三方卖家入驻，为消费者提供商品。朋友圈海外代购是依靠社交关系从移动社交平台自然生出来的原始商业形态，存在灰色贸易嫌疑，难以长期发展。代表平台有淘宝全球购、美国购物网等。

② 直发/直运平台模式

直发/直运平台模式又被称为 drop shipping 模式。电商平台将接收到的消费者订单信息发给批发商或厂商，后者则按照订单信息以零售的形式向消费者发送货物。由于供货商是品牌商、批发商或厂商，因此直发/直运是一种典型的 B2C 模式。直发/直运平台的部分利润来自于商品零售价和批发价之间的差额。代表平台有天猫国际、洋码头等。

③ 自营 B2C 模式

在自营 B2C 模式下，大多数商品都需要平台自己备货。自营 B2C 模式又分为综合型自营和垂直型自营两类。综合型自营跨境 B2C 平台的跨境供应链管理能力强，拥有强势的供应商管理和较为完善的跨境物流解决方案。代表平台有：亚马逊和 1 号店的“1 号海购”。垂直型自营跨境 B2C 平台是指平台在选择自营品类时会集中于某个特定的范畴，如食品、奢侈品、化妆品、服饰等。代表平台有亚马逊（综合）、1 号店的“1 号海购”（综合）、中粮我买网（食品）、蜜芽（母婴）等。

④ 导购/返利平台模式

导购/返利平台模式主要由引流+商品交易两部分构成。这类平台通常会与海外 C2C 代购模式配合，可以理解为海淘 B2C 模式+代购 C2C 模式的综合体，即平台将自己的页面与海外 B2C 电商的商品销售页面进行对接，销售商品后，B2C 电商给导购平台 5%～15%的返点，导购平台再将所获返点的一部分作为返利回馈给消费者。代表平台有一淘网（阿里旗下）、海涛居、55 海淘等。

⑤ 海外商品“闪购特卖”模式

它是一种相对独特的模式，属于第三方 B2C 模式。代表平台有唯品会海外直发专场、天猫国际环球闪购。

1.1.3 跨境电商物流的定义

跨境电商在运作过程中涉及信息流、商流、资金流和物流，信息流、商流和资金流均可通过计算机和网络通信设备在虚拟环境下实现，但物流环节是不能在虚拟环境下实现的。国际物流系统包括仓储、运输、配送、流通加工、包装、装卸搬运和信息处理七个子系统，国际物流系统高效率、高质量、低成本的运作是促进跨境电商发展的保证。

跨境电商物流是指位于不同国家和地区的交易主体通过电子商务平台达成交易并进行支付清算后，通过跨境物流送达商品进而完成交易的一种商务活动。也就是说，跨境电商物流是采用现代物流技术，利用国际化的物流网络，选择最佳的方式与路径，以最低的费用和最小的风险，对货物（商品）进行物理性移动的一项国际商品或交流活动，从而完成国际商品交易的最终目的，最终实现卖方交付单证、货物和收取货款；买方接收单证、支付货款和收取货物。

跨境电商物流与传统物流的不同之处在于交易的主体分属于不同关境；商品需要从供应方国家/地区通过跨境物流方式实现空间位置转移，在需求所在国家/地区内实现最后的物流与配送，分为境内物流、国际（地区间）物流与运输、目的国/地区物流与配送三个方面。

1.1.4　跨境电商物流与跨境电商的关系

（1）跨境电商必须通过跨境电商物流服务来完成

跨境电商的运营，会涉及信息、商业、资金的流动，这些工作都可以利用计算机网络系统完成，但是，商品运输是无法在虚拟的网络空间完成的，必须通过跨境电商物流在线下对商品进行运输、配送、储存、分拨等才能得以实现。

（2）跨境电商物流服务的水平决定了跨境电商的效率和效益

国际贸易的新形式表现为小批量、多频次、快速发货，这就要求跨境电商必须快速响应客户需求，利用互联网和电子商务平台，通过线下跨境电商物流将商品尽快送达客户手中。跨境电商物流服务的成本、准确度和快速响应的品质，将成为跨境电商服务的极大竞争优势，直接影响和决定跨境电商的效率和效益。

（3）国际物流的价格影响着跨境商品的定价、成本以及最终利润

国际物流是跨境电商商品交易的重要一环，也是必不可少的一环。大到物流渠道的选择、运费计算，小到商品包装，这些对商品运营都非常重要。跨境电商商品的价格主要由进货成本、跨境物流成本、跨境电商平台成本、售后维护成本、其他综合成本以及利润构成。合理设置运费或跨境物流运费，应当受到卖家特别是新手卖家足够的重视。针对单位价值较低的商品，卖家可以免运费，以吸引客户。卖家在上架商品前，应对每个商品进行称重并计算相应的运费，合理设置包装方式，尽量将运费成本降到最低，并让利于买家，这会在价格上获得更多的竞争优势，利于商品的销售。卖家一定要提高物流反应速度和消费者满意度，选择高质量的第三方物流或在有足够实力的情况下发展自己的物流体系，注重以商品需求与退货为随机条件的逆向物流定价策略，更有利于制定更具实效性且符合商品市场实际情况的价格策略，使成本消耗更低和收益更高。

1.2　跨境电商物流类型

引导案例

凯乐士科技（GALAXIS）集团（以下简称“凯乐士”）是一家专注于提供物流自动

化与机器人整体解决方案和一站式服务的高新技术企业。中国某知名电商平台（以下简称“W”）以自营直采模式为主，是中国最大的跨境电商自营平台。为此，W 急需建立一座具有高标准、专业化、自动化的新一代跨境电商物流运营中心。

凯乐士对现场环境和条件精确调研后，经过全面的数据分析，并通过对电商业态的发展趋势和业务量的理性预测，同时根据各业态作业需求进行大量的设备选型比较，形成最终设计方案。

W 保税仓为客户提供定制化的跨境电商物流服务。该保税仓主要存储洗护、母婴、食品等商超类货品。

对于 W 保税仓内部设备搭建，凯乐士为其提供全面的智慧物流建设一站式服务，引入包括四向穿梭车、高速提升机、高位货架、输送分拣线、高速分拣机等智能装备，以及凯乐士自主研发的物流管理软件（WCS、WMS）等系统构建内部智能物流系统，建立首个具有行业示范标准的全自动化专业穿梭车仓库。在穿梭车仓库的货架上，各类商品按照不同的 SKU 编码对号入座。在客户下单后，系统第一时间将商品数据传送至仓库，由此启动自动化分拣任务。

蓝色的周转箱带着客户所需商品，在拣选和回库滑道上来回穿梭，直至把不同订单的货物逐个分拣出来。传送至播种区（多品种）或单品区，以便做好出库前的最后“打扮”，如复核、打包、贴面单，直至出库。

本项目通过无线终端与自动化流水线和仓库信息管理系统的无缝集成，实现智能化仓库作业管理。凯乐士以便捷高效的自动化分拣配货，减少仓库配货人工成本，提高作业效率，赢得客户青睐、认可。

阅读以上案例，思考：

1. 什么是保税仓？

2. 跨境电商物流有哪些类型？

现在跨境电商外贸卖家越来越多，每当开始做业务有订单时，第一个要考虑的问题就是怎么选择快递物流把货发送出去。从跨境电商行业的发展轨迹来看，卖家转型服务、服务商加注增值服务的趋势愈加明显。在跨境电商物流领域，安全、时效、成本一直是卖家关注的要点。

1.2.1 我国跨境电商物流的主要模式

在跨境电商迅猛发展的同时，物流成本过高、配送速度慢、服务水平低等已成为在发展电子商务进程中亟待解决的问题。不同于国内物流，跨境物流距离远、时间长、成本高，不仅如此，中间还涉及目的地清关（办理出关手续）等相关问题。面对各式各样的物流方案、物流服务商，选择适合自己的跨境物流模式至关重要。

目前我国跨境电商物流模式主要有以下五种。

1. 邮政包裹模式

邮政网络基本覆盖全球，比其他任何物流渠道都要广。这主要得益于万国邮政联盟和卡哈拉邮政组织（KPG）。万国邮政联盟是联合国下设的一个关于国际邮政事务的专门机构，通过一些公约法规来改善国际邮政业务情况，发展邮政方面的国际合作。万国邮政联盟由于会员方众多，而且会员方之间的邮政系统发展很不平衡，因此很难促成会员方之间的深度邮政合作。2002 年，中国、美国、日本、澳大利亚、韩国以及我国香港地区的邮政部门在美国召开了邮政 CEO 峰会，并成立了卡哈拉邮政组织，后来西班牙和英国也加入了该组织。卡哈拉邮政组织要求所有成员方的投递的准点率要达到 98%的质量标准。如果货物没能在指定日期投递给收件人，那么负责投递的运营商要按货物价格的100%赔付客户。这些严格的要求都促使成员方之间深化合作，努力提高服务水平。例如，从中国发往美国的邮政包裹，一般 15 天以内可以到达。据不完全统计，中国出口跨境电商70%的包裹都通过邮政系统投递，其中中国邮政占据 50%左右。

优势：邮政网络覆盖全球，而且价格比较便宜。

劣势：一般以私人包裹方式出境，不便于海关统计，也无法享受正常的出口退税；同时，速度较慢，丢包率高。

2. 国际快递模式

国际快递是指四大商业快递巨头，即 DHL、TNT、FedEx 和 UPS。这些国际快递商通过自建的全球网络，利用强大的 IT 系统和遍布世界各地的本地化服务，为网购中国商品的海外用户带来极好的物流体验。

优势：速度快、服务好、丢包率低，尤其是发往欧美发达国家非常方便。例如，使用 UPS 从中国将包裹送到美国，最快可在 48 小时内完成，使用 TNT 将包裹从中国发至欧洲一般只需 3 个工作日。

劣势：价格昂贵，且价格资费变化较大。一般跨境电商卖家只有在客户强烈要求时效性的情况下才会使用，且会向客户收取运费。

3. 国内快递模式

目前，我国跨境物流停留在传统物流层面，物流高端服务与增值服务缺失。国内快递主要指 EMS、顺丰和“四通一达”。在跨境物流方面，“四通一达”中申通、圆通布局较早，但也是近期才发力拓展，如美国申通 2014 年 3 月才上线，圆通也是 2014 年 4 月才与 CJ 大韩通运展开合作，而中通、汇通、韵达则刚刚开始启动跨境物流业务。顺丰的国际化业务则要成熟些，目前已经开通到美国、澳大利亚、韩国、日本、新加坡、马来西亚、泰国、越南等国家的快递服务，发往亚洲国家的快件一般 2～3 天可以送达。在国内快递中，EMS 的国际化业务是最完善的。依托邮政渠道，EMS 可以直达全球 60 多个国家，费用相对四大快递巨头要低，在中国境内的出关能力很强，将包裹送达亚洲国家需要 2～3 天，送达欧美等国家则需要 5～7 天。

优势：速度较快；费用低于四大国际快递巨头；EMS 在中国境内的出关能力强。

劣势：由于并非专注跨境业务，相对缺乏经验，对市场的把控能力有待提高，覆盖的海外市场也比较有限。

4. 专线物流模式

专线物流一般通过航空包舱方式将包裹运输到国外，再通过合作公司进行目的国的派送。专线物流的优势在于其能够集中大批量到某一特定国家/地区的货物，通过规模效应降低成本。因此，其价格一般比商业快递低。在时效上，专线物流稍慢于商业快递，但比邮政包裹快很多。市面上最普遍的专线物流产品是美国专线、欧洲专线、澳洲专线、俄罗斯专线等，也有不少物流公司推出了中东专线、南美专线、南非专线等。

优势：集中大批量货物发往目的地，通过规模效应降低成本，因此，价格比商业快递低，速度快于邮政小包，丢包率也比较低。

劣势：相比邮政小包来说，运费成本还是高了不少，而且在国内的揽收范围相对有限，覆盖地区有待扩大。

5. 海外仓储模式

海外仓储服务指为卖家在销售目的地进行货物仓储、分拣、包装和派送的一站式控制与管理服务。确切来说，海外仓储应该包括头程运输、仓储管理和本地配送三个部分。

头程运输：中国卖家通过海运、空运、陆运或者联运将商品运送至海外仓库。

仓储管理：中国卖家通过物流信息系统，远程操作海外仓储货物，实时管理库存。

本地配送：海外仓储中心根据订单信息，通过当地邮政或快递公司将商品配送给客户。

优势：用传统外贸方式走货到仓，可以降低物流成本；相当于销售发生在本土，可提供灵活可靠的退换货方案，增强了海外客户的购买信心；发货周期缩短，发货速度加快，可降低跨境物流缺陷交易率。此外，海外仓可以帮助卖家拓展销售品类，突破“大而重”的发展瓶颈。

劣势：不是任何商品都适合使用海外仓，最好是库存周转快的热销单品，否则容易压货。同时，对卖家在供应链管理、库存管控、动销管理等方面提出了更高的要求。

1.2.2 跨境电商物流的其他模式及模式创新

1. 跨境电商物流的其他模式

（1）边境仓

边境仓是指在跨境电子商务目的国的邻国边境内租赁或建设的仓库。卖家通过物流将商品预先运达仓库，通过互联网接受客户订单后，从该仓库进行发货。根据所处地域不同，边境仓可分为绝对边境仓和相对边境仓。海外仓的运营需要成本，商品存在积压风险，送达后的商品很难再退回国内，这些因素推动了边境仓的发展。一些国家的税收政策十分严格再加上政局不稳、货币贬值、严重的通货膨胀等因素，也会刺激边境仓的出现。例如，巴西的税收政策十分严格，海外仓成本很高，那么可以在与其接壤的国家的边境设立边境仓，利用南美自由贸易协定推动对巴西的跨境电子商务发展。

绝对边境仓是指当跨境电子商务的交易双方所在国家相邻时，设在卖家所在国家与买家所在国家相邻近的城市的仓库。例如，在我国对俄罗斯的跨境电子商务交易中，在哈尔滨或中俄边境的中方城市设立的仓库。

相对边境仓是指当跨境电子商务的交易双方不相邻时，设在买家所在国的相邻国家的边境城市的仓库。例如，在我国对巴西的跨境电子商务交易中，在与之相邻的阿根廷、巴拉圭、秘鲁等接壤国家的临近边境城市设立的仓库。相对边境仓对买家所在国而言属于边境仓，对卖家所在国而言属于海外仓。

海外仓储模式下，卖家可以在买家本地仓库发货，大大缩短了配送时间，提高了配送效率，能有效降低物流成本，解决退换货和通关商检等问题，但是海外仓的运营成本较高，主要适用于货价较高、物流成本承担能力较强且市场销量较大的企业及电商平台，而且海外仓在实际运用中有一定的要求和局限性，如需要考虑当地的物流发展水平与物流基础设施完善程度、当地税收政策及政局稳定性等，因此，针对一些物流设施配套不成熟或政局不稳定的国家，设立边境仓是个较好的选择。

边境仓的运营成本稍低于海外仓，但在实效方面比海外仓慢1～2天。因此，边境仓与海外仓的结合可大大便利中方与俄罗斯、巴西等国家的跨境电商贸易。随着海外仓趋于成熟，边境仓在未来依然可以存在，可以为海外仓进行补货。

（2）自由贸易试验区、保税区、保税港区物流

① 自由贸易试验区

自由贸易试验区属于自由贸易园区（Free Trade Zone，FTZ），它是指在某一国家或地区境内设立的实行优惠税收和特殊监管政策的小块特定区域。它的设立相对简单，由单个主权国家或地区根据世界海关组织（WCO）相关规定自主设立，不需要与他人谈判，可以说是“对内”的。其做法是主权国家或地区在其关境范围内自主“划”定一片区域，在该区域内实行税收优惠甚至关税减免、放宽外商投资准入和海关特殊监管等政策，属于单方面的开放行为，实质上是采取自由港政策的关税隔离区。狭义来讲仅指提供区内加工出口所需原料等货物的进口豁免关税的地区，类似出口加工区；广义来讲还包括自由港和转口贸易区。

2013年9月—2018年4月，国务院先后批复成立上海、广东、天津、福建、辽宁、浙江、河南、湖北、重庆、四川、山西和海南12个自由贸易试验区。

2018年11月23日，国务院印发《关于支持自由贸易试验区深化改革创新若干措施的通知》；2019年8月2日，国务院印发《关于印发6个新设自由贸易试验区总体方案的通知》，国务院新增批复成立山东、江苏、广西、河北、云南和黑龙江自由贸易试验区。

② 保税区

保税区是在港口作业区和与之相连的特定区域内，具有国际中转、国际采购、国际配送、国际转口贸易、商品展示、出口加工、口岸等功能的特殊经济区，是经国务院批准设立的、海关实施特殊监管的经济区域，是我国目前开放度和自由度最大的经济区域。

保税区模式是目前最常用的跨境进口电商物流配送模式。保税区的商品暂时不需要向海关缴纳进口关税、增值税、消费税等税收，只有当客户下订单之后，卖家将信息对接清关信息系统，发货出保税区进行配送时才需要缴纳进口税，这可降低企业成本。

保税区最显著的特征是通过仓储前置，用位移换时间，然后通过更经济的方式降低干线运输成本。这是一种提前备货、高效通关，最后选择更经济物流企业完成“最后一公里”运输的物流运作模式。

通过自贸试验区或保税区仓储，企业可以有效利用自贸试验区或保税区的各类政策、综合优势与优惠措施，尤其是自贸试验区和保税区在物流、通关、商检、收付汇、退税方面的便利，简化跨境电子商务的业务操作，实现促进跨境电子商务交易的目的。

这种新型的“保税备货模式”，只需要消费者承担商品价格和国内物流费用，其他风险都由卖家承担，消费者购物风险得到极大程度的降低，有利于企业大订单集货，降低商品价格，提高客户满意度，避免了传统模式下的很多不利因素。

我国现已批准上海外高桥保税区、天津港保税区、大连保税区、深圳沙头角保税区、

深圳福田保税区、深圳盐田港保税区、广州保税区、张家港保税区、海口保税区、青岛保税区、宁波保税区、福州保税区、厦门屿保税区、汕头保税区和珠海保税区 15 个保税区，它们在我国跨境电商物流集货方面发挥着重要作用。

③ 保税港区

随着经济全球化进程的加快和保税区的不足日益显现，保税港区应运而生，成为中国进一步深化改革、扩大开放、带动区域发展的试验基地。保税港区是世界自由港在中国的一种特殊表现形式，是“中国化”的自由贸易港。与传统保税区相比，保税港区不仅是真正的“境内关外”，还享受税收、监管等各项更为优惠的政策。例如，2017 年 7 月 26 日在深圳前海保税港区建立的“全球中心仓”，通过“一区多功能、一仓多形态”的监管创新，使原来需要存储于多个地区、多个仓库的多种物流及贸易形态的货物可以在自贸区内的一个中心仓内一站式完成，便利跨境电商企业更加灵活地运用国际国内两个市场、两种资源。

我国现已批复的保税港区有上海洋山保税港区、天津东疆保税港区、辽宁大连大窑湾保税港区、海南杨浦保税港区、浙江宁波梅山保税港区、广西钦州保税港区、福建厦门海沧保税港区、山东青岛前湾保税港区、广东深圳前海湾保税港区、广东广州南沙保税港区、福建福州保税港区，以及唯一一个位于中国内陆地区，也是第一个采取“水港+空港”方式的重庆两路寸滩保税港区；第一个位于县域口岸的江苏张家港保税港区；全国第一家以出口加工区和临近港口整合转型升级形成的山东烟台保税港区 14 个保税港区。

（3）集货物流

集货物流指先将商品运输到本地或当地的仓储中心，达到一定数量或形成一定规模后，通过与国际物流公司合作，将商品运到境外买家手中，或者将各地发来的商品先进行聚集，然后再批量配送，或者将一些商品类似的跨境电子商务企业建立战略联盟，成立共同的跨境物流运营中心，利用规模优势或优势互补理念，达到降低跨境物流费用的目的。

2. 跨境电商物流模式创新

由于跨境电商物流涉及不同关境的国内段物流与国外段物流，加上不同的物流模式都有优缺点。因此，跨境电子商务很难以单一物流模式实现跨境物流。伴随跨境电子商务的发展，多种物流模式共用的跨境物流模式创新解决方案应用面更广。

跨境电商物流模式创新是指在现有的每种物流渠道各有利弊的基础上，从解决客户需求出发，从为客户提供更优质的物流服务入手，利用现有物流条件，寻求降低物流成本、兼顾实效性与安全性的最佳物流方案。

多种物流模式多采用以上几种物流模式中的两种或两种以上模式，如国际物流专线+海外仓，集货物流+保税区物流等。针对不同国家、不同商品等，采用适合的多种物流模式配合实现跨境物流，能够有效凸显各种物流模式的聚合效应。

拓展资料

“保税区+全球中心仓”模式

深圳前海湾保税港区位于深圳西部港区，2008 年 10 月 18 日经国务院批准设立，2009 年 7 月 10 日通过验收，2009 年年底正式封关运作。

深圳前海湾保税港区采用“保税区+全球中心仓”物流集货模式。所谓“保税区+全球中心仓”模式是在跨境电商发展实践中，为便利进出口贸易，在确保税收应收尽收、实际货物有效监管的前提下，在不同的保税港区内设立全球产品的集中仓储、分类发送的中心，通过运用大数据和信息科技手段，按照一定的规则建立不同账册之间互转互通，实现保税货物与非保税货物（简称非保货物）在同一个仓库内进行统一化的管理。

“全球中心仓”前后的操作模式比较如图 1-1 所示。

图 1-1　“全球中心仓”前后的操作模式比较

“保税区+全球中心仓”模式下的全球中心仓具有以下功能。

第一，实现出口货物与内贸货物同仓存储。在这一模式中，出口方将商品信息向海关申报，海关将相关记录数据记在非保税账册中。当海外订单生成，商品的出售可以直接在保税区办理商品出境，而对于尚未出售的非保税商品，则可以返回到国内进行销售，这一环节是对过去程序简化操作，进出口商品的“复进口”程序大为简化。

第二，实现多种进口方式交换。进口商品时，企业可以选择跨境电商方式（1210）进口也可以选择一般贸易进口（0110），但两者的进口模式和缴税是不同的。跨境电商保税进口实施的是跨境进口综合税，是按照零售价来定税额，一般贸易是按批发价缴税，进口成本更低，但进口产品需完成相应的商检手续。所以跨境电商商家可以先通过跨境电商来试探商品是否在国内市场受欢迎，当商品变成爆款后，在商品完成相应的检验程序，借助“全球中心仓”模式，便可以实现对跨境电商方式和一般贸易模式的互转。

第三，在同一仓库内实现全球买卖。跨境电商商家可以将海外商品存放于全球中心仓中，当海外订单生成，商品则由进口属性转变为出口属性，直接由仓库向海外输送。提升商品流通的灵活性。比如，产自越南、日本的商品，都可以在“全球中心仓”暂为存储，当德国人进行下单操作后，“全球中心仓”内的商品便可以进行打包，向德国进行输送。

1.3 我国跨境电商物流发展面临的问题及趋势

引导案例

2019 年 10 月 15 日试运营以来，中国—东盟（河口）跨境电商物流产业园迎来“开门红”，在一个月的时间里，已经有 69 家企业签约入驻物流产业园区，创造了网上销售额 5 225 万元的亮眼成绩，主要销售日用百货、农副产品、汽车配件、铁路及机车配件、玩具、自行车等商品。

近年来，河口瑶族自治县依托毗邻越南消费市场的区位优势，大力打造中国—东盟（河口）跨境电商物流产业园，将产业末端变为产业前沿，开辟了适合中国（云南）自贸试验区红河片区发展的新型产业空间，为河口经济发展注入了新鲜血液。

此外，中国—东盟（河口）跨境电商物流产业园为入驻企业整合了资源链，缩减了上下游企业的沟通成本，进一步扩大了企业的国内外市场，较大地提高了商业效率，为企业带来了更多商机。河口三元商贸有限公司总经理谭杰江说：“园区内入驻了税务、法务、海关等部门，给我们企业带来了各方面的政策支持。入驻后我们将来的商品可以享受园区的绿色通关通道，这也为我们企业发展带来很大便利。”

分拣、装车……物流产业园区内的工作井然有序，这一切都依托大数据中心的统筹。在大数据中心，河口海关统计的进出口贸易数据都可以实现共享，进出口货物与份额占比数据也在实时滚动更新，数字化的技术为企业进入东盟市场提供了便利，优惠的政策为企业营造了法制化、国际化、便利化的营商环境，也让其成为更具吸引力和竞争力的投资热土。

阅读以上案例，思考：

1. 跨境电商物流的快速发展对我们的生活产生了哪些影响？

2. 分析跨境电商物流的优势与劣势。

1.3.1 我国跨境电商物流发展面临的问题

我国跨境电商物流的快速发展有效地推动了国内产品出口多样化，帮助更多小微企业加入到跨境电商服务行列中，反过来也增加了跨境电商物流业务量；但是，由于跨境电商物流周期长、成本高，往往难以满足消费者的退换货要求。

我国跨境电商物流主要存在以下问题。

1. 物流链条长、作业复杂

由于增加了海外仓储配送、海上运输等过程，以及清关通关等环节，跨境电商物流的整个链条比普通物流的链条长、环节多，且涉及电商、海关、国检、商检、税务、外汇等众多主体，各项信息需互联互通，其物流运作自然更为复杂，难度更大。

2. 自动化、信息化程度不高

跨境电商物流涉及海量订单及海量 SKU（物理上不可分割的最小存货单位），订单商品分散，并且要快速完成订单拣选配送以及退换货处理，因此，对物流系统自动化程度的要求较高。而目前多数跨境电商企业发展时间短，自身积累不足，物流信息系统不够先进，自动化物流设备及技术引入较少。因此订单处理滞后、效率低且错误率高、库存管理混乱，甚至丢件等现象已成为困扰跨境电商发展的主要问题。

3. 物流成本居高不下

在跨境电商蓬勃发展之前，以满足国际贸易需求的大批量的国际运输是跨境电商物流的主体，国际商品配送的区域及对象较少，而且传统外贸下的商品配送运作体系也较为成熟。因而单位商品分摊的成本比较少。而跨境电商面临的是海量订单，由于我国国内物流企业国际服务能力欠缺，跨境电商卖家为安全实现跨境交付，对于小额订单商品往往通过国际快递邮寄，如此物流成本是正常物流成本的3倍以上，这经常导致一笔订单的利润还不够支付快递费用的现象。以联邦快递（FedEx）为例，其将500克商品从中国运送到美国，需要收取快递费307元人民币，且需要另收关税、附加费和燃油附加费。

4. 跨境电商物流服务水平参差不齐

目前大型电商平台和第三方物流企业服务比较专业、运作比较规范，但中小物流企业的服务还存在诸多问题。例如，部分物流企业缺乏服务与诚信意识。有的物流企业承诺使用快捷、价格昂贵的空运方式，收取空运的费用，实际却使用成本低廉但耗时长的海运方式，以获取更大的价差；有的物流企业在假日无人服务，客户服务电话或投诉电话形同虚设，对物流进程无法实时掌控；还有的物流企业存在员工调包货物、货损拒不赔偿等问题。2017年我国跨境电商消费者投诉量占投诉总量的12.98%，同比增长1.37%，其中与物流有关的投诉占比达21%。

5. 通关效率低下

所谓“通关效率”，主要是指从报关开始一直到报关结束后放行，承担商品货物的受托物流企业，其所占用的时间占总报关时间的比重。当前通关效率低下是阻碍我国跨境电子商务发展的三大因素之一。由于各国海关政策不同，有些国家海关申报手续烦琐、时间长，费用支出也非常高，且经常发生进口国海关扣货查验的情况。查验结果通常是直接没收、退回货物或再补充报关材料。直接没收或退回货物造成的损失非大型跨境电商物流企业往往无法承受，补充报关材料将延误货物交货期，可能使消费者取消订单或拒绝付款。

6. 退换货等逆向物流问题严重

逆向物流是指在物流过程中，由于消费者不满意而导致的退货，或因质量问题召回返厂、以旧换新等，往最后目的地移动货物的过程。在跨境物流过程中，多种原因会导致货损率高，使消费者产生退换货需求。此外，欧美等一些发达国家和地区存在着“无理由退货”的消费习惯和文化，使得退换货的现象更加普遍。跨境电商退换货问题是难题。由于跨境电商的逆向物流涉及两个或两个以上的国家和地区，商品的退换就必然牵涉因过程烦琐造成的时间漫长问题及商品退税问题。在我国，就商品的退换所引发的退税问题，海关还没有统一的政策和解决方案，只能依据各个口岸海关自己出具的一些暂行政策来解决。绝大多数海外消费者因高额退换成本及麻烦程度，最终放弃了退换货的念头，从而给消费者带来了不好的购买体验。

1.3.2 我国跨境电商物流的发展趋势

对于物流业而言，其核心任务就是将不同地区的货物进行交换运输，从而满足顾客对于异地货物的需求。在传统的物流业发展中受到市场需求管理不足的影响，企业难以对大范围地区的物流需求进行掌控，从而影响了业务的扩展。而跨境电商的发展可以帮助跨境物流业以更低的成本来获取更多的业务资源，从而推动了物流企业跨国业务的开展。在跨境电商的发展趋势下，物流企业进行发展模式的优化能够对其资金周转和经营成本的降低产生直接的影响。

政治与法律的外部宏观环境对于跨境物流企业的发展，也有着重要的影响。当前我国实施的积极对外贸易政策，对国际物流业持大力支持的态度。例如，2011 年商务部发布了《第三方电子商务交易平台服务规范》。2013 年 8 月，国务院颁布了《促进信息消费扩大内需的若干意见》，明确提出了拓展跨境电子商务平台的要求，“进行适度监管”并“鼓励电子商务的发展”。2014 年，国务院总理李克强在两会的政府工作报告中进一步指出推进跨境电商的试点工作，在同年的 3 月中旬，国务院正式批复将杭州设为跨境电子商务综合实验区。

未来，我国跨境电商物流的发展趋势主要有以下几个。

1. 促使仓储基地境外化

境外仓储是在主要的国际市场上建立起跨境电商企业自己的境外仓库，跨境电商将其产品运输到境外仓库中存放。这时，境外买家在电脑上下单后，境外仓库可以完成对清单的整理并配货。当境外仓库完成配货后，大型跨境电商企业可以利用境外物流进行配送，而中小型跨境电商企业则可以将后续的配送任务转交给第三方物流企业。这种在境外建立仓库的模式可以帮助跨境电商提前将货物配送到目的国，并且不受货物质量与体积的限制。通过在主要销售市场建立物流仓储基地，能够极大提高物流配送效率，降低消费者等待的时间。这对于树立良好的企业形象，服务消费者并提升其消费意愿都具有重要的促进作用。此外，在境外建立仓库也方便消费者换货，从而提高企业的售后服务水平，增加跨境电商的企业信誉。对于那些热销产品而言，建立境外仓库的意义十分明显。

2. 提升信息化水平

在当今的经济发展中，信息技术所起到的作用十分重要，可以说将传统产业与互联网的信息技术进行融合，是实现传统产业创新发展的主要途径。跨境电商物流是一种涉及信息十分复杂、但是重复性又较高的产业类型，要促进跨境电商物流更好地为跨境电商发展服务。首先，政府或者是行业协会应当引导制定跨境电商物流发展的统一信息化技术标准。其次，国家要加大在基础信息服务上的投入力度，从而创造更加便利的基础信息使用环境。最后，流通企业本身也应当对其内部信息化建设进行改造升级，从而完善企业内部信息化水平，实现与国家标准的对接。

互联网发展趋势下要实现跨境物流发展，就必须有一批懂技术、会经营、会操作的高水平从业人员。为此就必须加强对从业人员的综合能力培养，在这一过程中，政府、企业以及个人应当从以下方面进行努力：首先，政府部门应当定期举办相关的跨境电商物流发展培训活动；其次，高校应当发挥其人才培养功能，一方面招收跨境电商物流专业的学生，另一方面则为社会上已经从事流通业的人员进行再次培训；再次，企业应当建立起信息化背景下跨境电商物流发展人员的长期培训机制，使其在实践中不断提升；最后，作为从业者个人，也应当高标准要求自己，积极学习跨境电商物流发展的技能。

3. 促进网络与营销的国际化发展

物流企业的发展离不开一定的规模效益，在跨境电商物流发展过程中，要更好支持跨境电商的发展，也必须有一定的规模。跨境电商物流企业之所以要实现一定的发展规模，其出发点首先在于当跨境物流形成一定的国际化规模后，能够降低运输成本并提高整体运输设备的使用效率。其次，当跨境电商物流企业形成一定规模后，可以购置一些大型运输工具，进一步提升自身服务消费者的能力。最后，这种规模化能够促进跨境电商物流企业更好地参与国际竞争从而应对国际物流企业的挑战。而要实现其规模化发展，核心在于构建一套系统化的国际物流网络体系，从而扩大其服务的市场范围。要促进我国跨境电商物流企业更好地布局物流网络，必须要加强其发展的资金支持力度，而企业自身也应当树立国际化发展意识。随着市场竞争的日益激烈，要推动跨境电商物流企业的发展，就必须提升其市场营销能力，走国际化营销道路。通过国际化的市场营销可以帮助跨境电商物流企业提升市场份额，而市场份额的提升能够进一步促进跨境电商物流企业的国际化发展。

本章小结

本章主要介绍了跨境电商物流相关概念、跨境电商物流类型以及跨境电商物流发展面临的问题及未来发展趋势。通过本章的学习，读者可理解跨境电商物流的相关概念，掌握跨境电商物流的类型，为读者学习后续章节的内容奠定基础。

实践项目操作

1. 思考疫情的发生对跨境电商物流发展有何影响，应如何应对？提出相关对策。完成调研报告。

2. 实际调研本地两个跨境电商物流企业，比较这两个企业在跨境电商物流发展模式上的异同并进行分析，完成所在城市跨境电商物流发展现状及对策调研报告。

课后习题

一、选择题

1. 在跨境出口电商物流中，容易压货、运维成本高的方式为（　　）。
   A. 中国邮政　B. 国际快递　C. 跨境专线物流　D. 海外仓
2. 在跨境出口电商物流中，网络覆盖全球，运输时间较长的方式为（　　）。
   A. 跨境专线物流　B. 国际快递　C. 中国邮政　D. 海外仓
3. 以下不属于国际商业物流的是（　　）。
   A. TNT　B. UPS　C. DHC　D. EMS
4. 下列哪个国家不是 KPG 成员？（　　）
   A. 中国　B. 韩国　C. 美国　D. 德国
5. 我国跨境电商物流停留在传统物流层面，（　　）服务缺失。
   A. 运输　B. 配送　C. 货代　D. 物流高端与增值

6.【多选】跨境电商常见的物流模式有（　　）。

A．邮政包裹模式　　B．国际快递模式

C．国内快递模式　　D．跨境专线物流模式

E．海外仓储模式

7.【多选】国际物流发展趋势有（　　）。

A．全球化的供应链管理　　B．信息化、电子化、科技化

C．绿色物流　　D．物流服务范围更广

二、判断题

1．跨境电商物流在跨境电子商务环节中非常重要。（　　）

2．跨境电商可以使用传统的国际海运和国际空运作为跨境电商物流的重要组成部分。（　　）

3．当前，物流已不再是制约跨境电商发展的重要因素。（　　）

4．绝对边境仓是指当跨境电子商务的交易双方不相邻，将仓库设在买方所在国的相邻国家的边境城市。（　　）

5．唯一一个位于中国内陆地区，也是第一个采取“水港+空港”的保税港区是重庆两路寸滩保税港区。（　　）

三、简答题

1．什么是跨境电商物流？

2．关境与国境有什么区别？

3．我国的跨境电商运营模式有哪些？

4．分析跨境电商物流不同模式的特点。

5．分析跨境电商物流的优势、劣势。

6．简述“一带一路”背景下跨境电商物流发展面临的机遇与挑战。

四、案例分析题

1．从跨境电商行业的发展轨迹来看，卖家转型服务、服务商加注增值服务的趋势愈加明显。在跨境电商物流领域，安全、时效、成本一直是卖家关注的要点，也是物流企业强化市场核心竞争力的一大表现。

就此，大森林创始人 Forest 告诉雨果网，接下来的物流企业不仅要提供精细化的物流运作服务，更要能提供个性化的增值服务。

（1）物流服务市场日新月异，精细化运作迫在眉睫

跨境电商市场需求越来越多，但是行业竞争也越来越激烈，未来服务商真正提供给卖家的不能只是流于表面的、粗放式的基础运输服务，还要有越来越精细化的增值服务。而这些需求点，可能会集中在发货建议、咨询、物流跟踪、索赔等中间环节，侧重在卖家真正所关心的精细化运作受理及服务上。

旺季物流痛点频出，一方面基于旺季运力的暴增，另一方面良莠不齐的物流服务商，在行业中也影响颇深。时效、安全，是卖家对跨境电商物流基本的诉求。相较于部分主打价格战、拉低物流安全基准的服务商，运输周期短、安全便捷性高且附带额外增值服务的物流企业，越来越成为卖家热衷、追捧的合作对象。

（2）选择折中物流方式，缓解卖家旺季派件压力

物流费用的支出是卖家成本可控范围内的一部分，如果有一种物流方式，其时效性可以对标空运，而成本只是空运的一半，或者 70%～80%，那么卖家的选择就会发生变化。例如，美国海运快船，其运输时间会比一般的海运短一个星期，而运输费用会比空运的费用减少近一半的价格。

（3）增加多渠道、个性化增值服务

2018 年，在跨境电商平台收紧政策规则后，合规合法的正规操作已经成为卖家、物流及第三方服务商的唯一指向。在正规化较为普及的基础上，个性化服务可以更好地帮助卖家提供优质的增值服务。例如，提供海外合规建议及咨询；海关扣件货物处理；退货换标处理；FBA 库存索赔处理。很多客户认为，货物服务不能有立竿见影的效果，但如果使用好合规服务，就可以起到很好的效果。

问题：（1）什么是跨境电商物流？

（2）分析跨境电商物流的优势与劣势。

2. 由于美国从 2019 年 6 月 1 日开始大部分州计划收取亚马逊订单税（亚马逊平台按订单金额进行代收），所有的平台商家届时将根据客户签收包裹的地址，按照当地州的税收政策由亚马逊代收税费，不排除对之前的销售订单进行补缴税款的可能，如此平台商家将不得不承担巨额的销售税，压力可想而知。所以不排除会有平台商家转 FBA 服务于海外仓的可能性，如此一来，海外仓入仓服务的市场可能将迎来新机遇……

对于中国的出口型贸易企业来说，英国脱欧事件，导致出口欧洲的外贸成本和手续变得更复杂，以往一套体系变成了两套，而且失去了欧盟中相对开放和自由的国家英国，后期再进入欧盟市场将有更大的阻碍，特别是欧盟对中国持比较保守和消极的贸易保护态度；而对于跨境进口企业可能是短暂的愉悦，随着脱欧事件的发展，进口企业在英国的供应商相应的价格调整不仅会是汇率的对冲，更多影响的是英国伦敦等金融中心的地位；所以长期来看，其不仅会导致英镑汇率下跌，更会导致贸易大环境发生变化。

跨境电商物流服务，受诸多国家、行业、平台政策变动带来的影响，这些影响都有可能对企业的市场竞争格局带来决定性的影响。所以对实时政策和行业的变化趋势有透彻分析和以点及面的洞察能力，也是考验企业经营能力的重要因素。

问题：在当下一系列的不确定性国际政策变动影响下，我们该如何抓住跨境物流服务的契机并突破呢？

第2章

邮政物流

物流是跨境电商流程中最重要的一部分，选择合适的物流方式，不仅可以节省成本，还可以极大地提升客户体验。中国出口的跨境电商包裹中有 70%是由邮政系统投递的，其中中国邮政占 50%左右。

邮政物流

本章学习目标

1. 了解万国邮政联盟；
2. 掌握中国邮政物流产品的类型以及其各自的相关说明和优势、劣势；
3. 能够根据实际计算国际 e 邮宝运费。

2.1 万国邮政联盟

引导案例

1994 年 1 月，经国务院批准，我国向万国邮政联盟正式提出申办 1999 年第 22 届万国邮政联盟大会。1994 年 9 月，在首尔举行的第 21 届万国邮政联盟大会一致同意第 22 届万国邮政联盟大会于 1999 年在北京举行。

第 22 届万国邮政联盟大会于 1999 年 8 月 23 日至 9 月 15 日在北京隆重召开。

这次大会的主要任务是修订各项法规，制定邮政发展战略，批准经费开支，选举行政理事会和邮政经营理事会的理事国，选举万国邮政联盟大会国际局副局长等。

万国邮政联盟 189 个成员方和 20 多个国际组织的 2 300 余位代表欢聚一堂，共商 21 世纪的国际邮政大计。这是万国邮政联盟成立 125 年和中国加入万国邮政联盟 85 年来，首次在中国举行这样的大会。中国在世纪之交举办的这次大会对世界邮政的发展有深远的意义。

大会特别就世界邮政面临的机遇和挑战进行深入探讨，并最终形成“北京战略”，确定了今后 5 年的发展目标，从而使邮政在下一世纪全球通信市场中获得更好的发展。

阅读以上案例，思考：

1. 万国邮政联盟是一个什么样的国际组织？
2. 中国举办万国邮政联盟大会对中国邮政行业会有哪些重要影响？

邮政，顾名思义就是从事邮递服务的机构或系统。早在远古时期就已经出现。16 世纪，邮政超越了国界，出现了国际邮政，到了 18 世纪，邮政最终变成公务机构，并逐渐向现代邮政发展。

2.1.1　万国邮政联盟概况

万国邮政联盟（Universal Postal Union，UPU），简称“万国邮联”或“邮联”，是商定国际邮政事务的政府间国际组织，其前身是 1874 年 10 月 9 日成立的“邮政总联盟”，1878 年改为现名。该组织于 1978 年 7 月 1 日起，成为联合国一个关于国际邮政事务的专门机构，总部设在瑞士首都伯尔尼。

万国邮联是世界上第二古老的国际组织，是仅次于 1865 年成立的国际电信联盟。万国邮联的徽志（见图 2-1）是 1900 年为庆祝万国邮政联盟成立 25 周年伯尔尼竖立的雕塑的复制图像。

图 2-1　万国邮联徽志

万国邮联的宗旨是：以万国邮政联盟的名义组成一个邮政领域，以便互相交换函件；组织和改善国际邮政业务，并在这方面为国际合作的开展提供便利；在力所能及的范围内参与成员方所要求给予的邮政技术援助；使转运自由在整个万国邮联领域内得到保证。

2.1.2　万国邮政联盟第三次特别大会

在美国提出退出万国邮联、具有 145 年历史的全球邮政体系面临资费改革挑战的背景下，万国邮联第三次特别大会于 2019 年 9 月 24 日至 26 日在瑞士日内瓦举行，153 个万国邮联成员方参加了会议，如何平衡各方诉求是本次会议的焦点。大会否决了美国主张的完全自定义终端费方案 B，一致通过了融合各方诉求的方案 V（V 代表胜利）。美国代表团确认，美国将继续留在万国邮政联盟。

方案 V 综合考虑了成员方在成本覆盖和市场发展方面的不同诉求，同时关注发展中国家和小国的利益，充分体现了互利共赢和协商一致的精神。美国宣布放弃“退群”，继续留在万国邮联，充分反映了大多数成员方支持万国邮联多边机制和维护单一邮政领域的政治意愿，是多边主义战胜单边主义和极限施压的重要体现。

万国邮联国际局总局长比沙尔·侯赛因将方案V的通过称为“万国邮联改革历史上一次重大胜利”。

2.2 中国邮政物流

引导案例

2019年7月末，中国的高考结果公布，学生陆续收到录取通知书。

河北邮政速递物流公司（以下简称“河北邮政”）在分拣运输、投递等各环节精心安排部署，确保录取通知书迅速、准确、安全地投递到考生手中。

在分拣运输环节，河北邮政对录取通知书邮件全部执行专人、专区操作，单独封发总包，并拴挂“录取通知书”标识袋牌。遇有批量录取通知书时，集中处理运输，确保赶发有效运输班次，装车时集中码放，单独交接。

在投递环节，投递部门对进口的录取通知书邮件单独处理、单独存放。投递前与收件人电话联系，投递时验视收件人和代收人的有效证件，并分别记录证件号码，确保准确无误地将录取通知书送到考生手中，投递后准确、实时录入妥投信息，以便查询邮件轨迹。对于因地址不详、地址迁移且收件人无法联系等，造成录取通知书无法投递的，投递部门及时与收寄部门联系，根据要求进行后续处理，对确实无法投递、收件人拒收的录取通知书邮件，将及时退回寄件院校，邮件退回时，逐件、准确批注退回原因，由投递部门主管人员逐件审核退回原因和退回手续，防止误退现象发生。

在邮件及考生信息安全方面，河北邮政为投递人员配发了雨衣、雨鞋、雨布等雨具，做好外勤投递时的邮件防雨防水工作，防止邮件水湿毁损，确保邮件安全。如遇有洪涝等自然灾害，主动与当地有关部门协调沟通，结合汛情灾情，争取多方面支持，确保录取通知书邮件及时投递。在提供寄递服务的整个过程中，河北邮政严格对获得的考生姓名、住址及联系方式等个人信息保密，确保考生个人信息不泄露，确保信息安全。

此外，录取通知书寄出后，考生与家长可关注“EMS中国邮政速递物流”官方微信服务号，通过输入准考证号或考生号便可随时查看录取通知书寄递状态，实时掌握邮件信息。

阅读以上案例，思考：

1. 为什么录取通知书一直用EMS邮寄呢？
2. 中国邮政有哪些主要的业务？

近年来，通过不断改革创新，中国邮政集团有限公司的运邮方式从主要依靠铁路运输的干线组网模式发展到汽车、飞机乃至无人机、无人车运邮；作业方式从人拉肩扛的手工操作发展到自动化、智能化的操作；从传统的邮政企业发展到既经营邮政基础性业务，又经营现代金融、快递物流业务和电子商务的企业集团。

2.2.1 中国邮政物流概述

邮政物流，是指各国邮政部门所属的物流系统。邮政物流包括了各国邮政局的邮政航空小包、大包以及中国邮政速递物流分公司的 EMS、e 邮宝、e 特快等。

中国邮政集团公司于 2019 年 12 月正式改制为中国邮政集团有限公司。中国邮政集团有限公司是依照《中华人民共和国公司法》组建的国有独资公司，公司不设股东会，由财政部依据国家法律、行政法规等规定代表国务院履行出资人职责，公司设立党组、董事会、经理层。公司依法经营各项邮政业务，承担邮政普遍服务义务，受政府委托提供邮政特殊服务，对竞争性邮政业务实行商业化运营。

中国邮政集团有限公司经营业务主要有：国内和国际信函寄递业务；国内和国际包裹快递业务；报刊、图书等出版物发行业务；邮票发行业务；邮政汇兑业务；机要通信业务；邮政金融业务；邮政物流业务；电子商务业务；各类邮政代理业务；国家规定开办的其他业务。

中国邮政速递物流股份有限公司（以下简称“中国邮政速递物流”）是经国务院批准，由中国邮政集团公司作为主要发起人，于 2010 年 6 月发起设立的股份制公司，是中国经营历史最悠久、规模最大、网络覆盖范围最广、业务品种最丰富的快递物流综合服务提供商。

中国邮政速递物流主要经营国内速递、国际速递、合同物流等业务，国内、国际速递服务涵盖卓越、标准和经济不同时限水平和代收货款等增值服务，合同物流涵盖仓储、运输等供应链全过程。拥有享誉全球的“EMS”特快专递品牌和国内知名的“CNPL”物流品牌。

2.2.2 中国邮政物流产品

1. EMS

（1）EMS 简介

EMS（Express Mail Service）即特快专递邮件业务，是由中国邮政速递物流与各国/地区邮政合作开办的地区间寄递特快专递邮件的业务。2019 年中国邮政引入战略投资者，启动首次公开募股（Initial Public Offering，IPO），并确保三年之内成功上市。EMS 全国统一客户服务电话为 11185。EMS 图标如图 2-2 所示。

图 2-2 EMS 图标

（2）EMS 说明

① EMS 的规格限制

单件货物的重量不能超过 30 千克，每票货只能走一件；货物单边长度超过 60 厘米（含 60 厘米）需要按照体积重量计费。体积重量计算公式为：体积重量=长（厘米）×宽（厘米）×高（厘米）÷8 000。

② EMS 快递查询

EMS 具备领先的信息处理能力，凭借与万国邮政联盟查询系统的连接，可实现 EMS

邮件的全球跟踪查询。通过邮件跟踪与查询服务，可以实时了解交寄邮件的全程信息，对签约客户可以提供邮件实时信息的主动反馈服务。

③ EMS 承诺时限

EMS 国际快递的投递时间通常为 3～8 个工作日（不包括清关的时间）。由于各个国家/地区的邮政、海关清关时间长短不一，有些国家/地区的包裹投递所需时间可能较长。

（3）EMS 的优势、劣势

① EMS 的优势

a. 投递网络强大，覆盖范围广，价格较为便宜，以实际重量计算，不算抛重；

b. 享有优先通关权，且清关时可不用提供商业发票，对通关不过的货物可以免费运回国内，而其他快递一般要收费；

c. 比较适合小件的物品，以及时效性要求较低的货物。

② EMS 的劣势

a. 相对于商业快递来说，速度较慢；

b. 查询网站信息更新不及时，出现问题后只能做书面查询，耗费的时间较长；

c. 不能一票多件，运送大件货物的价格较高。

2. ePacket

（1）ePacket 简介

ePacket 俗称 e 邮宝，又称 EUB，是中国邮政速递物流为适应跨境电商轻小件物品寄递需要推出的经济型国际速递业务，利用邮政渠道清关，进入合作邮政轻小件网络进行投递。e 邮宝已经开通美国、澳大利亚、英国、加拿大、法国、俄罗斯、以色列、沙特阿拉伯、乌克兰路向，也称为美国专线、欧洲专线、澳大利亚专线、俄罗斯专线、中东专线、南美专线。e 邮宝图标如图 2-3 所示。

图 2-3　e 邮宝图标

（2）e 邮宝说明

① 跟踪查询

卖家可以登录中国邮政官方网站或者拨打客服电话 11183 查询 ePacket 的资费标准和物流环节。卖家需要注意的是，中国邮政未对 ePacket 做出承诺时限。e 邮宝业务资费情况如表 2-1 所示。

表 2-1　e 邮宝业务资费

路向	处理费+包裹运费	上门揽收费	挂号费退还费	时效	备注
美国	7 元/件+0.08 元/克（国内一区）； 9 元/件+0.09 元/克（国内二区）； 10 元/件+0.1 元/克（国内三区）	少于 5 件，5 元/次；5 件及以上免收	免	7～10 个工作日	起重 60 克，不足 60 克按 60 克收取
俄罗斯	10 元/件+0.1 元/克			7～10 个工作日	
加拿大	25 元/件+0.07 元/克			7～10 个工作日	

续表

路向	处理费+包裹运费	上门揽收费	挂号费退还费	时效	备注
英国	25 元/件+0.07 元/克	少于 5 件，5 元/次；5 件及以上免收	免	7～9 个工作日	
法国	26 元/件+0.07 元/克			7～10 个工作日	
澳大利亚	25 元/件（≤500 元/克）+0.07 元/克；30 元/件（>500 元/克）+0.08 元/克			7～15 个工作日	
以色列	22 元/件+0.07 元/克			7～10 个工作日	
沙特阿拉伯	26 元/件+0.05 元/克			7～10 个工作日	
乌克兰	8 元/件+0.1 元/克			7～10 个工作日	

美国路向国内分区如下（见表 2-2）。

表 2-2　　e 邮宝美国路向国内分区

一区	北京、天津、重庆、上海、山东、江苏、浙江、福建、湖南、四川、湖北、辽宁、河北、河南、安徽、陕西、广东、江西
二区	黑龙江、吉林、内蒙古、山西、宁夏、甘肃、青海、贵州、广西、海南
三区	新疆、西藏

② 递送时效

正常情况下 e 邮宝在 7～10 个工作日可完成妥投工作，在国内段使用 EMS 网络进行发运；出口至美国后，美国邮政将通过其国内一类函件网投递邮件。其采用国际领先的 EMI 电子报关系统通关，保障客户投递的包裹迅速准确运抵目的地。

③ 规格限制

e 邮宝主要寄递的商品是价值在 15～50 美元，单件质量在 2 千克以内的 3C、首饰、服装类别商品。

最大尺寸：非圆筒形货物为长+宽+高≤90 厘米，单边长度≤60 厘米；
　　　　　圆筒形货物为直径的两倍+长度≤104 厘米，单边长度≤90 厘米。

最小尺寸：非圆筒形货物为单件邮件长度≥14 厘米，宽度≥11 厘米；
　　　　　圆筒形货物为直径的两倍+长度≥17 厘米，长度≥11 厘米。

（3）ePacket 的优势、劣势

① 优势

a. 经济实惠，免收挂号费和退件费；

b. 时效快，7～15 天即可妥投，价格低，安全可靠；

c. 服务专业，为中国电子商务卖家量身定制；

d. 服务好，提供包裹跟踪号，可进行一站式操作。

② 劣势

a. 只能邮寄重量不超过 2 千克的物品；

b. 寄送范围有限；

c. 不提供查单服务，也不承担邮件丢失、货物延误赔偿责任。

（4）ePacket 邮费计算

【例 2–1】计算 e 邮宝的运费。

一个美国客人从“Eternal Glasses”（杭州）的速卖通店铺购买了一副太阳镜，包装重量为 0.15 千克，若选择 e 邮宝运输，请计算运费。

解答：运费=处理费+包裹运费+上门揽收费+挂号费+退还费

查阅 2-2 表，杭州为国内一区；

查阅 2-1 表，美国路向 e 邮宝一区处理费为 7 元/件。

包裹运费=150×0.08 元/克=12（元）

上门揽收费=5（元/次）

挂号费、退还费均免

所以，本次运费=7+12+5=24（元）

（5）其他邮政速递物流跨境电商产品

① e 特快

邮政速递物流为适应跨境电商高价值物品寄递需求，专门推出经济国际速递产品——e 特快，目前已通达 15 个国家和地区，首重及续重以 50 克为单位计价，限重 30 千克，乌克兰、澳大利亚路向的商品限重 20 千克，日本、韩国路向暂使用促销价。一般产品价值相对较高（50～200 美元）。e 特快主要国家间全程时限标准参考如下。

日本、韩国、新加坡：2～4 个工作日；英国、法国、加拿大、澳大利亚、西班牙、荷兰：5～7 个工作日；俄罗斯、巴西、乌克兰、白俄罗斯：7～10 个工作日。

e 特快不提供投递时限承诺服务。需要注意的是：荷兰要求提供形式发票；需要提供发件信息电子档文件（包括收件人地址、品名、申报价值等信息）；若远送液体、粉末、电池、武器、药品等禁运物品，一经查实，没收该类物品且运费不退。

② e 包裹

e 包裹是中国邮政与美国邮政联合设计开办的，为完善美国路向现有物流产品体系，适应跨境电商中间市场需求而推出的经济型物流产品。产品限重 30 千克，首重 500 克，时限参考为 5～7 个工作日。目前仅开通了美国路向。

③ e 速宝

e 速宝是邮政速递物流针对轻小件电商卖家的商业渠道物流解决方案，要求详细申报物品明细、税则号、申报价值和重量。首重 70 克，续重按照每克计算，产品单件限重 3 千克，时限参考为 7～10 个工作日，资费较低。e 速宝的价格比 EMS 便宜，但是时效比 EMS 慢。

目前，e 速宝与赛城公司合作开办了澳大利亚路向的 e 速宝，与永兴公司合作开办了德国路向的 e 速宝，与迦递开办了印度路向的 e 速宝，与 Sky Postal 开办了南美路向的 e 速宝。

3. 中国邮政国际航空大包

（1）中国邮政国际航空大包简介

中国邮政国际航空大包，又称航空大包或中邮大包，是区别于中国邮政小包的服务，是中国邮政国际普通邮包裹三种服务方式中的航空运输服务方式，可寄达全球 200 多个国家和地区，对时效性要求不高而重量稍重的货物，可选择使用此方式发货。中国邮政国际航空大包图标如图 2-4 所示。

中国邮政
CHINA POST
国际航空大包

图 2-4　中国邮政国际航空大包图标

（2）中国邮政国际航空大包说明

① 体积、重量限制及运送时效

根据运输物品的重量和所到达国家的不同，中国邮政国际航空大包的包裹体积、重量限制标准有所不同，具体可登录官网进行查询。

寄往各国的包裹的尺寸限度分为以下两种。

第一种尺寸：单边≤150 厘米。长度+长度以外的最大横周≤300 厘米。

第二种尺寸：单边≤150 厘米。长度+长度以外的最大横周≤200 厘米。

根据目的地不同，中国邮政国际航空大包的运送时效也有所不同，通常到亚洲邻近国家为 4～10 天，到欧美等国家为 7～20 天，到其他国家和地区为 7～30 天。

② 查询与计费方式

中国邮政国际航空大包分为普通空邮（Normal Air Mail，非挂号）和挂号空邮（Registered Air Mail）两种。前者费率较低，不提供跟踪查询服务；后者费率稍高，可提供网上跟踪查询服务。计费方式为：

首重 1 千克的价格+续重 1 千克的价格×续重的数量=总额

此外，中国邮政国际航空大包需要收取 8 元/件的报关手续费用。

（3）中国邮政国际航空大包的优势、劣势

① 优势

a. 运费比较低，且不计算体积重量，没有偏远附加费和燃油费；

b. 覆盖范围广，清关能力强；

c. 运单操作简单、方便。

② 劣势

a. 部分国家货物限重 10 千克，最重不能超过 30 千克；

b. 速度较慢；

c. 查询信息更新不及时。

4. 中国邮政国际航空小包

（1）中国邮政国际航空小包简介

中国邮政国际航空小包又称中国邮政小包、邮政小包、航空小包，是指包裹重量在 2 千克以内，外包装长、宽、高之和小于 90 厘米，且最长边小于 60 厘米，通过邮政空邮服务寄往国外的小邮包。它可以分为平邮小包和挂号小包两种，可寄往全球各个邮政网点。挂号小包的派送范围为全球 241 个国家和地区。中国邮政国际通航空小包图标如图 2-5 所示。

中国邮政
CHINA POST
国际航空小包

图 2-5　中国邮政国际航空小包图标

（2）中国邮政国际航空小包说明

① 资费与查询

资费低，首重按照 100 克起算（货运代理按照实际重量算），挂号服务费率稍高。中国邮政国际航空小包报价（部分）如表 2-3 所示。

表 2-3　　　　中国邮政国际航空小包报价（部分）

<table>
<tr><th>国名</th><th>计费区</th><th>资费标准（元/千克）</th><th>挂号费（元）</th></tr>
<tr><td>日本</td><td>1</td><td>62.00</td><td rowspan="5">8</td></tr>
<tr><td>韩国</td><td>2</td><td>71.50</td></tr>
<tr><td>德国</td><td>3</td><td>89.00</td></tr>
<tr><td>美国</td><td>5</td><td>90.50</td></tr>
<tr><td>俄罗斯</td><td>11</td><td>96.30</td></tr>
</table>

运费计算公式：

平邮运费=标准运费×实际重量×折扣

挂号运费=标准运费×实际重量×折扣+挂号费 8 元

平邮小包不受理查询，挂号小包在大部分国家可全程跟踪，在部分国家只能查询到签收信息，在部分国家不提供信息跟踪服务。

② 规格限制

包裹重量≤2 千克，寄往阿富汗的限重 1 千克；

最大尺寸：非圆筒形货物：长+宽+高≤90 厘米，单边长度≤60 厘米；

圆筒形货物：直径的两倍+长度≤104 厘米，单边长度≤90 厘米。

最小尺寸：非圆筒形货物：单件邮件长度≥14 厘米，宽度≥9 厘米；

圆筒形货物：直径的两倍+长度≥17 厘米，长度≥10 厘米。

③ 中国邮政国际航空小包通关的注意事项

第一，由于中国邮政国际航空小包只是一种民用包裹，并不属于商业快递，海关对个人邮递物品的验放原则是“自用合理数量”，它并不适于寄递太多数量的商品。

第二，限值规定：海关规定，对寄自或寄往境外的个人物品，每次允许进出境的限值分别为人民币 800 元和 1 000 元；对超出限值部分，属于单一不可分割且确实属于个人正常需要的，可从宽验放。

（3）中国邮政国际航空小包的优势、劣势

① 优势

a. 运费比较便宜。它运达大部分国家的时间并不长，因此属于性价比较高的物流方式；

b. 在海关方面享用“绿色通道”，因此小包的清关能力很强，覆盖面广，可以邮寄到全球 200 多个国家和地区；

c. 中国邮政国际航空小包本质上属于民用包裹，并不属于商业快递，因此能邮寄的物品比较多。

② 劣势

a. 限重只有 2 千克（寄往阿富汗的限重 1 千克），包裹如果超限，需要被分成多个包裹邮寄；

b. 不可以发送含有电池的产品；

c. 运送时间较长，如寄往俄罗斯、巴西这些国家的包裹超过 40 天才显示买家签收都是正常现象，丢包率较高；

d. 跟踪查询不方便，许多国家不支持前程跟踪，官网只能跟踪国内部分，国外部分无法跟踪；卖家需要借助其他公司的网站或登录寄达国的查询网站进行跟踪，不便于卖家查询物流信息。

（4）中国邮政国际航空小包邮费计算

【例 2-2】计算中国邮政国际航空小包物流运费。

俄罗斯客人从“Miss Lady Show”的速卖通店铺购买了 2 个人造水晶项链，重量为 15 克/个（纸箱重量 10 克），若选择中国邮政小包运输，请计算运费。

查阅表 2-3，俄罗斯计费区为 11 区，资费标准为 96.3 元/千克，挂号费 8 元。

解答：

情形一：

若直接选择到邮局邮寄，则运费为：

100/1 000×96.3+8=17.63（元）

如果直接去邮局邮寄，则邮寄计费的重量首重为 100 克，不到 100 克按照 100 克计算，并且没有折扣。

情形二：

若选择与货运代理合作，则运费为：

40/1 000×96.3×0.95+8≈11.66（元）

如果选择与国际货运代理合作，按照货物的实际重量计算运费，则不计算货物的首重，并且能够享受一定折扣（如 9.5 折），但国际货运代理会要求每天提供一定的订单量，发货的订单数量决定了折扣的高低。挂号费不能打折。

（5）其他邮政小包

跨境电商卖家除了选择中国邮政小包，还可以根据产品的特点（是否能带电池等）选择其他国家和地区的邮政小包，如中国香港邮政小包、新加坡邮政小包、瑞士邮政小包等。

中国香港邮政小包：综合质量较好、各个指标稳定；平邮性价比极高。

新加坡邮政小包：可以寄递装有电池的货物。

瑞士邮政小包：支持带电产品配送。

5. Wish邮

“Wish 邮”是由 Wish 和中国邮政共同推出的 Wish 专属商户跨境电商物流产品。“Wish 邮”可为 Wish 优质商户提供专属集货仓、专线产品、专业仓储等一体化物流解决方案。

（1）Wish 邮产品

① Wish 达

Wish 达是 Wish 推出口岸直飞路向的物流产品，即时提供头程运输、口岸操作、出口交航、进口接收、实物投递等实时跟踪查询信息。全程物流节点可在线实时跟踪查询（包括妥投信息），美国投送时效为 9～14 个自然日，加拿大投送时效为 12～15 个自然日，法国和瑞士投送时效为 10～12 个自然日，全程首选直达航班，服务品质全面升级。

需要注意的是，美国路向不支持带电货物；单件货物重量不满 50 克，按 50 克计费；加拿大路向可接受带电货物，包括内置电池、配套电池，不接受纯电及任何移动电源。包裹体积重量与实际重量比低于 2∶1 的，按照实际重量收费；达到 2∶1 的，按照体积重量收取。体积重量计算公式为：体积重量=长（厘米）×宽（厘米）×高（厘米）÷6 000；只接受价值在 20 加币及以下的包裹；若包裹海外投递失败，该包裹将会被退回加拿大海外仓并保留 60 天。60 天内提供改派服务，60 天后包裹将会做销毁处理，海外退件费暂时免费；Wish 达一法国/瑞士路向无首重要求，重量不超过 2 千克，支持带电货物运输。

② Wish 邮—e 邮宝

Wish 邮—e 邮宝是 Wish 与中国邮政速递物流股份有限公司合作的经济类速递产品，提供收寄、出口封发、进口接收和投递等实时跟踪查询信息。作业流程标准化，货物及时效都有保障。

单件限重 2 千克，遇国际 e 邮宝通达范围或价格调整时，按照中国邮政速递物流股份有限公司公布的执行。

③ Wish 邮—中邮小包

Wish 邮—中邮小包是 Wish 与中国邮政合作，针对重量在 2 千克以下的小件物品，为 Wish 平台卖家推出的空邮产品，产品分为平邮和挂号，运送范围覆盖全球 200 多个国家和地区。

Wish 邮—中邮小包平邮和挂号均支持发往全球 217 个国家和地区；运费根据包裹重量按克计费，平邮 30 克起算，挂号 1 克起算，平邮和挂号单件包裹均限重 2 千克。

④ EPC

EPC 指 Wish 提供的一项出口处理中心服务，平台将根据买家购买情况，将同一买家跨商铺购买的商品进行合并发货并派送，从而提高物流妥投效率，提升买家购物体验。

EPC 订单的优势：

第一，资费优惠：EPC 包裹在 96 小时内，送达上海 EPC 处理中心享受最低 1.91 元/单优惠。

第二，妥投服务：符合要求的订单将以妥投或更高级别的物流服务进行运送。

第三，70%投保：对物流原因退货的订单，进行 70%货值投保。

第四，提前放款：对满足 96 小时内送达上海 EPC 处理中心符合要求的订单，Wish 平台将对该笔订单可支付金额的 20%进行提前放款，商户将于下一付款日收到。

⑤ A+物流计划

“A+物流计划”是 Wish 针对市场潜力大，但物流表现不理想的国家和地区推出的“物流托管”线路。“A+物流计划”是对 EPC 的拓展和补充。Wish“A+物流计划”在全面布局智利市场后，已经做到比普通直发物流妥投时间缩短了 10 天以上。

截至 2019 年 11 月，“A+物流计划”已上线了智利、巴西和马来西亚 3 个国家。其原理非常简单，将订单商品发送到 Wish 指定的国内仓库集运后统一处理发货，好处是可以提升尾程物流时效，减少卖家和买家的物流风险。“A+物流计划”支持的敏感产品有内置电池、外置电池、不含酒精的液体、粉末、膏状及乳状的产品、刀具、指甲油和指甲胶、电子烟以及打火机。

（2）注册 Wish 邮

登录网站 Wish 邮官网，单击立即加入，设置用户名，填写账户信息，完成注册（见图 2-6 和图 2-7）。

图 2-6　设置用户名

图 2-7　填写账号信息

（3）如何使用 Wish 邮网站

① 登录 Wish 邮账号，单击“绑定商户”，如图 2-8 所示。

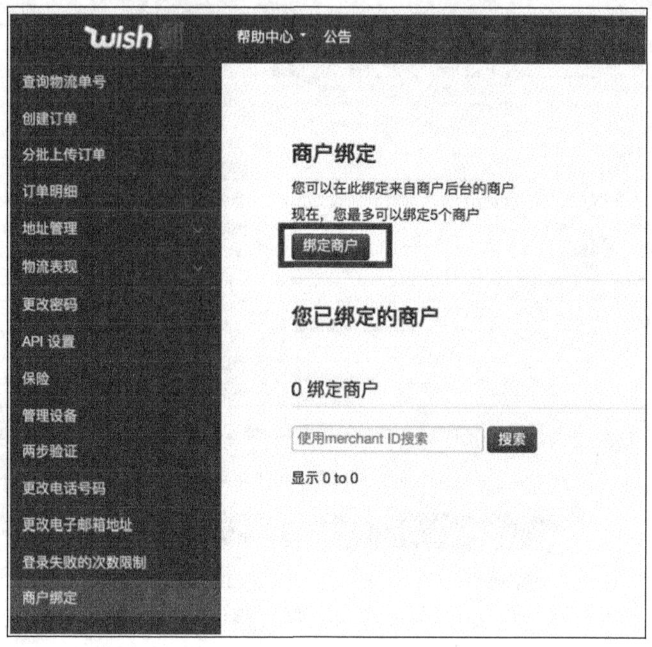

图 2-8　绑定商户

② Wish 邮网页下单

a. 登录 Wish 邮账号，选择创建订单，如图 2-9 所示。

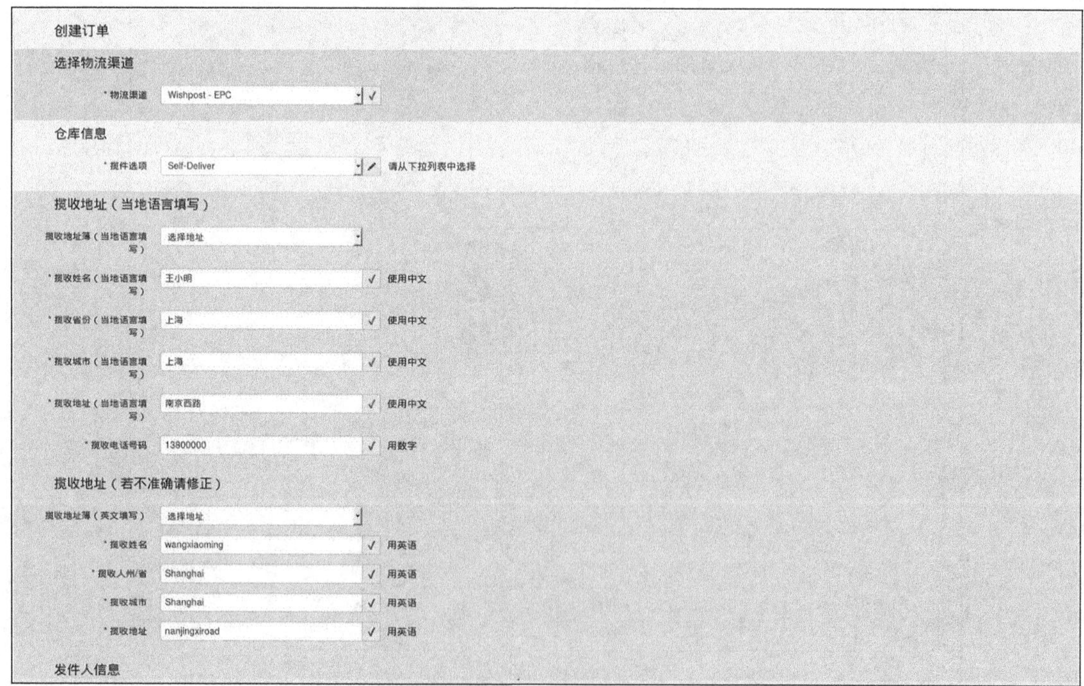

图 2-9　创建订单

b. ERP 下单

以某 ERP 示例，搜索 Wish 邮并添加授权（见图 2-10）。

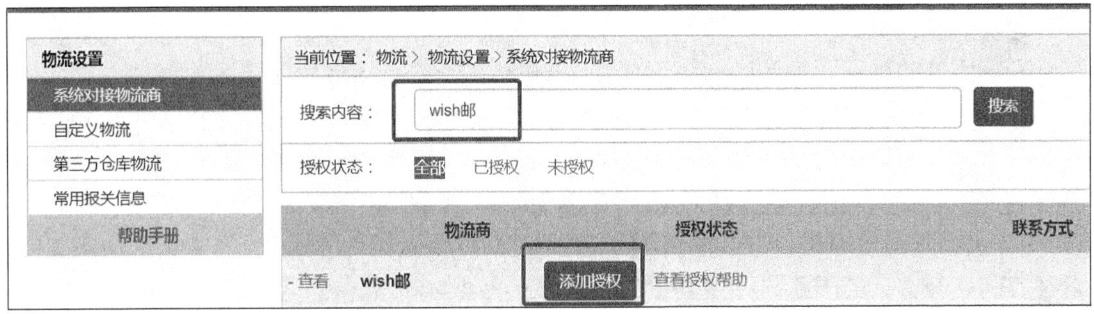

图 2-10　添加授权

开启具体物流产品选择发货（见图 2-11）。

物流商	授权状态	联系方式	操作
- 查看　wish邮	添加授权　查看授权帮助		

物流方式	平台映射
DHLe标准小包	Wish：WishPost 速卖通：未设置
DHLe经济小包	Wish：WishPost 速卖通：DHL
DLE	Wish：WishPost 速卖通：Other
DLP平邮	Wish：WishPost 速卖通：Other
DLP挂号	Wish：WishPost 速卖通：Other
EPC	Wish：WishPost 速卖通：未设置
E邮宝	Wish：WishPost 速卖通：EMS_ZX_ZX_US

图 2-11　选择发货

本章小结

本章主要介绍了万国邮政联盟、中国邮政物流产品类型，通过本章的学习，读者可了解万国邮政联盟，掌握中国邮政物流产品类型以及其各自相关说明和优势、劣势，能够根据实际情况计算邮政小包物流费用。

实践项目操作

根据实际情况，完成以下计算。

1. 某公司在全球速卖通平台上向美国客人销售了一件饰品，包装重量为 0.03 千克，计算跨境物流运费。

美国所处的计费区为 5 区，资费标准为 90.5 元/千克，挂号费为 8 元。

2. 某公司在全球速卖通平台上向俄罗斯客人销售了一条连衣裙，包装重量为 0.38 千克，长、宽、高分别为 25 厘米、15 厘米、3 厘米，计算跨境物流运费。

俄罗斯运费为 10 元/件+0.1 元/克，起重 50 克，不足 50 克按 50 克收费。

3. 某品牌儿童凉鞋，包装重量为 1.52 千克，订单金额为 65 美金，卖家拟使用 EMS 发往美国，经查，美国路向在线发货的报价为：首重 500 克以内为 95 元，续重为每 500 克 29.5 元，无燃油附加费，每票货物有 4 元/票报关费，计算本次跨境物流运费。

课后习题

一、选择题

1. 下列不是国际 e 邮宝的缺点的是（　　）。

A. 限重在 2 千克以内　　B. 挂号费较高

C. 不受理查单业务　　D. 不提供邮件丢失、延误赔偿

2. 下列选项中，不是中邮大包的特点的是（　　）。

A. 成本低　　B. 通达国家多　　C. 运单操作简单　　D. 查询信息更新快

3. EMS 的优点是（　　）。

A. 通关能力强　　B. 速度较慢

C. 网站信息更新快　　D. 大货价格偏高

4. 邮政物流，是通过（　　）的物流网络将本地货品送交国外买家的运输体系。

A. EMS　　B. 邮政小包　　C. 中国邮政　　D. 国家邮政局

5. 关于万国邮政联盟，下面表述正确的是（　　）。

A. 是跨国跨网络的非政府组织　　B. 前身是“邮政总联盟”

C. 宗旨是促进文化和教育的交流　　D. 特点为全国网络的迅速收件和派件

6. 中国邮政小包的包裹重量一般不超过（　　）。

A. 1 千克　　B. 2 千克　　C. 2.5 千克　　D. 1.5 千克

7. 中国邮政小包要求非圆筒形货物的长+宽+高不超过（　　），单边长度不超过（　　）。

A. 90 厘米，60 厘米　　B. 100 厘米，50 厘米

C. 90 厘米，50 厘米　　D. 100 厘米，60 厘米

8. 国际 e 邮宝单件最高限重（　　）。

A. 1 千克　　B. 2 千克　　C. 2.5 千克　　D. 1.5 千克

9. 国际 e 邮宝非圆筒形货物单件邮件的最小尺寸为邮件长度不小于（　　），宽度不小于（　　）。

A. 90 厘米，60 厘米　　B. 100 厘米，50 厘米

C. 90 厘米，50 厘米　　D. 14 厘米，11 厘米

10. EMS 寄递每票货物只能走一件，单件货物不能超过（　　）。

A. 1 千克　　B. 2 千克　　C. 30 千克　　D. 20 克

11. 一般高价值的产品，如果要走中国邮政，可以考虑选择（　　）。

A. e 邮宝　　B. 邮政小包　　C. e 包裹　　D. e 特快

12. 中国邮政推出的邮政物流产品中，通邮范围最广的是（　　）。

A. e 邮宝　　B. 邮政小包　　C. e 包裹　　D. e 特快

13. 以下适合走 e 邮宝的是目的国为（　　）的货物。

A. 日本　　B. 美国　　C. 瑞士　　D. 俄罗斯

14.【多选】关于中邮小包的说法正确的是（　　）。

A. 中邮小包可直接联系中国邮政发货

B. 用中邮小包发货可以不挂号

C. 中邮小包可以发送含电池的产品

D. 中邮小包可联系货代进行发货

15.【多选】国际大包分为普通空邮和挂号两种，下列选项中是挂号的特点的是（　　）。

A. 费率较低　　B. 费率较高

C. 不提供跟踪查询服务　　D. 可提供网上跟踪查询服务

16.【多选】使用中国邮政航空包裹需要注意的有（　　）。

A. 价值或时效性要求较高的货品，应尽量选择其他运输方式

B. 使用航空小包邮寄时，一定要挂号，同时在发货期内在全球速卖通平台上填写发货通知，否则订单款项将会自动退回给买家

C. 标准运费中仅含了运费部分，未包括挂号费、海关验关费、单据费等其他费用

D. 发货后，要及时跟进货物的运输情况。只有发货记录，没有投妥记录，卖家要及时联系买家确认

17.【多选】使用中国邮政航空包裹有什么风险？（　　）

A. 价格高　　B. 货运周期较长　　C. 丢包率较高　　D. 货运追踪信息不全

18.【多选】中国邮政速递物流跨境电商产品有（　　）。

A. e 邮宝　　B. e 邮宝小包　　C. e 加急　　D. e 特快

二、判断题

1. 中国邮政小包不需要挂号费，适合货值低、重量轻的物品。（　　）

2. 中国邮政小包挂号费为 8 元/票。（　　）

3. 中国邮政小包可以寄送各类带电产品。（　　）

4. 中国邮政小包对于方形包裹的最大体积限制为长、宽、高之和不超过 90 厘米，单边长度不超过 60 厘米。（　　）

5. 若中国邮政小包在国内段丢失或损毁，则揽收服务商提供赔偿。（　　）

6. 国际 e 邮宝对于方形包裹的最大体积限制为长、宽、高之和不超过 90 厘米，没有单边长度限制。（　　）

7. 国际 e 邮宝可以寄送各类带电产品。（　　）

8. 国际 e 邮宝提供投妥信息。(　　)

9. 中国邮政挂号小包不限重。(　　)

10. 中国邮政挂号小包派送范围为全球 241 个国家。(　　)

11. 国家货币可以通过 EMS 线上发货进行寄送。(　　)

12. EMS 寄送货物，除按照重量收取运费，还要另外收取 20%的燃油附加费。(　　)

13. 平台禁止销售的侵权商品，不可以通过商业快递寄送，但可以通过 e 特快寄送。(　　)

14. e 邮宝的运费比中邮小包贵。(　　)

15. 若订单总重量超过 2 千克，卖家需要编辑邮件告知买家无法使用中国邮政小包寄送。(　　)

三、简答题

1. EMS 的优势与劣势是什么？

2. 简述 e 邮宝的规格限制。

3. 万国邮政联盟为什么会出现？

4. 简述什么是 Wish 邮，Wish 邮产品都有哪些？

四、案例分析

1. 2016 年 8 月，上海市邮政分公司推出同城冷链寄递业务，上海市邮政分公司业务量和收入规模不断提高和扩大，2017 年业务收入超 1 500 万元，2018 年收入近 2 000 万元。在市郊两级邮政企业的努力下，上海邮政冷链业务量质并举，实现了跨越式发展。

首先，上海邮政冷链寄递业务拓展了邮政寄递业务的内涵。上海邮政同城冷链寄递业务是邮政首次涉足冷链寄递业务，为其打开了目前尚处于蓝海的冷链物流市场，使其在市场中赢得一席之地。

其次，上海邮政冷链寄递业务创新了业务合作模式。基于冷链物流高投入、重资产、高门槛的行业特点，上海市邮政分公司借力央企优势和百年邮政品牌影响力，寻找优质战略合作伙伴，强强联手、优势互补、合作分工，明确各自的职责。这种创新的合作模式可以有效推动同城冷链项目的落地与实施，有效降低运营成本。

再次，上海邮政冷链寄递业务促进了网络组织与运营模式的创新。在网络组织方面，其既要利用上海市邮政分公司已逐步完善的同城精品商务投递平台，又要满足冷链物流响应速度快、服务要求高、设备设施专业、投递队伍服务意识强等要求，冷链网络组织模式与同城常温网络既相对独立，又有机融合。

最后，上海邮政冷链寄递业务有助于提升邮政品牌形象。上海市邮政分公司推出冷链寄递业务，在抢占冷链物流市场、拓展传统邮政服务范围、提高经营收益的同时，主要面向的是消费模式升级的年轻消费群体，有助于打造以高效率、年轻化、用户体验为中心的全新品牌形象，有助于提高年轻群体消费市场的用户满意度。

上海市邮政分公司构建冷链运营服务体系，不仅打开了冷链物流市场的大门，而且也丰富了邮政寄递业务的内涵，促进了运营组织模式的创新，提升了邮政的品牌形象，也为兄弟邮政企业开办冷链业务积累了宝贵的市场经验和管理经验。

问题：阅读以上案例，思考中国邮政速递物流未来的发展趋势如何？

2. 证监会于 2019 年 6 月 18 日接收中国邮政储蓄银行股份有限公司（以下简称“邮储银行”）的《首次公开发行股票并上市》材料。邮储银行日前发出公告称，银保监会原则上同意公司首次公开发行 A 股股票并上市。此前，银保监会已对邮储银行的 IPO 进行批复，同意该行首次公开发行 A 股股票并上市，拟发行 59.48 亿股。

据邮储银行的年报，截至 2018 年年末，邮储银行总资产达到 9.52 万亿元（人民币），较上年年末增长 5.59%；负债规模达到 9.04 万亿元（人民币），较上年年末增长 5.36%；其中存款余额为 8.63 万亿元（人民币），较上年年末增长 7.00%。存款占负债比例高达 95.43%。在经营表现上，邮储银行 2018 年营业收入保持强劲增长，达 2 612.45 亿元（人民币），增速达 16.18%；净利润首次突破 500 亿元（人民币），达到 523.84 亿元（人民币），同比增长 9.80%。

作为中国领先的大型零售商业银行，邮储银行在短短 10 年间就完成了成立、改制、引进战投、上市等多个步骤。目前，邮储银行正在大力推进业务转型。相信不久的将来，A 股市场将迎来一个“重量级”的 IPO。

问题：阅读以上案例，思考中国邮政储蓄银行股份有限公司加入 A 股对我国物流行业会有哪些重大影响？

第3章 国际商业快递

在国际电商中，国际商业快递的使用率很高。目前市场上较为主流的国际商业快递主要有 TNT、UPS、FedEx 和 DHL。国际商业快递的特点是自己建的网络可覆盖全世界，并且拥有强大的 IT 系统和遍及全球的本地化服务网络，给消费者带来了很好的物流体验。但国际商业快递价格昂贵，商家使用时需要考虑商品的体积、重量。

国际商业快递

本章学习目标

1. 熟知国际商业快递的特点；
2. 了解四大国际商业快递的发展历程；
3. 掌握四大国际商业快递的异同点；
4. 能够计算国际商业快递邮费；
5. 了解中国商业快递的发展现状和未来发展趋势。

3.1 认知国际商业快递

引导案例

2020 年 3 月，中东快递公司 Aramex 与零售机构合作，利用零售网点，在沙特阿拉伯和阿拉伯联合酋长国建立了投递网络 Aramex Spot，扩大了最后一英里投递服务的范围。

该服务符合 Aramex 加强最后一英里服务能力同时致力于轻资产结构的承诺，也更能满足电商客户的要求。

Aramex 首席运营官表示，收件人可以从附近超市、药店或其他商业网点取件。这一点非常重要，而且符合公司战略，即通过创新服务提高运营效率，同时提升客户体验。商业网点不仅可以收取代办费，还会因客户取件而增加客流量。

Aramex 首席数字官称，客户要求越来越高，新服务使公司更接近客户，公司有信心建立强大的揽投网络。Aramex Spot 与众包投递服务 Aramex Fleet 共同形成零资产技术驱动平台，支持公司实现最后一英里能力可扩展。

此前，Aramex 在 2018 年 10 月推出 WhatsApp 服务，2018 年 12 月推出 Aramex Fleet 服务，都是为了提升客户体验，实现数字化并简化端到端货运流程。

阅读以上案例，思考：

1. 什么是国际商业快递？

2. 国际商业快递有哪些特点？

随着出口型跨境电商的发展，国际快递巨头们正在加快在中国的布局。在中国，TNT 已拥有 33 家分支机构、3 个国际快递口岸；FedEx 已经覆盖中国 200 多个城市；UPS 每周约有 200 个航班将中国与全球市场连接起来，服务网络覆盖超过 33 个城市；DHL 在五大洲拥有将近 34 个销售办事处以及 44 个邮件处理中心，其运输网络覆盖全球 220 多个国家和地区的 120 000 多个目的地（主要城市），是全球国际化程度最高的公司。

1. 国际商业快递的概念

国际商业快递也称国际快递，是指在两个或两个以上国家或地区之间所进行的快递、物流业务。国家/地区与国家/地区之间传递信函、商业文件及物品的递送业务，即是通过国家/地区之间的边境口岸和海关对快件进行检验放行的运送业务。国际快件到达目的国之后，需要在目的国被再次转运，才能被送达最终目的地。

2. 国际快递业务的特点

（1）国际快递环境具有差异性，如法律法规、人文、习俗、语言、科技发展程度和硬件设施不同。

（2）国际快递的时效性强，丢包率低，过程更加安全可靠；但仿牌、含电池、特殊类产品基本上都不能递送，此外，物流成本高。

（3）国际快递系统范围的广泛性，快递本身的复杂性和国际快递的特殊性，使得其操作难度较大，面临的风险更多。

（4）国际快递的信息化要求决定其先进性，其对信息的提供、收集与管理有更高的要求，要求有国际化信息系统的支持。

总之，国际快递的一个非常显著的特点是，各国快递环境有差异，尤其是快递软环境有差异。不同国家的物流适用法律不同使国际快递的复杂性远高于一国的国内物流，甚至会阻碍国际快递的发展；不同国家中不同的经济和科技发展水平会造成国际快递处于不同的科技条件下，这使有些地区因无法应用某些技术而导致国际快递全系统水平的下降；不同国家的不同标准，也造成国际间“接轨”的困难，因而使国际快递系统难以建立；不同国家的风俗人文也使国际快递的发展受到很大阻碍。

3.2 TNT国际商业快递

引导案例

2016 年 5 月 25 日，国际快递巨头美国联邦快递（FedEx Corp）结束了为期一年的对荷兰包裹运送服务商 TNT 的价值约 48 亿美元的收购交易。

快递行业的收购案有很多发端于扩充网络、补齐资源短板的需求，联邦快递收购 TNT 也是如此。联邦快递在公开的新闻资料中表示，收购 TNT 将使其获得一个已经建立起来的按户送达的欧洲地面快递网络，这一网络可使联邦快递提高在欧洲的服务能力，更好地满足欧洲电子商务市场的增长需求。同时，改善了在欧洲地面快递业务这一领域的相对劣势，也会使公司在亚洲等全球其他市场的地位得到进一步提高。

联邦快递收购 TNT 后，对中外运敦豪在中欧快递市场上的经营带来了一定的冲击，当前，中欧快递市场上有很多的机会，而能否抓住机会还要看谁更能够充分利用好自身完善的物流网络、专业能力和成本优势。

阅读以上案例，思考：

联邦快递收购 TNT 将对中国货运有什么影响？

TNT 是全球领先的快递和邮政服务提供商，其国际网络覆盖世界 200 多个国家和地区，提供一系列独一无二的全球整合性物流解决方案。TNT 在欧洲、中东、非洲、亚太和美洲地区运营航空网络和公路运输网络。

3.2.1 TNT简介

荷兰天地公司（Thomas National Transport，TNT）成立于 1946 年，是荷兰邮政集团的子公司，创始人是托马斯（Thomas）。1997 年 TNT 被荷兰邮政兼并，总部移至荷兰的阿姆斯特丹。

TNT 是欧洲最大的快递公司，在欧洲市场的占有率为 65%，拥有欧洲最大的空运联运快递网络，能实现门到门的递送服务，并且通过在全球范围内扩大运营分布范围来大幅度优化网络效能。

1988 年，TNT 进入中国市场，主要提供国际快递服务和国内陆运服务，拥有 33 家国际快递分公司及 3 个国际快递口岸，TNT 通过其所属的全资陆路运输公司——天地华宇，运营着国内最大的私营陆运递送网络，服务范围覆盖中国 500 多个城市。TNT 图标如图 3-1 所示。

图 3-1　TNT 图标

1. TNT服务类型

TNT 可以提供限时和限日快递服务，其中包括两种能够翌日送达的快递服务和经济快递服务。对于不太紧急的包裹或者是较重的货物，可以选择限时和限日快递服务中的经济快递服务。经济快递服务的服务类型及其特点如表3-1所示。

表3-1　经济快递服务的特点

特点	12:00 经济快递	经济快递
送达时效	指定工作日的中午之前抵达	指定工作日下班之前送达
可寄物品	包裹和货物	包裹和货物
送达范围	25个以上欧洲国家的主要城市	全球
货物限重	最多500克	最多1 500克

2. 资费标准

TNT除了要收取基本运费外，还要收取相应的附加费用，包括燃油附加费、偏远地区附加费、加强安全附加费、更改地址附加费等。

① 偏远地区附加费：人民币4元/千克，最低收费人民币95元/票。

② 加强安全附加费：人民币0.5元/千克，最低收费人民币5元/票，最高收费人民币110元/票。

③ 更改地址附加费：人民币100元/票。

④ 错误地址派送费：人民币100元/票。

⑤ 不可堆叠货物附加费：人民币250元/票。

3. TNT参考时效

一般货物在发货次日即可实现网上追踪，全程时效为3～5天，TNT经济型时效为5～7天。

4. TNT体积重量限制

单件包裹的三条边的长度分别不能超过240厘米、150厘米、120厘米，单件包裹重量不得超过70千克。体积重量超过实际重量的部分按照体积重量计费，体积重量计算公式为：

体积重量=长（厘米）×宽（厘米）×高（厘米）÷5 000

5. TNT操作的注意事项

（1）运费不包含货物到达目的地海关可能产生的关税、海关罚款、仓储费等费用。

（2）若因货物的问题导致包裹被滞留，不能继续转运，其退回费用或相关责任由发件人自负。

（3）卖家若授权货代公司代为申报，如因申报的问题发生扣关或延误，货代公司大多不承担责任。

（4）如果需要申请索赔，则相关方需在包裹上网后21天内提出申请，逾期TNT不受理。

（5）一票多件的计算方式：计算包裹的实际重量之和与体积重量之和，取其中重量大的。

（6）TNT不接收仿牌货物，扣关不负责。

3.2.2　TNT的优劣势

1. 优势

（1）服务区域。覆盖200多个国家和地区，网络覆盖面广，查询网站信息更新快，遇到问题响应及时。

（2）服务。提供全球货到付款服务及报关代理服务，通关能力强，客户可及时、准确追踪查询货物。

（3）价格。无偏远派送附加费；在西欧地区价格较低。

（4）时效。正常情况下 2～4 个工作日通达全球各地，特别是到西欧，仅需 3 个工作日。

2. 劣势

（1）价格相对较高，要计算产品体积重量。

（2）对货品限制较多。

3.3 UPS国际商业快递

引导案例

2020 年 2 月 1 日，UPS 全球公益项目——UPS 基金会宣布，为寄往中国的逾 200 万个防护口罩和 11 000 套防护服提供免费航空物流运送服务，助力武汉新型冠状病毒肺炎疫情防控。UPS 与位于美国佐治亚州的两个非营利性全球卫生组织 MAP International 和 MedShare 合作，通过中国红十字会与湖北省疾病预防控制中心及其合作伙伴世界健康基金会协调 UPS 货机进行运送。

UPS 基金会主席兼 UPS 首席多元化和融合推广官爱德华多・马丁内斯表示："世界需要强有力的公私合作伙伴关系来共同遏制该致命病毒的传播扩散。UPS 基金会正扩大其人道主义救援网络，提供供应链专业知识和航空运送服务以支持我们的合作伙伴。UPS 基金会是流行病供应链网络和流行病防备全球卫生安全小组私营部门圆桌会议的成员。公司已建立了全球救援机构网络，向处于危机中的社区提供援助支持，包括此次向中国的医护人员提供医疗援助。"

UPS 方面表示，此次 UPS 救援飞机旨在解决中国个人防护装备严重紧缺的问题，其中运送的医疗物资包括 200 万个防护口罩，11 000 套防护服和 28 万双医用手套。

阅读以上案例，思考：

1. UPS 的发展历程是怎样的？
2. UPS 的优势和劣势有哪些？

UPS 是世界上最大的快递承运商与包裹递送公司，同时也是专业的运输、物流、资本与电子商务服务的提供者。UPS 目前市值 1 026 亿美元，拥有超过 500 架全货机，服务于 220 个国家和地区。

3.3.1 UPS简介

美国联合包裹服务公司（United Parcel Service，UPS）起源于 1907 年在美国华盛顿州西雅图成立的一家信差公司，创始人为吉姆・凯西（Jim Casey）和克劳德・里安（Claude Ryan）。

UPS亚太地区创建于1988年，总部在新加坡。1988年UPS与中国的大型公司进行合作，组建了自己的办事处。在中国，UPS的影响力要次于FedEx。UPS图标如图3-2所示。

图3-2 UPS图标

1. UPS业务类型

UPS主要包含4种业务服务，分别是UPS Worldwide Express Plus（全球特快加急服务）、UPS Worldwide Express（全球特快服务）、UPS Worldwide Express Saver（全球速快服务）、UPS Worldwide Expedited（全球快捷服务）。UPS Worldwide Expedited（全球快捷服务）使用蓝色标记，一般称蓝单，其余3种都是使用红色标记的。但是，通常说的红单是指UPS Worldwide Express Saver（全球速快服务）。其中，UPS Worldwide Express Plus（全球特快加急服务）的资费最高，UPS Worldwide Expedited（全球快捷服务）的资费最低，速度也最慢。全球速卖通平台主要采用的是UPS Worldwide Express Saver（全球速快服务）和UPS Worldwide Expedited（全球快捷服务），即通常所说的红单和蓝单。

2. UPS参考时效

UPS国际快递参考派送时间：2～4个工作日；派送时效为从已上网到收件人收到此快件为止；如遇到海关查验等不可抗拒的因素，派送时效要以海关放行为准。

3. UPS体积重量限制

UPS要求每个包裹的重量不得超过70千克。每个包裹的长度不得超过270厘米。每个包裹的长+周长之和不得超过330厘米。UPS国际小型包裹一般不接受超重或超过尺寸标准的包裹，否则要对每个超重超长包裹收取相应的附加费。货物体积重量的计算公式为：

体积重量=长（厘米）×宽（厘米）×高（厘米）÷5 000

4. UPS国际商业快递物流运费

【例3-1】计算UPS国际商业快递物流运费。

西班牙客人在某知名服装定制品牌网站定制了一件衬衫，包装重量为450克，包装尺寸为20厘米×10厘米×8厘米，拟选用UPS商业快递邮寄，请计算运费。（经查UPS的报价表，中国到西班牙的报价为230元/0.5千克，货物重量每增加0.5千克，运费加62元。）

解答：

先计算货物的体积重量。

（20×10×8）/5 000=0.32（千克）=320（克）

由于货物的毛重为450克，毛重大于体积重量，因此按照毛重计算运费。

运费=450/500×230=207（元）

由于UPS要求货物首重为500克，不足500克按照500克算运费，因此，该票货物的运费为230元。

3.3.2 UPS优劣势

1. UPS优势

（1）服务区域。覆盖200多个国家和地区，可以在线发货，全国109个城市可上门取货。

（2）服务。提供全球货到付款服务，免费、及时、准确的上网查询服务，加急限时派送服务，超强的清关能力。强势地区为美洲地区，性价比最高，定点定时跟踪，可显示记录详细信息，通关便捷。

（3）价格。在价格上一般给予 3.5～6.5 折不等的优惠，UPS 主力打造美国专线、北美特惠。

（4）时效。正常情况下 2～4 个工作日通达全球各地，特别是美国 48 小时能到达，查询网站信息更新快，解决问题及时、快捷。

2. UPS劣势

（1）运费较高，要计算产品包装后的体积重量，适合发 6～21 千克的货物，或者 100 千克以上的货物。

（2）对托运物品限制比较多。

（3）中国香港 UPS 大货尽量不要使用中国香港地址发货（包含发票也不要使用中国香港地址和公司信息）；在目的地清关一定需要使用中国香港地址的情况下就找正规的货代公司发货。

3.4 FedEx国际商业快递

 引导案例

2019 年 5 月 28 日，从日本寄往中国华为的两件包裹寄到了美国，联邦快递（FedEx）并试图将另外两件从越南寄往华为亚洲其他地区办事处的包裹也转运到美国。此前，联邦快递官方微博发布声明称上述事件与事实严重不符，但 2019 年 5 月 28 日，联邦快递再次发布公告，承认了“错运”行为，并表示与外部因素无关。

美国联邦快递在我国发生未按名址投递快件行为，严重损害用户合法权益，已违反我国快递业有关法规。国家有关部门对联邦快递未按名址投递快件行为依法启动调查程序，于 2019 年 6 月 14 日向联邦快递（中国）有限公司送达了询问通知书。这是为了深入全面查明事实真相，同时也释放了明确信号，任何企业在华经营都必须遵守中国法律法规，不得损害企业和用户的合法权益。

未来，中国将建立“不可靠实体清单”制度。对不遵守市场规则、背离契约精神、出于非商业目的对中国企业实施封锁或断供，严重损害中国企业正当权益的外国企业、组织或个人，将列入“不可靠实体清单”。

在国内快递企业纷纷上市的态势下，联邦快递本就腹背受敌，而转运事件的发生进一步拉低了联邦快递在国际上的影响力和信用度。快递企业的信用度尤为重要，尤其是欧美企业是以商业信用为立业根基的。

联邦快递从矢口否认到承认转运失误，其态度 180 度转弯，不难看出，联邦快递难以割舍中国市场。实际上，联邦快递近年来发展放缓，业绩也逐年下滑。在全球贸易放缓的压力之下，快递公司的国际业务越来越不好做，在此背景下，联邦快递无法放下中

国这块大蛋糕。

阅读以上案例，思考：

1. 联邦快递是如何发展的？

2. 国际商业快递未来在中国应如何发展？

联邦快递是一家世界 500 强级别的跨国快递服务公司，其业务范围涵盖隔夜快递、地面快递、重型货物运输、文印复合等物流服务，联邦快递是全球最大的快速运输公司之一。

3.4.1 FedEx简介

美国联邦快递集团（FedEx）在 1971 年由美国耶鲁大学毕业生，前美国海军陆战队队员费雷德里克·史密斯（Frederick W.Smith）在阿肯色州小石城创立，1973 年迁往田纳西州孟菲斯，改名“联邦快递公司”（以下简称“联邦快递”）。FedEx 图标如图 3-3 所示。

图 3-3 FedEx 图标

联邦快递的亚太区总部设在中国香港，同时在东京等均设有区域性总部。1995 年 9 月，联邦快递在菲律宾的苏比克湾建立了其第一家亚太运转中心，根据公司在美国成功运作的“中心辐射”创新运转理念，亚太运转中心现已连接了亚洲地区 18 个主要经济中心与金融中心。联邦快递 1984 年进入中国，与天津大田集团成立合资企业大田—联邦快递有限公司。

1. FedEx服务类型

FedEx 分为联邦快递优先服务（FedEx IP）和联邦快递经济服务（FedEx IE）（见表 3-2）。

表 3-2 FedEx 服务类型

服务类型	特点
联邦快递优先服务（FedEx IP）	运送时效快 清关能力强 覆盖范围广，可达全球 200 多个国家和地区
联邦快递经济服务（FedEx IE）	价格更优惠 清关能力强 可达全球 90 多个国家和地区

2. FedEx参考时效

联邦快递优先服务派送正常时效为 2～5 个工作日（此时效为快件上网至收件人收到此快件为止）。

联邦快递经济服务派送正常时效为 4～6 个工作日（此时效为从快件上网至收件人收到此快件为止）。

3. FedEx体积重量限制

FedEx 体积限制为：单件包裹最长边≤274 厘米，（最长边+其他两边）×2≤330 厘米。FedEx 重量限制为：单票的总重量≤300 千克，超过 300 千克需提前预约；若一票多件，其中每件的重量≤68 千克，单件或者一票多件中的单件包裹超过 68 千克，也需要提前预约。货物体积重量的计算公式为：体积重量=长（厘米）×宽（厘米）×高（厘米）÷5 000。

3.4.2 FedEx优劣势

1. FedEx优势

（1）时效。包裹一般在2～4个工作日可以送达，网络覆盖全，跟踪反馈信息及时。

（2）服务区域。通达全球220多个国家和地区，派送网络遍布世界各地。

（3）服务。提供国际快递预付款服务，免费、及时、准确的上网查询服务，代理报关服务及上门取件服务。极快的响应速度让用户享受高效率的服务，清关能力极强。

（4）价格。到中、南美洲和欧洲的价格较有竞争力。

2. FedEx劣势

（1）价格较贵，需要计算货物体积重量。

（2）对托运货物有较严格的限制。

（3）会收取偏远附加费、单件超重费、地址更改派送费。

3.5 DHL国际商业快递

引导案例

2019年10月，中外运敦豪（DHL）在美国芝加哥正式成立美洲创新中心，该中心的任务是加速开发新的解决方案，以改善该地区的物流和供应链运营情况。

据悉，德国波恩附近的敦豪快递创新中心、新加坡的亚太创新中心与芝加哥美洲创新中心，将联袂展示敦豪快递在该地区实施的新技术，并研究能够显著提高生产力和效率的未来解决方案。

敦豪快递美洲创新中心占地约260/平方米，配备了全球最先进的设施，能够为敦豪快递提供与客户、技术合作伙伴和专业学者的合作空间，同时也挖掘了员工的创新潜力。

敦豪快递表示，美洲创新中心将在未来几年致力于新技术的开发和应用，以改善运营情况、提升客户体验、降低成本，并为员工提供更好的工作流程。

《电商报》获悉，2019年，DHL大力投入快递物流基层设施建设。2019年3月，DHL启动一项“质量行动”，对德国的邮件和包裹网络投资1.5亿欧元，其中包括增加5 000名员工、增加1 000多个包裹站和500个包裹商店或零售店；2019年10月，DHL与仁川国际机场公司签署了一项特许经营协议，以实施其一项斥资1.31亿欧元的韩国关口扩建计划。扩建后的工厂的总建筑面积将从目前的20 000平方米增加到58 700平方米。

DHL投资1.35亿欧元在土耳其伊斯坦布尔新机场建设一个新的运营中心，并于2020年第三季度启用。新中心将采用“绿色技术”，以支持DHL实现“2050年零排放”目标。

阅读以上案例，思考：

1. 国际巨头DHL未来的前景如何？

2. DHL有哪些优劣势？

DHL 是全球快递、洲际运输和航空货运的领导者，也是全球第一的海运和合同物流提供商。DHL 快递为客户提供从文件到供应链管理的全系列的物流解决方案。DHL 主要包括以下四个部门：DHL Express、DHL Global Forwarding、Freight 和 DHL Supply China。1969 年 DHL 国际快递开设了他们的第一条从旧金山到檀香山的速递运输航线，公司的名称 DHL 国际快递由三名朝气蓬勃的创业者 Adrian Dalsey，Larry Hillblom 和 Robert Lynn 共同创建，DHL 的三个字母来自三个创始人的名字。

3.5.1 DHL简介

1986 年 12 月 1 日，中外运敦豪国际航空快件有限公司（以下简称“中外运敦豪”）在北京正式成立，1993 年，经中国对外贸易经济合作部批准，中外运敦豪开始向中国各主要城市提供国内快递服务，成为第一家获得此类服务执照的国际航空快递公司，中外运敦豪也成为第一家在我国提供国际航空速递服务的公司，在我国的业务开展也领先于其他各家跨国快递公司。2006 年，中外运敦豪隆重发布了“DHL 中国优先”战略。DHL 图标如图 3-4 所示。

图 3-4　DHL 图标

DHL 在投资中国市场业务的同时，也增加了对营业设施的投资。中外运敦豪于 2004 年和 2007 年，宣布分别在中国设立两个洲际转运中心——香港亚洲转运中心和上海北亚转运中心。

1. 参考时效

DHL 拥有世界上最完善的速递网络之一，可以到达位于 220 个国家和地区的 12 万个目的地，在中国市场占有率达到 36%。

上网时效：参考时效从客户交货之后第二天开始计算，1～2 个工作日会有上网信息。

妥投时效：参考妥投时效为 3～7 个工作日（不包括清关时间，特殊情况除外）。

2. DHL体积重量限制

DHL 体积重量计算公式为：体积重量=长（厘米）×宽（厘米）×高（厘米）÷5 000，计费时取货物的实际重量和体积重量二者中较大者。通过 DHL 运送的货物，一般从客户交货之后第二天开始的 1～2 个工作日就会有物流信息，参考妥投时效为 3～7 个工作日（不包括清关时间）。

3. DHL国际商业快递物流运费计算

【例 3-2】计算 DHL 国际商业快递物流运费。

浙江金远电子商务有限公司在全球速卖通平台上向美国客人销售了一款婚纱，包装重量（即货物毛重）为 2.6 千克，长、宽、高分别为 30 厘米、20 厘米、10 厘米，拟使用 DHL 快递，请计算跨境物流运费。（经查 DHL 的报价表，美国在计费 6 区，重量 3.0 千克的运费是 706 元，每票最低征收燃油附加费 160 元。）

解答：

该婚纱体积重量为（30×20×10）/5 000=1.2 千克<2.6 千克，货物毛重大于体积重量，因此按照毛重计算运费。

美国在计费 6 区，运费为 866（706+160）元，实际 DHL 会有折扣。

3.5.2 DHL优劣势

1. 优势

（1）专线。建立了欧洲专线及周边国家专线，服务速度快、安全、可靠、查询方便。

（2）价格。20 千克以下小货和 21 千克以上大货的运价较便宜。并且 21 千克以上物品更有单独的大货价格，部分地区大货价格比国际 EMS 的还要低。

（3）服务区域。派送网络遍布世界各地，网站货物状态更新信息及时、准确，提供包装检验与设计服务、报关代理服务，在美国、欧洲部分国家有较强的清关能力，世界绝大多数快递都通过 DHL 运转。

（4）时效。正常情况下 2～4 个工作日通达全球。到达欧洲和东南亚地区的速度较快，到达欧洲需要 3 个工作日，到达东南亚地区仅需 2 个工作日。

2. 劣势

（1）DHL 小件货品价格没有优势。

（2）对托运货品的限制比较严格，拒收许多特殊商品。

3.6 国内商业快递的国际化发展

引导案例

2020 年 2 月，顺丰正紧锣密鼓复航国际航线，新增流向，以助力跨境企业复工复产。

在许多国际航线无法正常复航的情况下，顺丰紧急复航“杭州—纽约—杭州”美国全货机航线、“无锡—重庆—哈恩—无锡”欧洲货运航线、“深圳—金奈—深圳”印度货运航线；同时，顺丰速运国际快递产品于 2020 年 2 月 20 日新增中国出口至哥伦比亚、苏里南、秘鲁等 17 个国家和地区，现国际快递服务的国家和地区达 70 个；为了满足跨境电商平台客户多样化的需求，提供集运类、海外仓类、电商专递类、小包类产品和服务。现阶段，其还有国际货运产品及服务，均正常收派件，在国内外拉通网络资源，为每一个客户提供定制化进出口解决方案。

在运输医疗防疫物资方面，截至 2020 年 2 月 19 日，顺丰承运来自海外的各类医疗防疫物资累计达 801 吨，来自日本、韩国、马来西亚、泰国、菲律宾、柬埔寨等 28 个国家和地区。

顺丰将持续完善全球供应链，竭尽所能提供高质量的服务，全力支持医疗防疫物资运输，保障跨境企业复工复产。

得益于我国电商物流的迅猛发展，我国快递公司加入资本市场。2015 年，申通打响上市第一炮，宣布与天天快递重组，2016 年，圆通成功借壳创世，到 2017 年，行业内几家快递公司纷纷上市，布局转型。这意味着未来我国的消费者将享受更加规范化、智能化的快递服务，当然这些公司还需要不断拓展国际市场，加入国际快递公司服务竞争。中国能够媲美 UPS 的快递公司正在崛起。

阅读以上案例，思考：

1. 中国主要有哪些商业快递？

2. 中国商业快递的国际化发展趋势是什么？

2018年，我国快递业务量突破500亿件，全行业员工总数达300万人；快递公司日均服务达2.8亿人次，相当于每天5个人中有1人在使用快递服务。目前，我国快递业务量已经超过美国、日本等发达经济体之和，规模连续五年稳居世界第一，是美国（第二名）的3倍多，占全球快递包裹市场的一半以上。

作为中国经济的一匹“黑马”，快递业在稳增长、调结构、惠民生等方面扮演着日益重要的角色。

1. 圆通

上海圆通速递有限公司（以下简称“圆通”）成立于2000年5月28日。董事长兼总裁是喻渭蛟。2016年1月16日，大连大杨创世股份有限公司与上海圆通速递有限公司进行资产重组，通过此举借壳上市。圆通图标如图3-5所示。

图3-5　圆通图标

2019年下半年以来，圆通开通多条航线，不断提高运行保障能力，不断丰富航线网络。圆通开通航线一览表如表3-3所示。

表3-3　圆通开通航线一览表

日期	航线	意义
2019年7月15日	乌鲁木齐—塔什干	新疆地区首条国际货运航线，为中国—乌兹别克斯坦两国商贸往来注入新的商机和发展助力
2019年7月16日	杭州—马尼拉	为“电商之都”杭州与“亚洲的纽约”马尼拉之间的商贸互通搭建了一条极具时效性的空中通道
2019年7月22日	乌鲁木齐—巴基斯坦	首条直飞巴基斯坦的全货运航线，推动中巴经济走廊建设
2019年7月31日	盐城—首尔	为中韩商贸往来搭建了极具时效性的空中廊道
2019年8月13日	盐城—大阪	全面提高长三角区域对日航空物流能级，进一步提高盐城南洋国际机场航空物流运输能力
2019年10月10日	烟台—仁川	增加了烟台至韩国的货机密度和运力规模
2019年12月3日	兰州—拉合尔	甘肃省打通的首条“中巴经济走廊”航线
2019年12月19日	杭州—孟加拉	提高杭州湾经济区与南亚地区之间的商贸发展和物资流动效率
2019年12月27日	延吉—首尔（仁川）	吉林省延边朝鲜族自治州开通的第一条国际货运航线，为其乃至吉林省积极融入东北亚经济格局架起了空中桥梁
2020年1月16日	石家庄—比什凯克	石家庄开通的首条至“一带一路”重点城市的正班货运航线

据悉，下一步，圆通还将在石家庄机场逐步开通“石家庄—韩国首尔”“石家庄—日本大阪”货运航线，为河北与东北亚国际贸易往来增加新通道，推动石家庄国家级商贸物流中心以及国家物流枢纽城市建设。

2. 顺丰

顺丰于 1993 年 3 月 26 日在广东顺德成立。董事长兼总裁是王卫。顺丰是目前中国速递行业中投递速度最快的快递公司之一。2016 年 5 月 23 日，顺丰股权置换欲借壳上市，资产作价 433 亿元（人民币）。顺丰图标如图 3-6 所示。2018 年顺丰用 55 亿元人民币收购 DHL 公司在华的供应链业务，顺丰成为中国唯一的拥有多元化全链条综合物流能力的公司。

图 3-6　顺丰图标

2019 年，顺丰开通深圳—金奈、无锡—重庆—哈恩—无锡等多条航线；

2019 年 12 月 18 日，美国交通运输部准许其运营中国与美国间任意城市之间的定期或包机货运航班。

3. 申通快递

申通创立于 1993 年，董事长是陈德军。2015 年 12 月 14 日，申通借壳上市。申通图标如图 3-7 所示。

图 3-7　申通图标

2019 年 7 月，申通国际伯明翰仓配转运中心正式启动。伯明翰仓配转运中心的投入使用将有效提高申通英国地区快件分拣、中转和派送时效，进一步提高服务水平；2019 年 9 月，申通启动菜鸟国际出口首公里揽收项目。菜鸟国际出口首公里揽收项目覆盖 27 省、203 个城市，发至菜鸟杭州、东莞操作中心的全网时效在 18～72 小时。菜鸟国际出口首公里揽收项目的落地，将为申通开辟更为广阔的市场和利润增长点。

4. 韵达快递

韵达创立于 1999 年 8 月，总部位于中国上海。董事长是聂腾云。2017 年 1 月 18 日上午在深圳证券交易所挂牌上市，正式登陆资本市场。韵达图标如图 3-8 所示。

图 3-8　韵达图标

目前，韵达开通了 14 条国际航线，国际标快/国际特惠业务已涉及全球 53 个国家和地区，国际小包业务覆盖全球 225 个国家和地区，还在美国、德国、爱沙尼亚等建立了海外仓。

2019 年 4 月 19 日，韵达新产品“优递达”正式宣布上线，“优递达”是为客户提供个性化、极致化的快递服务体验而推出的差异化服务产品；2019 年 9 月 20 日，韵达快运增值服务“分拨自提”正式上线，分拨自提是指客户自行到目的分拨中心提取货物，旨在为客户提供低成本、高时效、高性价比的末端服务；2019 年 10 月 25 日，韵达特快 2019 启动会在沪举办，推出了以时效为核心的高端产品——韵达特快。这款产品是一款以时效为核心的高端产品，主要面向对时效有着巨大需求的客户，赋能城市加速度，打造服务新品质。

5. 中通

中通创建于 2002 年 5 月 8 日，是一家集快递、物流、电商、印务于一体的国内物流快递企业。董事长是赖梅松。美国时间 2016 年 10 月 27 日，中通正式在美国纽约证券交易所挂牌交易。中通图标如图 3-9 所示。

图 3-9　中通图标

2019 年 10 月 22 日，中通全货机首航成功，成了一家拥有全货机包机的快递企业，有助于快递行业的高质量发展；2020 年 2 月 19 日，泰国中通在曼谷转运中心举行试运营启动仪式，宣布正式启动泰国全境快递业务；2020 年 3 月 9 日，中通快递柬埔寨公司正式开通柬埔寨至越南陆运往返专线，为两国客户提供物流运输服务，从越南的 3 个城市胡志明市、岘港、河内可直发柬埔寨全境。

本章小结

本章主要介绍了国际商业快递的相关概念、四大商业快递的异同点、中国商业快递发展现状。通过本章的学习，读者可了解四大商业快递的发展历程，掌握四大商业快递的异同点，能够计算商业快递国际邮费，了解中国商业快递的发展现状。

实践项目操作

一、计算题

某跨境电子商务公司计划邮寄重量为 20 千克的包裹至法国，该公司选择了某快递公司。快递公司报价：首重 200 元（0.5 千克），续重 60 元/0.5 千克，燃油附加费 10%（占计重运费的比例），折扣为 8 折。试计算该货物物流总运费。

二、比较中国商业快递的异同点，你最常用哪一家快递？原因是什么？完成此次调研报告。

课后习题

一、选择题

1. 四大国际商业快递公司为：联邦快递集团、联合包裹服务公司、中外运敦豪和（　　）。

   A. 天天快递　　B. 顺丰快递　　C. 圆通快递　　D. 天地公司

2. 下列不属于四大国际商业快递公司的是（　　）。

   A. FedEx　　B. UPS　　C. CNPL　　D. TNT

3. 以下哪项不属于国际商业快递？（　　）

   A. TNT　　B. ePacket　　C. UPS　　D. DHL

4.（　　）快递不是按体积计算运费的。

A. UPS　　B. EMS　　C. TNT　　D. DHL

5. 以下哪种物流方式收费最贵？（　　）

A. 中国香港邮政小包　　B. 中国邮政小包

C. UPS　　D. EMS

6. 下列哪个国际商业快递公司的快递业务速度较慢？（　　）

A. EMS　　B. UPS　　C. DHL　　D. TNT

7. 四大国际商业快递公司的计费单位是（　　）。

A. 克　　B. 斤　　C. 千克　　D. 吨

8.【多选】从国际物流中的快递和邮政小包来看，国际四大物流巨头的商品快递运输具有（　　）的特点。

A. 运输周期短　　B. 丢件率低　　C. 服务完善　　D. 收费高

9.【多选】以下哪种物流方式的海关通关能力强？（　　）

A. 中国邮政小包　B. UPS　　C. e邮宝　　D. DHL

二、判断题

1. 国际快递的业务流程和国内快递的业务流程是一样的。（　　）

2. 四大国际商业快递公司为TNT、UPS、EMS、DHL。（　　）

3. 国际快递不收取燃油附加费。（　　）

4. 商业快递的共同点是费用较高。（　　）

三、简答题

1. 分析比较四大商业快递的异同。

2. 除了书中提到的国内商业快递，你还知道哪些国内商业快递？它们有哪些优势？

四、案例分析题

1. UPS、TNT、FedEx、DHL四大国际商业快递在20世纪80年代进入中国市场，经过40多年的发展，在中国的业务范围不断扩大。究其根源，主要有以下几个原因。

（1）国家政府的支持

20世纪80年代末期，中国正处于改革开放发展阶段。国家鼓励以中外合资的形式带动市场经济的发展。同时，国外市场对中国经济市场的发展处于看涨的状态在一定程度上使外国企业对中国市场更加青睐。

（2）高效的战略布局

四大国际商业快递进军中国市场的共同点就是对中国市场合理布局。除DHL，其他三大国际商业快递均选择以早期中外合资，后期独资的方式进行企业发展的战略布局。同时，在选择由国际快递业务转化为国际业务、国内业务共营时，均采用收购国内企业，利用国内企业现有网络助力发展的模式。这样的方式，有利于加快国际商业快递对国内业务经营理念和服务的宣传和普及。同时这样的布局，为四大企业进行网络扩张和提高国内竞争力创造了有利条件。

问题：阅读以上案例，分析四大国际商业快递发展现状，中国物流行业发展迅速，四大国际商业快递将如何应对？提出相对应的发展策略。

2. 中国快递协会主办的“2019 双十一快递启动会”在杭州举行。中国邮政、中通、申通、圆通、韵达、百世、顺丰等中国 11 家主流快递公司联合宣布，与天猫、菜鸟一起正式启动 2019 天猫双十一全球物流备战，将运用数智化技术提高配送速度，加速快递绿色化，在第 11 个天猫双十一创造新的世界物流纪录。

天猫市场部总监陈炳潮介绍，2019 年天猫双十一是至今参与人数最多的双十一，特别是在低线城市，淘宝、天猫的用户数和订单量增长迅猛。电商平台需要与物流行业打通上下游，才能共赢双十一。

菜鸟双十一物流副总指挥李江华介绍，2019 年天猫双十一，在商家供应链、仓库发货、枢纽中转、末公里派送、首公里寄件等方面，都有数智技术为消费者提供更好的物流体验，为商家进一步降本增效。

实现联合作战。出口包机超过 100 架次，郑新欧、义新欧等中欧班列也加入“双 11”物流体系。

国家邮政局相关人员在启动会现场表示，今年双十一还要下大力气减少过度包装，在包装绿色化、减量化、可循环上更进一步。为此，菜鸟与主要快递公司在全国新增了近 5 万个绿色回收站点，加大了快递一联单的使用，增加了箱型算法推荐和原箱发货，带来了更加绿色环保的双十一物流。

问题：阅读以上案例，分析中国商业快递发展现状及其存在的问题，并针对这些问题提出自己的意见和建议。

第4章 专线物流

跨境专线物流一般通过海运、航空包舱等方式将货物运输到国外，再通过合作公司进行目的国的派送。专线物流能够集中大批量到某一特定国家或地区的货物，通过规模效应降低成本，是比较受欢迎的一种物流方式。

专线物流具有时效快、成本低、安全度高、可追踪、易清关的特点；当然，专线物流也有其劣势，如通达地区有限、运费成本略高、可托运产品有限，有些专线目前仍然不能寄送带电池的电子产品和纯电池；不能托运指甲油、香水、香薰和打火机等热销产品。

本章学习目标

1. 了解跨境专线物流的含义；
2. 掌握跨境专线物流的特点；
3. 了解常用的跨境物流专线及其优劣势；
4. 知道俄罗斯路向的跨境物流专线；
5. 能结合实际选择合适的跨境物流模式；
6. 了解我国跨境专线物流现状。

4.1 认识专线物流

引导案例

2019 年 10 月 9 日上午 10 时，随着满载 82 个标准箱 eWTP（电子世界贸易平台）货物发往比利时列日的中欧班列菜鸟号从浙江义乌西货运站鸣笛首发，标志着长三角区域首条跨境电商班列——中欧班列（义乌—列日）eWTP 菜鸟号正式开通，标志着中欧班列又添一条全新的运行线路。至此，义乌始发的中欧班列已达 11 条线路，辐射中亚五国、西班牙、伊朗、阿富汗、俄罗斯、拉脱维亚、白俄罗斯、英国、捷克、比利时等十个方向。菜鸟号通过菜鸟网络部署在列日的 ehub（供应链协同平台）、欧洲卡车网络和欧洲配送自提网络，将跨境包裹能从列日快速分发至德国、法国、荷兰、西班牙、意大利等欧洲国家。

eWTP 菜鸟号实现了两大创新：第一，首次实现义乌与欧洲列日两大 eWTP 之城的铁路干线直联，搭建了跨境电商进出口的新通道，让国内尤其是长三角企业和欧洲消费者感受到跨境物流；第二，国内段全程采用 9610“清单核放、汇总申报”电商阳光清关模式，开创了中欧班列跨境电商包裹规范化、阳光化运输的新格局。

中欧班列成为国际物流陆路运输骨干。亚欧之间的物流通道主要包括海运通道、空运通道和陆运通道，中欧班列以其运距短、速度快、安全性高的特征，以及安全快捷、绿色环保、受自然环境影响小的优势，已经成为国际物流中陆路运输的骨干方式。中欧班列物流组织日趋成熟，班列沿途国家经贸交往日趋活跃，国家间铁路、口岸、海关等部门的合作日趋密切，这些有利条件，为铁路进一步发挥国际物流骨干作用，在“一带一路”倡议中将丝绸之路从原先的“商贸路”变成产业和人口集聚的“经济带”起到重要作用。

阅读以上案例，思考：

1. 什么是跨境专线物流？
2. 中欧班列给了我们什么启示？

跨境电商已经从单一的包裹模式发展成为以邮政包裹模式为主导，其他模式并存的多元化模式。不同模式的优点弥补了跨境电商物流的不足。例如，将货物在发往比较偏远的新兴国家时，可以选择专线物流，专线物流被认为是跨境电商直发模式的理想物流选择，专线物流不仅兼具时效和成本，在稳定性和安全性方面也达到了跨境运输的要求。目前在一些热门市场中，专线物流已经逐渐与邮政包裹平分秋色，甚至成为卖家首选。

专线物流

4.1.1　专线物流的概念

专线物流是五大主要跨境电商物流模式之一。专线物流，又称货运专线，指物流公司用自己的货车、专车或者航空资源，运送货物至其专线目的地。一般在目的地有自己的分公司或者合作网点，以便货车来回都有货装。按照服务对象的不同，专线物流可以分为跨境电商平台企业专线物流和国际物流企业专线物流，其中跨境电商平台企业专线物流是大型电商平台专门为电商平台内上线销售商品的中小企业开发的物流项目，通过在国内设立仓库实现提供简单易行且成本较低的物流服务的目的。专线物流适合运送多批次、小批量、时效要求高的货物，尤其适合小额批发和样品运输等。

4.1.2 专线物流的特点

1. 服务向两端延伸

国际物流专线指运营不同国家（地区）间点对点的货运线路，其运输线路及班次一般是固定的。传统的国际物流专线仅包含货运站点之间的运输服务，随着跨境电商服务需求升级，国际物流专线的业务链条进一步向上游的货物揽收和下游的末端派送延伸。目前，国际物流专线的服务包括货物揽收、装卸打包、运输、在线追踪订单、清关、本地派送等一条龙服务。

2. 运力供给高饱和，综合费用呈上升态势

受全球国际航运运力基础设施扩充速度缓慢的影响，国际航运运力供给短时间并无明显增长空间，全球空运及海运运力供给速度无法匹配目前跨境电商的高速增长需求，跨境电商国际物流专线市场近年来几乎无淡旺季区别，全年呈现服务高饱和状态，因此国际运费也呈现稳中上升的趋势。

3. 竞争高度市场化，且同质化竞争明显

尽管目前市场上提供国际物流专线的服务商非常多，但其后端的货物实际承运人基本为国际主流的海运及空运公司，前端代理销售的看似丰富的国际物流专线产品，在服务质量上并无明显差异，同质化竞争非常明显。

4. 进口与出口专线运力存在错配

一是因为国内跨境电商交易规模存在顺差，国际物流专线存在出口运费与进口运费价格偏差的现象。以 1 千克的包裹为例，从我国上海直发美国洛杉矶物流加派送价格约为 40 元人民币，若从洛杉矶直发至上海，运费约为 60 元人民币。二是由于国内跨境电商进口消费市场主要集中在一二线城市，而跨境电商出口则集中在深圳、广州、义乌、杭州、宁波等沿海城市，因此在国际物流专线运力区域上存在不平衡。据了解，依托产业基础和靠近香港机场的交通区位优势，仅深圳一个城市的跨境电商出口包裹量就占据了全国近的跨境电商出口包裹量的 60%，大量国际物流专线资源也集中于此。

国际物流专线的特征主要体现在“专”上，因而国际物流专线有其专门使用的物流运输工具、物流线路、物流起点与终点、物流运输工具、物流运输周期及时间等，国际物流专线包括航空专线、港口专线、铁路专线、大陆桥专线、海运专线以及固定多式联运专线，如郑欧班列、中俄专线、渝新欧专线、中欧（武汉）冠捷班列、中英班列、国际传统亚欧航线等。国际物流专线这种物流模式能够有效规避通关及商检风险，还具有一定的物流时效性及物流经济性；但同时也由于其“专”而有一定的局限性。

4.1.3 专线物流未来发展趋势——专项专线物流

随着互联网思维对传统行业的改造，O2O 模式成为各个行业创新的主流模式，O2O 模式中最重要的是客户体验这一环节，而物流配送，则是这一环节的焦点。“最后一公里”的概念已经深入人心，成为行业和资本关注的风口。当今专线物流在各个领域都有新的表现，尤其是生鲜冷链物流专线，更成为 O2O 的重点尝试领域。当下在一些与民生相关的领域，如医药物流，也在逐渐成为专线物流企业关注的焦点。

未来有可能在“互联网+”的基础上，细分出“互联网+专线”模式，专业化、精准化的分工，将对于细分市场、专业专项起到非常重要的作用，成就真正的“专项专线物流”。

4.2 Special Line—YW

引导案例

2020 年，对每个中国人来说，将会是终生难忘的。新型冠状病毒肺炎在中华大地肆虐，疫情期间“不出门，勤洗手，戴口罩”成为全民共识。

在跨境物流受阻的当下，杭州跨境物流企业——北京燕文物流有限公司（以下简称“燕文物流”）想方设法把包裹发往海外买家手里。在切实做好疫情防控的前提下，全力完成出口电商卖家的物流订单。

跨境物流是跨境卖家的“生命线”，燕文物流积极响应各级部门要求，在第一时间统一防疫思想，制订防疫预案，严抓防疫落地，在严格落实疫情防控主体责任的同时，切实保障物流运转顺畅。

疫情之下，燕文物流变遭遇战为主动战，把疫情带来的影响降到最低，让各跨境出口企业和平台安心、放心，同时也守护了大家对燕文物流的信心。

疫情期间，燕文物流共处理近千万个包裹，出口金额达到 1 亿美元。

阅读以上案例，思考：

1. 燕文物流的优劣势是什么？
2. 中国到俄罗斯的专线物流主要有哪些？

俄罗斯幅员辽阔，东西跨度大，因此俄罗斯的包裹送达时效较其他国家的要长。俄罗斯拥有欧洲最大的在线人口数量，互联网渗透率超过 70%，这也是一个潜在的全球电子商务市场。俄罗斯被誉为跨境电商潜力最大的市场，且牢牢占据了中国跨境电商交易的头把交椅。近几年来，俄罗斯跨境零售市场整体的增长率连续超过 30%，这意味着俄罗斯对中国产品的消化能力还远未达到上限，未来市场潜力相当可观。

中国到俄罗斯的专线物流主要有燕文航空、中俄航空俄速通以及速邮宝—芬兰邮政等。

4.2.1　Special Line—YW简介

Special Line—YW 即燕文航空挂号小包，简称燕文专线，是北京燕文物流有限公司通过整合全球速递服务资源，利用直飞航班配载，由国外合作伙伴快速清关并进行投递的服务。线上发货燕文航空挂号小包（Special Line—YW）的物流商北京燕文物流有限公司是国内最大的物流服务商之一。燕文物流图标如图 4-1 所示。

图 4-1 燕文物流图标

线上燕文专线目前已经开通拉美专线、俄罗斯专线和印度尼西亚专线。拉美专线直飞欧洲并在此中转，避免旺季爆仓，使得投妥时间大大缩短；俄罗斯专线实行一单到底，全程无缝可视化跟踪，国内快速预分拣，快速通关，快速分拨派送。一般情况下，俄罗斯人口 50 万人以上的城市最长 17 天可完成派送，其他城市最长 25 天可完成派送。印度尼西亚专线采用中国香港邮政挂号小包服务，并经中国香港地区中转，到达印度尼西亚的平均时效优于其他小包。

燕文物流与菜鸟共建的 eWTP 华东出口中心位于空港园区，是目前全国跨境电商领域自动化程度最高、设施最先进的物流转运和分拨中心，日均处理电商包裹 50 万单，峰值 120 万单，可为杭州地区近 2 000 个跨境出口企业提供揽收、操作、国际空运、海外清关和派送服务。

1. 参考时效

正常情况下，16～35 天到达目的地；特殊情况下，35～60 天到达目的地。特殊情况包括节假日、特殊天气、政策调整、偏远地区等。

2. 体积重量限制

Special Line—YW 按克收费，经济小包最低收费标准为 10 克。

规格限制：每个单件包裹限重在 2 千克以内。

【最大尺寸】非圆筒形货物：长+宽+高≤90 厘米，单边长度≤60 厘米；
圆筒形货物：直径的两倍+长度≤104 厘米，单边长度≤90 厘米。

【最小尺寸】非圆筒形货物：单件表面尺码≥9 厘米×14 厘米；
圆筒形货物：直径的两倍+长度≥17 厘米，单边长度≥10 厘米。

3. 燕文专线的操作注意事项

（1）包装材料及尺寸应按照所寄物品的性质、大小、轻重选择。邮寄物品外面需要加套符合尺寸的包装袋或纸箱，包装袋或纸箱上不能有文字、图片、广告等信息。

（2）由于寄送路程较远、冬天寒冷等，需要选用适当的结实抗寒的包装材料进行包装。

4.2.2 Special Line—YW优劣势

1. 优势

（1）时效快。燕文航空挂号小包根据不同目的国家选择服务最优质和派送时效最好的合作伙伴。其在北京、上海和深圳三个口岸直飞各目的国，避免了国内转运延误，并且和口岸仓航空公司签订协议保证稳定的仓位。全程追踪，派送时效在 10～20 个工作日。

（2）交寄便利。提供免费上门揽收服务，揽收区域之外可以自行发货到指定揽收仓库。

（3）赔付保障。提供邮件丢失或损毁赔偿，支持在线发起投诉，投诉成立后最快 5 个工作日完成赔付。

2. 劣势

（1）不支持发全球，对普通货物目前只能寄往 40 个国家和地区。

（2）不能寄送电子产品，如手机、平板电脑等带电池的物品，或纯电池（含纽扣电池）和任何可重复使用的充电电池，如锂电池、内置电池、笔记本电脑长电池、蓄电池、高容量电池等。

4.3 Ruston

引导案例

在得知黑龙江省医用口罩等医疗用品短缺的情况后，俄速通第一时间响应政府号召，全面动员、积极行动，在全球各地积极寻求医用口罩的生产厂家和货源，希望为黑龙江省新型冠状病毒肺炎疫情防控工作贡献一份力量。最终于 2020 年 1 月 28 日在泰国曼谷联系到医用口罩生产企业，并购置了一次性医用口罩 18 万支用于捐赠黑龙江省政府，以缓解黑龙江省医疗物资短缺的局面。为确保以最快速度将货物运回国内，南航曼谷公司为防护物资免去运输费用，哈尔滨机场海关提供绿色通道，特事特办，先行放行防护物资，后续再补齐相关手续。

这也是黑龙江省接收的首批境外医疗援助物资。这批爱心捐赠口罩从机场直接送达省应对新型冠状病毒感染肺炎疫情工作领导小组指挥部，用于抗击疫情一线。

效率就是生命。从接到政府指示到 18 万个口罩抵达哈尔滨，用时仅 66 小时。为快速将组织到的物资运回国内，商务、海关、药监及民航等部门齐心协力，积极作为，主动帮助设计运输路线、运输方式、协调清关检验等事项，保证了防护物资快速顺畅通关，尽早投入防疫第一线。

阅读以上案例，思考：

1. 俄速通在俄罗斯境内的服务类型有哪些？
2. 俄速通的优劣势有哪些？

Ruston 俗称俄速通，是由黑龙江俄速通国际物流有限公司提供的中俄航空小包专线服务。它是通过国内快速集货、航空干线直飞、在俄罗斯通过俄罗斯邮政或当地落地配送公司进行快速配送的物流专线的合称。针对跨境电商客户物流需求的小包航空专线服务，渠道时效性强，全程物流可跟踪。Ruston 图标如图 4-2 所示。

图 4-2　Ruston 图标

俄速通在俄罗斯境内的服务类型，包括俄罗斯航空小包、俄罗斯大包、俄罗斯 3C 小包 3 种。

4.3.1　俄罗斯航空小包

1. 俄罗斯航空小包简介

俄罗斯航空小包是黑龙江俄速通公司与阿里巴巴速卖通合作设立的专门针对速卖通平台的物流模式，服务覆盖俄罗斯全境。

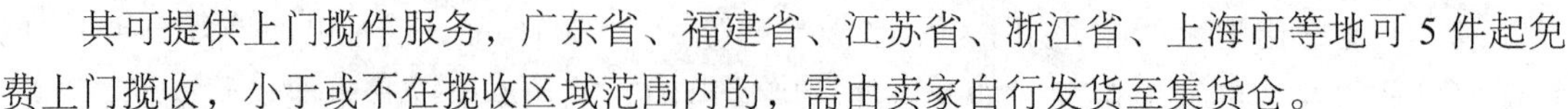

其可提供上门揽件服务，广东省、福建省、江苏省、浙江省、上海市等地可 5 件起免费上门揽收，小于或不在揽收区域范围内的，需由卖家自行发货至集货仓。

（1）包装与重量要求

规格限制：每个单件包裹限重在 2 千克以内。

【最大尺寸】非圆筒形货物：长+宽+高≤90 厘米，单边最长为 60 厘米；

圆筒形货物：直径的两倍+长度≤104 厘米，单边长度≤90 厘米。

【最小尺寸】非圆筒形货物：单件表面尺码≥9 厘米×14 厘米；

圆筒形货物：直径的两倍+长度≥17 厘米，单边长度≥10 厘米。

（2）赔付保障

Ruston 专线物流商承诺，包裹入库 30 天后，收件人未收到包裹，且物流商不能确认货物状态的；自包裹入库后起算 60 天内未投妥，且没有异常信息返回的，直接认定为包裹丢失。

如果确认丢件，物流商将按照该订单在速卖通的实际成交价（但不超过 700 元）为标准进行赔偿。

2. 俄罗斯航空小包优劣势

（1）优势

① 经济实惠。以克为单位，计算精确，无起重费，为卖家将运费做到最低。

② 运送时效快。开通了“哈尔滨—叶卡捷琳堡”中俄航空专线货运包机，包机直达俄罗斯，实现 80%以上的包裹 25 天内到达。

③ 全程可追踪。货物信息 48 小时内上网，实现货物全程可视化追踪。

④ 送达范围广。与俄罗斯邮局合作，将境外递送环节全权委托给俄罗斯邮政。递送范围覆盖俄罗斯全境。

（2）劣势

① 价格并不是最便宜的。

② 在淡季可能受货量影响，时效没有旺季快。

③ 由于航空安全控制，不可以走带电磁性的货物，内件限制较多，安检严格。

4.3.2 俄罗斯大包

1. 俄罗斯大包简介

俄罗斯大包可送至俄罗斯全境，平均时效为通关后 20～30 个工作日。

（1）包装与重量限制

货物外包装是无字干净纸箱子，用无字胶带封口。

规格限制：重量不得超过 200 千克/箱，货值每箱不得超过 200 欧元（若超出，收货人收取货物时需要向俄罗斯海关缴纳相应的关税）。

最大尺寸：长+宽+高≤1.8 米，单边长度≤1.5 米；

最小尺寸：最长边长度≥0.17 米，最短边长度≥0.12 米。

（2）赔付保障

对于物流承运过程中发生的货物丢失，俄罗斯大包有赔付保障。

① 对于已保价的货物：如果整件货物丢失按照货物保价规则进行赔偿，并退还运费；如果货物部分丢失，按照丢失货物重量占总重量的百分比乘以保价进行赔偿，不退还运费。

② 对于未保价货物：如果整件货物丢失退还运费；如果货物部分丢失，按照丢失货物重量占总重量的百分比乘以运费进行赔偿。

2. 俄罗斯大包优劣势

（1）优势

① 经济实惠。以千克为单位计算，买家花一次运费有机会运送更多的产品。

② 送达时效快。可在俄罗斯境内采用水、陆、空结合的特殊运输方式，保证包裹以最经济、最有效率的方式送达买家手中。

（2）劣势

① 需要在俄速通官网查询信息，在交货操作后即可看到上网信息，如果需要在俄邮或者中邮网查询，需要 7 天左右的时间。

② 产生关税的包裹可能需要派回离收件人最近的可以收取关税的大区邮局，这种包裹需要收件人前往这个指定邮局缴纳关税后取件。

4.3.3 俄罗斯3C小包

1. 俄罗斯3C小包介绍

俄罗斯 3C 小包是黑龙江俄速通公司专门面向俄罗斯电子商务市场推出的跨国包裹邮寄业务。

包装与重量限制：货物外包装要求使用干净的快递袋包装，封口处粘胶仅限制在刚好封口为止，不需要按货物体积折叠快递袋，禁止使用透明胶带封口或对包装进行二次封缠。3 千克以上包裹需要用白色布口袋包装。客户需要将收件人信息和运单号贴在快递袋中心位置，标签不可大于 14 厘米×10 厘米。

规格限制：重量不得超过 10 千克/件，报价最高限额为 500 元/件。

最大尺寸：425 毫米×265 毫米×380 毫米，超出该尺寸需要额外交付运费 40%的超大费。

2. 俄罗斯3C小包的优劣势

（1）优势

① 可以邮寄带有手机电池、纽扣电池、化妆品等通常航空小包禁止邮寄的物品；

② 16～20 天可到达俄罗斯目的地，35 天到达俄罗斯全境。

③ 由于从东部口岸进入俄罗斯，比起新疆线和中邮、外邮、远东地区时效好，可以作为航空小包的补充。

（2）劣势

① 俄罗斯中西部地区时效较慢。

② 国内头程运输时间较长，因为要从各地集运到绥芬河口岸。

③ 俄邮网要在交货 7 天左右更新轨迹信息。

4.4 速优宝—芬兰邮政

引导案例

2019 年 11 月，芬兰邮政宣布收购包裹和电子商务服务提供商 Pakettikauppa，以提高其对中小型网上商店的服务并改善客户体验。

Pakettikauppa 成立于 2016 年，是一家专注于物流领域的芬兰科技公司。该公司通过易于使用的数字渠道为中小型客户提供各种包裹和货运服务，通过与电子商务平台的整合，在短时间内成为一家知名且值得信任的运营商，并成为芬兰电子商务行业的一部分。

芬兰邮政数字服务和中小企业电子商务服务副总裁 PasiIlola 表示："中小型零售商是重要的客户群体，集团在服务中小型零售商时存在不足。Pakettikauppa 拥有的专业技术知识和对电子商务需求的全面了解，将极大地帮助芬兰邮政开发自己的业务。"

Pakettikauppa 将在芬兰邮政的所有权下继续按以往方式运营，而所有权的变更对于客户关系或者品牌没有影响，Pakettikauppa 的客户无须采取任何行动。

Pakettikauppa 创始人 JooseVettenranta 表示："Pakettikauppa 根据客户的需要而产生。公司为中小企业提供所有的物流服务，且方便易用。为客户提供更好的物流体验是我们的使命，而成为芬兰邮政的一部分后，公司将有机会进一步发展。"

阅读以上案例，思考：

1. 速优宝—芬兰邮政的优劣势是什么？
2. 芬兰邮政怎样与速卖通实现对接？

速优宝—芬兰邮政为速卖通和芬兰邮政针对 2 千克以下小件物品推出的香港口岸出口特快物流服务。通过芬兰邮政与俄罗斯邮政、白俄罗斯邮政合作快速通关，快速分派派送。分为挂号小包和经济小包。

4.4.1 速优宝—芬兰邮政介绍

2015 年 3 月，阿里巴巴旗下外贸在线生意业务平台速卖通线上发货方法"速优宝—Itella"更名为"速优宝—芬兰邮政"。速优宝—芬兰邮政图标如图 4-3 所示。

图 4-3 速优宝—芬兰邮政图标

1. 资费标准

速优宝—芬兰邮政挂号小包与中邮挂号小包一样，收取配送服务费和挂号服务费。速优宝—芬兰邮政经济小包只收取配送服务费，没有收取挂号服务费。

速优宝—芬兰邮政挂号小包运费=配送服务费×邮包实际重量+挂号服务费。

速优宝—芬兰邮政经济小包运费=配送服务费×邮包实际重量。

速优宝—芬兰邮政起重为 1 克，运费会根据每月月初的最新汇率进行调整。

2. 参考时效

速优宝—芬兰邮政挂号小包，一般 16～35 天到达目的地（受不可抗力因素影响除外）。

3. 体积重量限制

规格限制：单件包裹限重在 2 千克以内。

【最大尺寸】非圆筒形货物：长+宽+高≤90 厘米，单边长度≤60 厘米；

圆筒形货物：直径的两倍+长度≤104 厘米，单边长度≤90 厘米。

【最小尺寸】非圆筒形货物：单件表面尺码≥9 厘米×14 厘米；

圆筒形货物：直径的两倍+长度≥17 厘米，单边长度≥10 厘米。

4.4.2 速优宝—芬兰邮政优劣势

1. 优势

（1）运费价格优势。寄往俄罗斯和白俄罗斯的价格较其他专线具有显著的优势。

（2）时效优势。时效有保障，包裹寄出后大部分在 35 天可以投递，挂号包裹因物流商的问题在承诺时间内未妥投而引起的速卖通平台限时达纠纷赔款，由物流商承担。经济小包跟传统的平邮小包相比，直到包裹离开芬兰前均有物流轨迹信息，离开芬兰前包裹丢失、破损以及时效延误而延期的速卖通平台限时达纠纷赔款，由物流商承担。

2. 劣势

（1）地区限制。目前只支持发往俄罗斯、白俄罗斯、爱沙尼亚、拉脱维亚、立陶宛、波兰、德国。

（2）征税要求严格。白俄罗斯海关对邮包的征税基数为 22 欧元，一个自然月内的白俄罗斯收件人邮包累计价值不超过 22 欧元，且该月累计邮包重量不超过 10 千克，将可以免税，超过 22 欧元部分的征税税率为 30%，超出的重量将缴纳不少于 4 欧元/千克的费用。

此外，中国商业快递纷纷开设俄罗斯专线物流。例如，2014 年 8 月，圆通面向俄罗斯市场正式推出俄易邮专线产品；2016 年 6 月，顺丰国际特惠开通中国至俄罗斯的线路；2016 年 9 月，申通快递俄罗斯远东公司正式成立；2019 年 2 月，俄罗斯邮政与阿里巴巴菜鸟达成新的战略合作，根据菜鸟与俄罗斯邮政的最新协议，双方将共同提高中俄跨境物流服务能力，在俄罗斯打造物流基础设施。俄罗斯邮政将为阿里速卖通商家提供仓储、运输、验收、分拣和递送等全方位服务，在速卖通大促时，俄罗斯邮政还将增派人力，专门保障商品递送。同时，菜鸟和俄罗斯邮政还将展开技术合作，进一步提高俄罗斯境内的物流效率。

4.5 Aramex

引导案例

2019 年 11 月，在迪拜上市的中东快递巨头 Aramex 公布了 2019 年三季度财报，其

电商包裹业务量呈两位数增长，但因快递价格下降和网络设施投入增加，收入和利润只实现小幅增长。

Aramex 首席执行官 Bashar Obdid 表示，电商业务量增加，但价格压力巨大，预计未来几个季度仍将呈现低收益趋势。因此，Aramex 将持续提高地面快递服务水平，优化成本，并做好业务战略转型及成本控制，以抵消“最后一英里”网络设施升级，缩短递送时限造成的负担。Aramex 将凭借在 B2B 方面的优势支撑电商业务的战略模式，创新“最初和最后一英里”服务技术，实现多元发展。

2019 年第三季度，Aramex 在沙特阿拉伯新建了 3 个分拣设施，并对在美国的分拣设施进行升级，缩短北美到中东地区分拣处理和转运时限。四季度为旺季，国际和国内电商包裹量实现创纪录增长，但是价格压力仍是收入的主要制约因素。对此，公司将通过扩大 B2B 业务实现收入平衡。

阅读以上案例，思考：

1. 中东快递的快速发展对中东地区的跨境电商发展有哪些影响？
2. Aramex 快递的优劣势是什么？

中东地区，尤其是阿拉伯联合酋长国、沙特阿拉伯、科威特、以色列等产油国家，居民生活富裕，但物资缺乏，加上互联网的普及率高，人们的跨境网购热情日益增高，往往选择单价比较高的货物。中东地区的跨境电商发展迅速，也得益于物流和支付顺畅。

4.5.1 Aramex简介

Aramex 是中东地区最知名的快递公司，创建于 1982 年，总部位于迪拜，是第一家在纳斯达克上市的中东国家公司，提供全球范围的综合物流和运输解决方案。Aramex 精选当地优势航班运力，将包裹运抵迪拜的转运中心，再由迪拜清关转运派送到中东、南亚和非洲部分地区。

Aramex 也是全球速递联盟（GDA）创始成员，GDA 在全球 240 多个国家和地区集合了超过 40 个主要的快递和物流供应商，每一家在各自地区范围内都从事专门的快递物流服务，以与 Aramex 一致、统一的质量标准和技术将其服务网络覆盖全球。Aramex 与中外运于 2012 年成立了中外运安迈世（上海）国际航空快递有限公司，在国内也称“中东专线”。Aramex 的图标如图 4-4 所示。

图 4-4　Aramex 的图标

1. 资费标准

Aramex 的标准运费由基本运费和燃油附加费两部分构成，其中燃油附加费经常有所变动，大家可登录官网了解相关详情。

运费计算方式：（首重价格+续重价格×续重重量）×燃油附加费×折扣（超过 15 克按续重单价 1 千克计算）；

体积重量的计算方法：体积重量=长（厘米）×宽（厘米）×高（厘米）÷5 000；

计费时取实际重量和体积重量二者之中的较大值。

2. 参考时效

中东地区派送时效为 3～6 个工作日。

3. 体积重量限制

包裹的体积和重量的限制分别是：单件包裹的重量不得超过 30 千克，体积不得超过 120 厘米×50 厘米×50 厘米。若单件包裹重量超过 30 千克，则体积必须小于 240 厘米×190 厘米×110 厘米。

4. 注意事项

（1）运单上必须用英文填写清晰的收件人名字、地址、电话、邮编、国家、货品信息、申报价值、件数及重量等详细资料。

（2）必须在运单报关联填写清晰的货物详情、名称、件数、重量级申报价值；单票货物申报不得超过 5 万美元，寄件人信息统一打印。

（3）收件人地址不可以使用邮政的邮箱地址。

4.5.2　Aramex优劣势

1. 优势

（1）运费价格。若寄往中东、北非、南亚等国家，价格具有显著的优势，是 DHL 的 60%左右。

（2）时效。时效有保障，包裹寄出后大部分在 3～6 天可以投递，大大缩短了世界各国间的商业距离。

（3）无偏远费用。

（4）包裹信息可在 Aramex 官网跟踪查询，信息实时更新，寄件人每时每刻都能跟踪包裹的最新动态信息。

2. 劣势

（1）Aramex 的主要优势在于中东地区，在别的国家或地区则不存在这些优势，区域性很强。

（2）对货物的限制也较高。涉及知识产权货物一律无法寄送；电池以及带有电池的货物无法寄送；各寄达国（地区）禁止寄递进口的物品；任何全部或部分含有液体、粉末、颗粒状、化工品、易燃、易爆违禁品，以及带有磁性的产品（上海仓库可安排磁性检验）均不予接收。

4.6　其他专线物流

引导案例

2019 年 8 月，阿里巴巴在全球速卖通日推出 15 天无理由 FreeReturn 服务，并在 8 月 15 日将 LocalReturn 全面升级成 FreeReturn。

全球速卖通是阿里巴巴融合订单、支付、物流于一体的外贸在线交易平台，对于海淘转运商品，因为路程长、转手多而导致丢件、商品损坏事件多的情况，全球速卖通即推出了无忧退货保障计划，目前该计划已在多个国家的多个地区实施，而这次全面升级成 FreeReturn 也是为了更好地协助商家获取更多买家流量。

据了解，卖家加入这项服务之后，不仅可以在消费购买链路上全渠道展示标识，还将获得 FreeReturn 搜索筛选框。另外，在收到退货申请的 1 至 2 个工作日内还将收到补偿款，该订单货权也会转移给第三方服务商；而买家在确认收货的 15 天内进行退货操作，也无须承担运费就可以将货物直接寄回系统指定的本地仓。可以说 FreeReturn 服务将是有利于卖家和买家双方的。而随着海淘转运商品渐渐得到保障，想必其对于全球速卖通的业务发展也是有极大的益处的。

阅读以上案例，思考：

1. 阿里无忧物流主要有几种物流方案？
2. 你还知道哪些专线快递？

南美地区有十几个国家和地区。南美电商增长速度在全球仅次于中国，快速增长的南美电商市场目前正面临一个巨大的瓶颈——物流。巴西等南美国家的基础设施相对落后，物流成本高昂。此外，南美地区国家众多且政策不一，不确定性较大，导致了跨境物流配送难度增加。菜鸟网络与阿里巴巴集团旗下全球速卖通推出阿里无忧物流南美专线。

4.6.1 AliExpress无忧物流

AliExpress 无忧物流是阿里巴巴全球速卖通平台与菜鸟网络联合推出的官方物流服务，提供包括国内揽收、国际配送、物流追踪、物流纠纷处理、售后赔付在内的一站式物流解决方案。主要有无忧物流简易类、标准类和快速类 3 种物流方案。其中标准类又分为标准和自提两类。AliExpress 无忧物流图标如图 4-5 所示。

图 4-5 AliExpress 无忧物流图标

AliExpress 无忧物流—简易是专门针对速卖通卖家的小包货物（俄罗斯、乌克兰、白俄罗斯、智利小于 2 000 克，订单成交金额≤5 美元；西班牙小于 500 克，西班牙≤10 美元）推出的简易挂号类物流服务；AliExpress 无忧物流—标准服务是针对俄罗斯、欧洲（西班牙、法国、英国、荷兰等国）、南美（智利、哥伦比亚）、北美（美国、加拿大）、大洋洲（澳大利亚、新西兰）等国家和地区推出的多条专线；AliExpress 无忧物流—自提是专门针对速卖通卖家的能够放入目的国自提柜中的包裹推出的快速类自提物流服务；AliExpress 无忧物流—优先服务（即无忧物流快速类）是针对全球 176 个国家和地区提供的物流直达快速专线。

4.6.2 17feia日本专线

17feia（一起飞啊）平台由上海宏杉国际物流（以下简称“宏杉国际”）创立。宏杉国际在中日跨境物流上精耕细作，是亚马逊官方物流合作伙伴，长期操作对日本的一站式 FBA 头程运输。南方航空携手有多年跨境物流经验的 17feia 平台推出“日本专线”。头程揽收、双边清关、最后一公里派送都由 17feia 平台的资源网络负责，南方航空则为中间运输环节“保驾”，2016 年 3 月 27 日，上海—大阪航线首开，所有航班资源优先承运跨境电商货物，仓位充足，运载量极大。17feia 图标如图 4-6 所示。

图 4-6　17feia 图标

该日本专线，时效快、清关优。在上海、广州、深圳、义乌四地支持免费上门揽收，发货后门到门 2～3 天送达。由于是南方航空和 17feia（一起飞啊）平台直接合作运营，没有中间层层的代理费用，运价也低于市场同类产品。起重 53 元/500 克，71 元/600～1 000 克，带电货物加收 2 元/千克。

本章小结

本章主要介绍了跨境电商专线物流的概念、常用的跨境物流专线及其优劣势、我国跨境专线物流现状，通过本章的学习，读者可掌握跨境电商专线的概念，知道俄罗斯路向的跨境物流专线，能结合实际选择合适的跨境物流模式，计算跨境物流运费。

实践项目操作

一、计算题

某品牌墙纸包装重量为 22 克，订单金额为 1.5 美元，发往俄罗斯，拟使用 AliExpress 无忧物流—简易，则跨境物流运费为多少？（经查，配送服务费为 92 元/千克，挂号服务费为 4.5 元/包裹，小数点后保留 2 位。）

二、调研分析

除了课本里介绍的专线物流，再寻找一家可以提供目的国专线服务的物流商，调研这条专线物流的名称、重量限制、体积限制、时效性、运费并进行分析评价，完成调研报告。

课后习题

一、选择题

1. 跨境电商常见的国际物流中，时效性较快的是（　　）。

   A. 邮政小包　　B. 邮政速递　　C. 商业快递　　D. 专线物流

2. 以下哪项不属于专线物流？（　　）

A. Ruston　　B. UPS

C. Special Line—YW　　D. Aramex

3. 以下哪个不属于铁路专线？（　　）

A. 郑欧班列　　B. 渝新欧专线

C. 中欧（武汉）冠捷班列　　D. Aramex

4. 专线物流适合（　　）的货物。

A. 价格高　B. 时效要求高　C. 多批次　D. 小批量

5. 专线物流具有哪些劣势？（　　）

A. 价格高　B. 揽件范围有限　C. 丢包率高　D. 效率差

6.【多选】专线物流具有哪些优势？（　　）

A. 易清关　B. 时效快　C. 成本低

D. 安全度高　E. 可追踪

7.【多选】专线物流中包含哪几种物流方式？（　　）

A. Ruston　　B. ePacket

C. Special Line—YW　　D. Aramex

8.【多选】国际物流专线是针对特定国家或地区推出的跨境专用物流线路，（　　）都基本固定。

A. 物流起始点　B. 运输工具　C. 运输线路　D. 运输时间

9.【多选】下列哪些国家是 AliExpress 无忧物流—简易寄递范围？（　　）

A. 俄罗斯　B. 西班牙　C. 乌克兰　D. 巴西

10.【多选】下列哪些专线物流可以寄递俄罗斯？（　　）

A. Special Line—YW　　B. Ruston

C. 速优宝—芬兰邮政　　D. Aramex

二、判断题

1. 速邮宝—芬兰邮政经济小包不需要挂号费，适合货值低、重量小的物品。（　　）

2. AliExpress 无忧物流可以寄送带电产品。（　　）

3. AliExpress 无忧物流是速卖通和菜鸟网络联合推出的官方物流服务。（　　）

4. 燕文航空挂号小包对于方形包裹的最大体积限制为长宽高之和不超过 90 厘米，单边长度限制为 60 厘米。（　　）

5. 中俄航空 Ruston 限重 2 千克之内。（　　）

三、简答题

1. 通往俄罗斯的国际专线物流有哪些？各自有哪些优势和劣势？

2. 中东专线有哪些注意事项？

四、案例分析题

1. 货兜是 2015 年中国跨境专线物流的一匹黑马。物流成本可以下降 20%，2016 年 11 月，货兜联合欧洲航空首次推出包机服务，“WEA”欧洲 FBA 专线，该专线的物流路线是香港—捷克—欧洲五国（英国、德国、法国、意大利、西班牙）。通常情况下，每天提取的快件都会在当日处理完毕，并在飞机起飞第二天就完成目的国的清关手续。货物抵达欧洲 5 个目的国后，将由货兜严格筛选出来的有实力、信誉度高的快递公司进行最后的投递工作，总运输时效平均为 4～7 个工作日。

问题：（1）货兜的最大优势是什么？

（2）在互联网共享时代，你觉得未来的跨境专线物流会朝着什么样的方向发展？

2. 利通物流集团成立于 1991 年，总部位于上海，作为利通物流集团三大主营业务之一，利通智能包裹的国际专线是为跨境电子商务定制的专业产品，利通智能包裹（UBI）是多个海外邮政和商业快递公司在中国运营商业渠道跨境电商物流的主要代理之一。利通智能包裹的多条国际专线是包括 eBay 和菜鸟在内的多家电商平台的推荐物流供应商。

2016 年 5 月，UBI 选择与印度最大的快递公司 DTDC 合作，一起推出快捷服务，为中国卖家开拓印度市场助力。UBI 负责提供中国主要跨境电商区域的揽收、远程空运运输服务，目前在深圳、广州、上海、义乌、北京设有操作站，而 DTDC 则提供印度当地的配送服务，它能提供每周七天的无缝清关服务和最后一公里的配送服务，覆盖了印度 99%以上的消费人口和地区。

UBI 此次开辟的印度专线全程 4～8 个工作日（部分 5～12 个工作日），不仅可覆盖全境，凭借在空运市场 20 多年的积累，在时效竞争上优势明显。其起重和续重均以 1g 为标准，在价格上也极具竞争力。此外，全程查件服务和全程退货管理，让卖家的货出了国境亦能得到有效管控。

作为中国国际货代物流 50 强企业，UBI 提供了海运、空运、电商物流、仓储等服务，其中电商领域的 UBI 利通智能包裹拥有上述众多专线，是几大电商平台的推荐物流供应商。

问题：（1）通过案例，思考专线物流有哪些优势，又有哪些劣势？

（2）请就我国跨境专线物流发展提出可行性的升级建议和意见。

第5章 海外仓

在跨境贸易电子商务中，海外仓是指由网络外贸交易平台、物流服务商单独或合作为卖家在物品销售目的地提供的货品仓储、分拣、包装、派送一站式控制与管理服务。整个流程包括头程运输、仓储管理、本地配送 3 个部分，即卖家将要销售的货物存储在当地的仓库，当有买家需要时，仓库立即做出响应，并及时对货物进行分拣、包装及递送。

海外仓

本章学习目标

1. 了解海外仓的概念和优缺点；
2. 熟悉海外仓的选品规则；
3. 掌握跨境电商海外仓服务的几种不同模式；
4. 能进行合理的海外仓产品选择。

5.1 海外仓模式概述

引导案例

福州 A 公司主营特色小家具，即可自由组合形状的小柜子和小台子等，非常符合欧美人士喜欢 DIY，并且经常有搬迁需求，需要便捷拆装的生活习惯。早年已有近 10 年的传统贸易经验。后经客户表述，A 公司才知道其传统贸易的局限在于只能批量出口给目标国家的进口商，赚取一些批发利润和获得一些出口退税而已。然而进口商却在当地进行高附加值的零售。久而久之，该公司开始思量独立开展海外市场的零售业务。

由于现在的电商平台高度发达，海外电商的起步还是比较容易的！短期内Amazon、eBay、速卖通等平台店铺，以及自建购物平台官网都陆续就位。受到了许多终端客户的关注，随之有了销售订单。然而由于一单单从国内进行直接派送，紧接着这一物流模式的瓶颈出现了。

首先，家具属于出口需要商检的产品，以前传统贸易整柜出口批量进行商检，而现在单件跨国件的商检流程烦琐，且耗时耗力；其次，从国内直发海外的时间过长，经常招来客户的抱怨，终端客户认为不如购买本国商家的产品更方便，至少本国商家发货更快；再次，到达目标国家后，如果清关产生关税，经常要收件人支付，这样的形式不太合乎其网上购物习惯，终端客户的意见也不小；最后，万一遇到客户需要退货的案例，就变得非常麻烦，因为好不容易运到国外，又要退回国内，还要重新给客户发货，来来回回，共计三次跨国运输，经历了六次海关洗礼，既费钱也费事。

基于以上种种问题，海外直销之路并不顺畅。因此，企业需要建立海外仓，为客户制订一套完善的物流解决方案。

阅读以上案例，思考：

1. 什么是海外仓？

2. 海外仓有哪些优势？

海外仓是建立在海外的仓储设施。在跨境电商贸易中，海外仓是指国内企业将商品通过大宗运输的形式运往目标市场国家，在当地建立仓库、储存商品，然后再根据当地的销售订单，第一时间做出响应，及时从当地仓库直接进行分拣、包装和配送。

5.1.1　海外仓兴起的原因

不少电商平台和出口企业正通过建设“海外仓”布局境外物流体系。“海外仓”的建设可以让出口企业将货物批量发送至国外仓库，实现在该国销售，当地配送。自诞生开始，“海外仓”就不单单是在海外建仓库，它更是对现有跨境电商物流运输方案的优化与整合。

海外仓的本质就是将跨境贸易实现本地化，提升消费者购物体验，从而提高跨境电商卖家在出口目标市场的当地竞争力。

1. 迅速发展的跨境电子商务对物流业的要求日益提高

退换货在国内网购中较为普遍，国外消费者的心态与国内消费者的心态也是一样的，也希望购买的货物快点送到手中，不满意还能轻松退换货，那怎么解决这个问题呢？答案是走出国门，提供与国外电商企业一样的本土化服务，这将是跨境贸易电子商务实现可持续发展的关键。

实际上，海外仓将会成为电商时代物流业发展的必然趋势，原因主要有以下几个。

第一，海外仓的头程运输将零散的国际小包转化成大宗运输，会大大降低物流成本。

第二，海外仓能将传统的国际派送转化为当地派送，确保商品更快速、更安全、更准确地到达消费者手中，完善消费者的跨境贸易购物体验。

第三，海外仓的退货处理流程高效便捷，适应当地消费者的购物习惯，让消费者在购物时更加放心，能够解决传统的国际间退换货问题。

第四，海外仓与传统仓储物流相结合可以规避外贸风险，避免因节假日等造成的物流短板，从而提高我国跨境电商的海外竞争力，真正帮助跨境电商提供本土服务，适应当地消费者的消费习惯。

2. 跨境电商根据企业自身需求转型建仓

（1）跨境电商与国内电商的区别就是把货物卖到国外，不稳定的物流体系是其一大挑战。无论是企业还是个体电商，要想把生意做大，不仅要维护好自已的电子商务平台，还需要一个能降低成本、提高配送时效、规避风险的海外仓。在前期，跨境电商只要把货物大批量运到海外仓库，就有专门的海外仓工作人员代替跨境电商处理后续各项琐事，在线处理发货订单，一旦有人下单就立即完成抓货、打包、贴单、发货等一系列物流程序，这可以给跨境电商腾出时间和精力进行新产品开发，从而获取更大的利润。

（2）在海外市场，当地发货更容易取得消费者的信任，大多数传统消费者更相信快捷的本土服务，在价格相差不大的情况下，他们更愿意选择设置海外仓的商品，因为境内配送速度更快。特别是在黑色星期五、圣诞节等购物旺季，订单暴增，跨境配送的效率受到影响，丢包的风险加大，加上各国海关的抽查政策更加严格，如在途经意大利、西班牙海关时，包裹很容易被扣关检查，这将延迟配送的时间。而速度是与消费者的满意度直接挂钩的，消费者满意度的降低会威胁卖家账号的安全。因此，越来越多的跨境电商意识到应该选择海外仓。海外仓不仅可以将跨境电商贸易中的物流风险“前置”，还会提高消费者的满意度。待跨境电商的信誉和评价提高了，营业额也必然增长。

（3）除了本地发货的可信度和时效性，海外仓及其配套系统，也能给商家带来更好的跨境贸易体验，节省更多的时间，减少出错率。

3. 海外仓的数据化物流体系带动跨境电商产业链的升级

根据相关国家的经验，其海外仓已采取数据化、可视化的运营方式。我国可效仿这一模式。从长远来看，数据化物流日趋完善将进一步带动跨境电商产业链的升级。通过数据管理物流，分析流程中的时间点数据，有利于跨境电商在配送过程、发货流程等方面找出问题，在供应链管理、库存水平管控、动销管理等方面提高效率。

5.1.2 海外仓的优缺点

1. 海外仓的优点

（1）降低物流成本

跨境电商的物流包括国内物流、国内清关、国际运输、国外报关、国外物流等多个环节，物流成本占总成本的比例为 30%～40%。邮政包裹与跨境物流专线对货物都有重量、体积、价值的限制，导致跨境电商只能采用商业快递，而商业快递的价格普遍很高。海外仓的出现，不仅打破了物品重量、体积、价值的限制，而且其费用也比国际快递要便宜，在一定程度上降低了物流成本。

（2）提高物流时效

从海外仓发货，可以节省报关、清关所用的时间，并且按照商家平时的发货方式（DHL5～7 天，FedEx7～10 天，UPS～10 天以上），若是在当地发货，消费者可以在 1～3

天收到货，这大大缩短了运输时间，提高了物流的时效性。

海外仓发货时效快，回款就快。国内直发的时效最快也要半个月，普遍都要一个月，平邮的话无妥投信息，回款就是 3～4 个月之后的事了。新型冠状病毒肺炎疫情暴发后，面对资金回转更加困难的局面，海外仓的快速回款无疑是缓解跨境电商资金压力的最佳选择。

（3）提高产品曝光率

如果平台或者店铺在海外有自己的仓库，那么当地的消费者在购物时，一般会优先选择当地发货，因为这样对消费者而言可以大大缩短收货的时间，海外仓也能够让跨境电商拥有自己特有的优势，从而提高产品的曝光率和店铺的销量。

（4）提高消费者满意度

当消费者下单后，商品从海外仓直接发货，极大程度上缩短了配送时间，同时减少了中转，降低了破损丢包率；另外，在配送时使用的是当地的物流企业，消费者也能实时查看物流消息；在退换货时，也可以在当地的海外仓中直接进行，这可改善消费者的购物体验。

（5）有利于开拓市场

因为海外仓更能得到国外消费者的认可，从另外一个方面看，跨境电商如果注意口碑营销，不仅能让自己的商品在当地获得消费者的认可，也有利于跨境电商积累更多的资源去拓展市场，扩大产品销售领域与销售范围。

2．海外仓的缺点

（1）必须支付海外仓储费

海外仓的仓储成本费用因国家的不同而不同。跨境电商在选择海外仓的时候一定要计算好成本，与自己目前发货方式所需要的成本对比，进行选择。

（2）库存量要求

将商品存放在海外仓的前提条件是跨境电商需要有一定的库存量，也就是说需要备货，这样就增加了风险，对于新跨境电商和销售定制产品的跨境电商来说是不合适的。

不过，新型冠状病毒肺炎疫情暴发后，很多跨境电商备货不足，使得无货可卖，店铺原先积累的流量也付之东流，有更多海外仓库存的跨境电商则在此期间有比较出彩的表现。这也从另一个方面说明了跨境电商拥有海外仓的重要性。

（3）受服务商运营能力影响大，可控性差

海外仓受当地政策、社会因素、自然因素等不可控因素影响较大，如果海外仓的服务商在某个环节出现了问题，那就很可能会造成货物派送出现延误，甚至会造成仓库被查甚至货物被没收的情况。

（4）资金周转不便

选择海外仓需要投入大量的资金，如备货的资金、物流的资金、仓储资金等，这样会导致资金回流周期长，容易导致跨境电商资金周转不便，造成资金链断层。

5.1.3　海外仓的功能

1．代收货款功能

由于跨境交易存在较大的风险，因此为解决交易风险和资金结算不便、不及时的难题，在合同规定的时限和佣金费率下，海外仓在收到货物的同时，可以提供代收货款增值业务。

2. 拆包拼装功能

一般国际B2C跨国电子商务模式的订单数量相对较小、订单金额相对较低，频率较高，具有长距离、小批量、多批次的特点，因此商家为实现运输规模效应可对零担货物实行整箱拼装业务运输。货物到达海外仓之后，由海外仓将整箱货物进行拆箱，同时根据消费者订单要求，为地域环境集中的消费者提供拼装业务，进行整车运输或配送。

3. 保税功能

当海外仓经海关批准成为保税仓库时，其功能和用途更为广泛，可简化海关通关流程和相关手续。同时，在保税仓库可以进行转口贸易，以海外仓所在地为第三方，连接卖方和买方，这种方式能够有效躲避贸易制裁。在保税海外仓内，还可以进行简单加工、刷唛等相应增值服务，能有效丰富仓库功能，提高竞争力。

4. 运输资源整合功能

海外仓系统提供商觉得，由于国际贸易B2C订单数量相对较少、频率较高，因此，为了对国内仓库的上游供应商资源和国外仓库的下游客户资源进行更好地整合，满足物流高时效的配送要求，分别将国内仓库作为共同配送的终点，将海外仓作为共同配送的起点，实现对运输资源的有效整合，达到运输的规模效应，降低配送成本。

一般难以实现规模运输的产品，通过海外仓服务一方面可以实现集中运输，有效减少运输成本；另一方面，在海外仓通过共同配送，可以更好地搭建逆向物流的运输平台，提高逆向物流货品的集货能力，降低成本费用。因为，一旦逆向物流产生阻滞，跨境电商将面临高额的返程费用和关税，而海外仓的建立可以在提高逆向物流速度的同时，增加客户的满意度。

5.1.4 海外仓操作流程及费用

1. 跨境电商前期准备

（1）在海外仓服务商提供的物流平台注册会员，开通后台账号，成为会员；

（2）在后台系统建立自己的产品信息单；

（3）备货；

（4）等候海外仓确认订单后的出货安排通知。

2. 海外仓使用流程

跨境电商通过海运、空运或者快递等方式将商品集中运往海外仓进行存储，并通过物流服务商的库存管理系统下达操作指令。具体流程如下。

（1）跨境电商自己将商品运至海外仓储中心，或者委托物流服务商将货物发至海外仓。这段国际货运头程运输可采取海运、空运或者快递的方式；

（2）跨境电商在线远程管理海外仓。跨境电商使用物流服务商的物流信息系统，远程操作海外仓的货物，并且保持实时更新；

（3）根据跨境电商指令进行货物操作。根据物流服务商海外仓储中心自动化操作设备，严格按照跨境电商指令对货物进行存储、分拣、包装、配送等操作；

（4）系统信息实时更新。发货完成后系统会及时更新信息，以便跨境电商实时掌握库存状况。

3. 海外仓的费用

海外仓的费用主要包括头程运费、订单操作费、仓租费和海外本地派送费。

头程运费主要是指在商家将货物从国内运送至海外仓这一过程中产生的运费。其中包括国际海洋运输运费、国际航空运输运费、国际铁路运输运费和国际快递运费。

订单操作费主要是指产生海外订单后，该票货物出库的基本处理操作的费用。

仓租费是指货物租用仓库产生的费用，海外仓一般前30天是免仓租费用的。跨境电商如果要求海外仓提供更换条码、转仓、卸货、退还等增值服务，还需要支付海外仓增值服务费。

海外本地派送费是指在海外本地派送时选择物流方式产生的费用，货物在海外本地派送可以选择邮政小包、商业快递等物流方式。

5.2 海外仓选品定位与思路

引导案例

在2018年4月阿里巴巴跨境峰会暨选品对接会上，围绕《揭秘：2018超级大卖做选品与爆品的秘诀》的主题，跨境电商大卖家萨拉摩尔COO方政、宝视佳海外事业部负责人魏树杰、棒谷供应链高级开发经理李孝鹏、蓝思销售总监徐刚进行了一次探讨。

关于打造精品，蓝思销售总监徐刚认为，开发精品时，首先看这个产品品类在平台上市场容量如何，不可能说一款产品全是自己开发的，如果说这个类别在市场上的容量还可以，而卖这一款产品的人又不多，那么就可以尝试着去做一下精品和品牌。

针对如何确定哪些产品要做海外仓，哪些产品需要做直邮的问题，宝视佳海外事业部负责人魏树杰则指出以下两点。

第一，得定国家、品类，再去定产品。首先要考虑做哪个国家、哪个品类，如果做美国市场，卖家可能会首选做家居类的产品，这时需要了解家居类的产品占美国整个市场的份额是多少，通过这种方式做市场的定位。

第二，直发大件产品成本是很高的，所以通常以海外仓的形式把大件的产品运出去。此外，海外仓的产品还被要求是正规、有认证的产品。当产品走海外仓和直邮时，如果产品不正规，走海外仓时可能会被海关扣押。

而针对产品开发，棒谷供应链高级开发经理李孝鹏表示，卖家首先要确定是哪一个大类里面的哪一个细分类目，然后在细分领域把这个产品研究透彻。

阅读以上案例，思考：

1. 卖家进行海外仓选品的策略有哪些？
2. 海外仓的选品思路是什么？

对于中小卖家来说，选品具有非常重要的作用，可以说，其成功“七分在选品，三分靠运营”。可即便如此，很多卖家知道了选品的重要性，却不知道怎样去选择。有卖家在运

营过程中总结了选品的 3 个步骤为：刚需选品，反复试销，产品升级。

5.2.1 海外仓选品定位

海外仓选品是指卖家选择适合海外仓的产品，且产品符合当地买家的购物习惯及当地的市场需求。对于海外仓选品，不同的卖家有不同的策略。有的卖家倾向大尺寸、大重量的产品，有的卖家喜欢时效要求比较高的产品，还有的卖家偏向结构复杂、对售后要求比较高的产品。选品的内容，分为 4 种类型：A 类、B 类、C 类和 D 类。

其中，A 类属于高利润、低风险，B 类属于低利润、低风险，C 类属于高利润、高风险，D 类属于低利润、高风险，海外仓定位如图 5-1 所示。

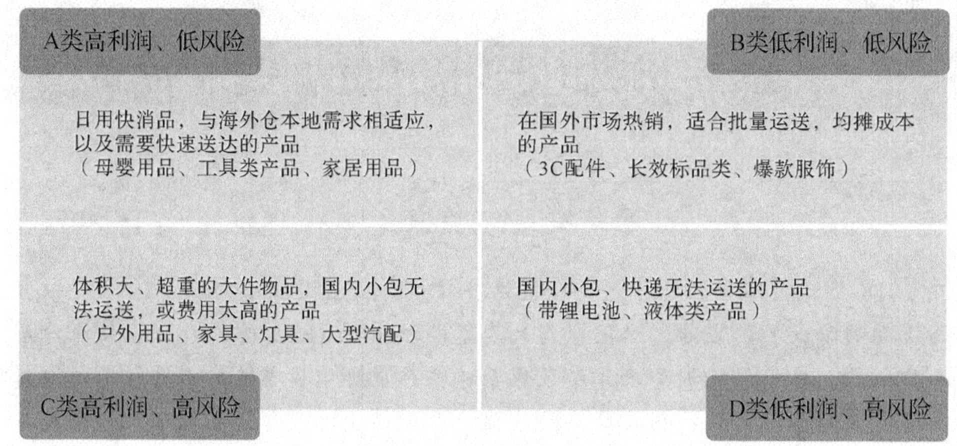

图 5-1　海外仓定位

左侧：高利润、高风险的最适合做海外仓品。右侧：低利润、低风险和低利润、高风险都是不怎么适合海外仓的。特别是 3C 这种产品利润不高。

在理论上，海外仓可以使覆盖的产品无限延展，不再有小包时代 2 千克、不超过多少厘米总长等一系列的限制。特别是那些重物流产品（如五金类、家具类、户外类等）特别适合海外仓。如果你的产品还是小包时代的轻物流品类，而且产品 SKU（库存量单位）还很多，没法对于热销产品有一个预估，可能就不适合选择海外仓。因为海外仓要求对于自己产品的销售有一个预判，然后提前囤货，以大货的形式发至海外仓。但是这些都不是绝对的选择标准，卖家还是要根据自身的具体情况来做决策。

特别注意并不是所有的产品都适合“海外仓”，总的来说，适合“海外仓”的产品主要有以下几类。

第一，尺寸、重量大的产品：这些产品用小包、专线邮递规格会受到限制，而且使用国际快递费用又很昂贵，因此使用海外仓会突破产品的规格限制和降低物流费用。

第二，单价和毛利润高的产品：这是因为，高质量的海外仓物流服务商可将破损率、丢件率控制至很低的水平，为销售高价值商品的卖家降低风险。

第三，周转率高的商品（也就是我们常说的畅销品）：对于畅销品来说，卖家可以通过海外仓更快速地处理订单，回笼资金；而滞销品不仅占用资金还会产生相应的仓储费用。

因此，相比之下，周转率高的商品比较适合海外仓。

5.2.2 海外仓选品思路

海外仓的选品思路应该以当地买家的市场需求为基础。

第一，确定在哪个国家建立海外仓。建仓时要选择可以覆盖周围市场的地方，比如在美国建仓可以覆盖加拿大，又如在欧洲建仓，有英国、法国、德国、西班牙和意大利等五个国家可以选择建仓，任选一个国家建立海外仓均能覆盖欧洲各地。如果基于专攻哪一个国家销售，则可以通过数据工具，如速卖通平台中的选品专家热销词来参考海外仓选址。

第二，了解当地买家市场需求，需要从当地电商平台进行了解和调查。

第三，在国内寻找类似产品，开发海外仓产品。开发指标：产品的单个销量，单个到仓费用，单个毛利及毛利率，月毛利，成本收益率。以上这些指标根据企业自身来确定。

第四，运用数据工具选品。选产品主要参考：数据纵横中选品专家的热销词、热搜词；搜索词分析中的飙升词。另外，还可以选择一些其他的第三方工具用来寻找打造爆款的主力词。

5.3 传统海外仓模式

引导案例

2019 年 7 月，应顺丰的邀请，20 余名来自全国各地的跨境电商企业代表们一同前往顺丰海外仓进行商务考察活动。

在此次活动中，顺丰首次对外开放了在欧洲的两大仓库——顺丰东欧仓和德国仓，展示了顺丰海外仓储运作、本地中转派送能力。跨境电商企业的代表亲临现场，零距离感受了顺丰文化，更深刻地了解了顺丰海外仓服务以及跨境电商供应链服务的实力。

此次商务考察，更进一步加深了跨境电商企业对顺丰海外仓的了解，坚定了双方合作的信心和探索了更多的合作空间，同时，为企业进军欧洲市场提供了实地调研的机会。

在参观的过程中，跨境电商企业的代表目睹了上架、分拣、出库各个环节，各生产线均在忙碌中有条不紊地运行着。

顺丰通过供应链前置，运用专业的仓储管理体系和完善的物流服务，避免增加商品不必要的物流成本，从消费者所在地发货，缩短订单周期，完善用户体验，提高重复购买率，让卖家们的销售额突破瓶颈，更上一个台阶。

阅读以上案例，思考：

1. 海外仓主要有哪些模式？
2. 海外仓有哪些优势与劣势？

海外仓是跨境电商的产物，越来越多的跨境物流都有着海外仓的存在，海外仓不仅为跨境卖家提供了强大的物流支持，也为境外买家提供了一定的便利，因此，在目前的物流行业下，海外仓的重要作用也越来越突出。

传统海外仓有三种模式，分别是亚马逊 FBA、第三方海外仓以及自营海外仓，自营海外仓如速卖通平台海外仓等。

5.3.1 亚马逊FBA

1. FBA的定义

FBA（Fulfillment by Amazon），中文为亚马逊物流，是指卖家把自己在亚马逊上销售的产品直接送到亚马逊当地市场的仓库中，待客户下订单后，由亚马逊系统自动完成后续的发货。亚马逊 FBA 提供包括仓储、拣货打包、派送、收款、客服与退货处理的一条龙式物流服务。作为世界上最大的在线零售商，在美国的菲尼克斯（凤凰城），亚马逊最大的仓库有 28 个足球场那么大。

FBA 的物流水平是海外仓行业内的标杆，FBA 的日发货量、商品种类、消费者数量都远远超过第三方海外仓，可以想象，FBA 面临巨大的管理难度，但是除了运费贵、退货麻烦外，FBA 几乎让卖家无可挑剔。

2. FBA的服务流程

FBA 的服务流程如下。

（1）发送货物：卖家通过 FBA 头程运输服务商将货物发送到亚马逊海外仓库；

（2）接受并存储：亚马逊仓储接受并编录卖家的货物信息；

（3）买家下单：买家搜索并购买卖家的产品；

（4）分拣、打包产品：亚马逊利用先进的系统分拣、打包订单；

（5）配送及跟踪服务：亚马逊使用卖家选择的物流服务商配送产品，并为买家提供订单跟踪信息。

3. FBA费用构成

FBA 费用包括库存仓储费、订单处理费、订单移除费用、退货处理费、分拣包装费和称重处理费，以及其他的一些服务费。

简单来说就是：FBA 费用=执行费（订单处理费+分拣包装费+称重处理费）+库存仓储费+入库清点放置服务费。

（1）FBA 库存仓储费

① 月度库存仓储费

月度库存仓储费=应收取 6 个月长期仓储费的商品数量×单位商品体积×对应月份每立方英尺仓储费

亚马逊一般会在次月 7～15 日收取上月的库存仓储费，库存仓储费根据商品尺寸和月份的不同而不同，自 2018 年 4 月 1 日起，标准尺寸和超大尺寸商品的月度库存仓储费将增加 0.05 美元/立方英尺。

② 长期库存仓储费

长期库存仓储费=应收取时间段长期仓储费的商品数量×单位商品体积×对应时间段长期仓储费的每立方英尺收费标准

最新亚马逊 FBA 政策：从 2019 年 2 月 15 日开始，亚马逊将下调长期库存仓储费。自

2019 年 2 月 15 日开始，亚马逊只对存放在亚马逊 FBA 中超过 365 天的产品进行长期库存仓储费的收取。

（2）订单处理费

订单处理费是按件计算的。订单处理费（标准件物品）的费用标准为：美国站 1.00 美元/件，英国站 0.82 英镑/件，德国、法国、意大利、西班牙四国为 1.38 欧元/件。

（3）订单移除费用

订单移除费用按移除的每件商品收取。通常情况下，移除订单会在 10～14 个工作日内处理完毕。但是，在假日和移除高峰期（2 月、3 月、8 月和 9 月），移除订单可能需要 30 天或更长时间。

（4）退货处理费

退货处理费等于某个指定的商品的总配送费用。该费用适用于在亚马逊上出售的属于我们为其提供免费买家退货配送的选定分类，并且实际被退回至某个亚马逊运营中心的商品。主要包括服装、钟表、珠宝首饰、鞋靴、手提包和太阳镜、箱包等类目。

（5）分拣包装费和称重处理费

分拣包装费和称重处理费都是按货物大小和重量收取的。

（6）计划外预处理服务费

计划外预处理服务费是指一些个性化服务费用，如一些运送到亚马逊的商品没有经过妥善处理或贴标需要特殊包装或销毁的，就需要亚马逊运营中心来实施计划外预处理，然后收取相应的计划外预处理服务费。

4. FBA的优缺点

（1）优点

① 提高 Listing 排名，帮助卖家成为特色卖家和抢夺购物车，提高买家的信任度，提高销售额；

② 有丰富的物流经验，仓库遍布全世界，可实现智能化管理（2012 年收购机器人制造公司 Kiva Systems）；

③ 配送时效快（仓库大多靠近机场）；

④ 亚马逊专业客服提供 7×24 小时客户服务，这可以提高用户体验，解决卖家的客服问题；

⑤ 可解决由物流引起的差评纠纷；

⑥ 对于单价超过 300 美元的产品可免费。

根据亚马逊的服务条款，卖家使用 FBA 后，若买家留下物流方面的负面评价，则亚马逊拥有全权消除这个负面评价的权利。例如，“使用 FBA 发货造成延误”“使用 FBA 包装有挤压破损”，对于这些负面评价亚马逊有权立即删除。

（2）缺点

① 成本较高，尤其是仓储费；

② 客服不到位，灵活性差（FBA 只能用英文和客户沟通，而且用邮件回复没有第三方海外仓客服回复那么及时）；

③ 如果前期工作没做好，标签扫描出问题会影响货物入库，甚至入不了库；

④ 容易使退货率提高：在使用 FBA 的时候，买家是可以无理由直接退货的，这就间接造成了产品退货率的提高；

⑤ 价格高：FBA 并不提供清关服务，中国卖家需要自行解决清关问题。

5.3.2 第三方海外仓

1. 第三方海外仓的定义

第三方海外仓是指由物流服务商独立或共同为卖家在销售目标市场国家提供的货品仓储、分拣、包装、派送的一站式控制与管理服务。卖家将货物存储到当地仓库，在买家有需求时，第一时间做出快速响应，及时进行货物的分拣、包装以及配送。

第三方海外仓管理权由海外仓建设企业拥有，跨境电商企业和海外仓企业的合作方式有两种：租用或者与其他企业合作建设。租用方式会产生操作费用、物流费用、仓储费用；与其他企业合作建设则只会产生物流费用。

2. 第三方海外仓的优势与劣势

（1）第三方海外仓的优势

① 有助于提高单件商品利润率。eBay 数据显示，存储在海外仓中的商品平均售价比直邮的同类商品的平均售价高 30%；

② 稳定的供应链有助于增加商品销量。在同类商品中，从海外仓发货的商品销量平均是从国内直接发货的商品销量的 3～4 倍；

③ 海外仓采取的集中运输模式突破了商品重量、体积和价格的限制，有助于扩大销售品类；

④ 海外仓所采取的集中海运方式大幅降低了单件商品的平均运费，尤其在商品重量大于 400 克时，采用海外仓的费用优势更为明显。这就有效降低了物流管理成本；

⑤ 稳定的销量、更多更好的买家反馈将提高卖家店铺的好评率。eBay 数据显示，使用海外仓可以使卖家的物流好评率提高 30%。

（2）第三方海外仓劣势

第三方海外仓的劣势主要有：存货量预测不准可能会导致货物滞销；货物追踪如果存在差漏会导致丢件；而海外仓服务商本身要做本土化服务和团队管理也是一大难题，这也会影响卖家的服务需求。

但从出口形势来看，人们对海外仓的需求越来越多，而且很多卖家开始呼吁提供更多如加工、金融、客服等海外仓增值服务。

5.3.3 FBA与第三方海外仓的异同

1. 共同之处

（1）二者都需要卖家提前备货，都具有很好的仓储管理经验，无须卖家操心仓储与配送问题；

（2）二者都可以缩短配送时间，提高客户的满意度，对店铺的销售额增长有帮助；

（3）二者都需要卖家批量发货，发货的方式一般选择空运、快递、海运，能有效避免物流高峰；

（4）二者都可以为买家提供退换货服务；

（5）无论选择 FBA 还是第三方海外仓，卖家每月都需要交纳仓租费、物流费用和其他费用；

（6）二者都提供客服功能，让卖家知悉库存情况。

2. 不同之处

（1）选品范围的差异

FBA 对选品的尺寸、重量、类别有一定程度的限制，所以选品偏向于体积小、高利润、质量好的产品；如果是选择第三方海外仓，则选品范围比 FBA 的广一些，体积大、重量大的产品也适合。换个说法，即能进入 FBA 的产品必定能进入第三方海外仓，但能进入第三方海外仓的产品不一定能进入 FBA。

（2）头程清关服务的差异

FBA 不会为卖家提供头程清关服务；部分第三方海外仓服务商会给卖家提供头程清关服务，甚至还会有包含代缴税金、派送到仓的一条龙服务。

（3）对产品入仓要求的差异

FBA 的入仓要求较为严格，需要卖家在发货前贴好外箱标签及产品标签，如果外箱标签或产品标签有破损，会要求卖家先整理，然后才能进入 FBA，且其也不提供产品组装服务；第三方海外仓的入库要求没有 FBA 高，在上架前会提供整理、组装产品的服务。

（4）产品管理差异

FBA 是默认分仓的，往往会将卖家的产品分散到不同的仓库进行混储；而第三方海外仓一般会将货物放在同一个仓库集中管理。

（5）适用范围差异

FBA 只提供给在亚马逊平台上的卖家使用。而第三方海外仓则没这个要求，商家只要有货，无论在哪个平台售卖，都可以使用第三方海外仓。而且，第三方海外仓还具有中转作用，如果卖家同时使用第三方海外仓和 FBA，旺季时可以直接从第三方海外仓调货到 FBA，节省从国内发货的时间。

但是，第三方海外仓无法为卖家提供产品推广服务，需要卖家自己通过站内站外推广来增加曝光度，第三方海外仓不能提供售后与投诉服务，无法消除买家留下的中差评，此外，将货物放在第三方海外仓也存在一定的安全风险。

5.3.4 自营海外仓

1. 自营海外仓

（1）自营海外仓的定义

自营海外仓模式是指由出口跨境电商企业建设并运营的海外仓库，仅为本企业销售的商品提供仓储、配送等物流服务的物流模式，也就是整个跨境电商物流体系是由出口跨境电商企业自身控制的，类似国内电商物流中的京东物流体系、苏宁物流体系。例如，外贸电商兰亭集势 2014 年起相继在欧洲、北美设立海外仓，实现中国商品在海外仓发货，采取的就是自营海外仓模式。

（2）自营海外仓业务流程

出口跨境电商企业通过海运、空运或快递等方式将商品集中运往本企业经营的海外仓进行存储，并通过本企业的库存管理系统下达操作指令。

步骤一：出口跨境电商企业将商品运至或者委托物流承运人将商品发至本企业经营的海外仓。可采取海运、空运或快递方式。

步骤二：出口跨境电商企业使用本企业的物流信息系统，远程操作海外仓储的货物，并且保持实时更新。

步骤三：出口跨境电商企业物流部门根据出口跨境电商企业的指令对货物进行存储、分拣、包装、配送等操作。

步骤四：系统信息实时更新。发货完成后，出口跨境电商企业的物流系统会及时更新信息以显示库存状况，让出口跨境电商企业实时掌握。

（3）适用范围

自营海外仓是由出口跨境电商企业建立（或租赁）以及运营的，是由出口跨境电商企业在国外新建的一个全新物流体系，因此，需要投入大量的资金，需要出口跨境电商企业具有较强的海外物流体系控制、运营能力，所以，自营海外仓适用于市场份额较大、实力较强的出口跨境电商。

2. 速卖通海外仓

目前，第三方海外仓的服务水平还不高，不能满足客户的个性化需求，有不少电商企业选择自建海外仓。另外，FBA 也非尽善尽美，所以有不少跨境电商企业选择自己建立并且运营海外仓，仅为本企业的产品提供仓储、配送等服务。换言之，整个跨境物流过程都是由跨境电商企业自身控制的。

2015 年 2 月 6 日，全球速卖通开通海外仓储。速卖通海外仓储可以帮助卖家拓展销售品类，提高曝光转化率和销量，缩短运输路线，降低物流成本，还能为买家提供退换货服务，完善售后服务环节。

（1）速卖通海外仓发货地

速卖通在美国、俄罗斯、澳大利亚、印度尼西亚、英国、法国、德国、意大利、西班牙 9 个国家设立了海外仓。海外仓的商品除了设置发货到海外仓所在国家，还可以设置发货到这些国家相应的辐射地区。速卖通海外仓发货国及辐射范围如表 5-1 所示。

表 5-1　速卖通海外仓发货国及辐射范围

海外仓所在地	发货国及辐射范围
美国	美国、加拿大、墨西哥、巴西、智利
英国	英国、西班牙、葡萄牙、法国、丹麦、芬兰、捷克、希腊、土耳其、比利时、挪威、荷兰、爱尔兰、意大利、德国、比利时、瑞典、波兰、拉脱维亚
德国	
西班牙	
法国	
意大利	
俄罗斯	俄罗斯
澳大利亚	澳大利亚
印度尼西亚	印度尼西亚

速卖通平台将对海外本地发货的商品提供大力支持，鼓励更多卖家备货到海外。海外发货商品将享受三大资源支持。

第一，海外发货商品在搜索页及详情页都有专属标识，买家可以在搜索页一键筛选海外发货商品；

第二，平台将针对不同国家举办专场活动；

第三，平台还将出资进行站外推广，对符合条件的商品单独进行 SEO 搜索引擎营销、PPC 付费的推广营销等推广。

（2）申请速卖通海外仓

① 登录速卖通账号，单击“交易”——“我有海外仓”——“申请开通”，开通海外仓如图 5-2 所示。

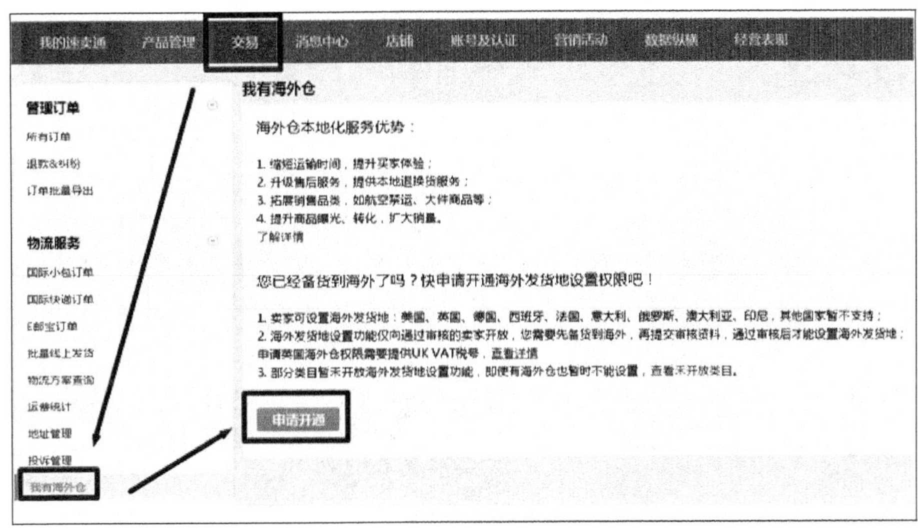

图 5-2　开通海外仓

② 设置相关信息，申请海外仓，如图 5-3 所示。

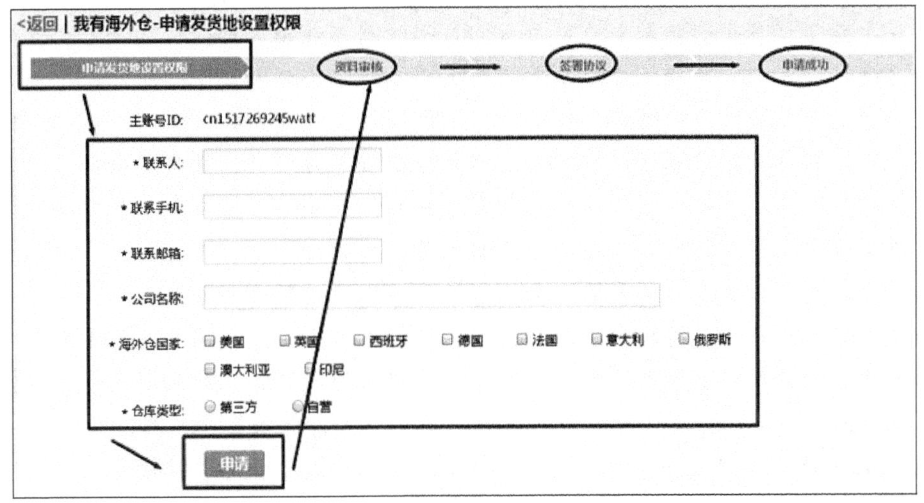

图 5-3　申请海外仓

③ 速卖通海外仓设置流程如图 5-4 所示。

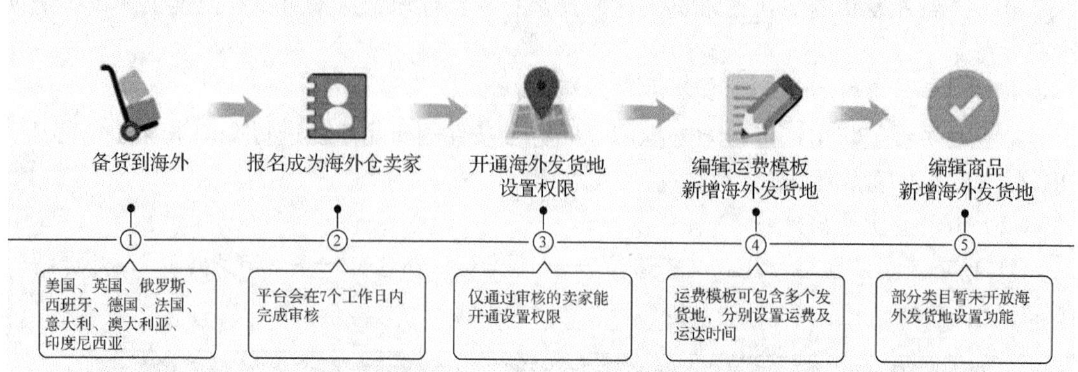

图 5-4　速卖通海外仓设置流程

注意

海外发货地设置功能仅向通过审核的卖家开放，卖家需要先备货到海外，再提交申请，提供海外仓证明资料，通过审核后才能设置海外发货地；部分类目暂未开放海外发货地设置功能，即使有海外仓也暂时不能设置海外发货地；主账号和子账号都可以报名，申请成功后，系统会同时开通主账号以及所属子账号的权限。

5.4　虚拟海外仓

引导案例

深圳汇亿跨境物流是专业从事美国虚拟海外仓的，在美国有 3 个仓库（达拉斯、三番市和芝加哥）这 3 个仓库基本可以形成三角形，覆盖美国大部分地方，大大优化了最后一公里的派送时效。深圳汇亿跨境物流和美国本土的邮政 USPS 签订了合作合同。

虚拟仓是不需要库存的仓库，但又可以实现美国本土发货的流程。因为不需要存货，所以不收取任何费用，而且还提供 15 天的免费退货库存服务，退货不收取任何费用。所以可使跨境电商们不但可以提高自己的实力和利润，而且还可以节省租用海外仓的费用，实现本土化发货。这就是虚拟海外仓的优势。

跨境电商本土化是未来的发展趋势，未来跨境电商的门槛将会越来越高。对于一般跨境电商卖家来说，自建海外仓成本太昂贵，风险也难以承受。因此，对于中小跨境电商卖家来说，想要获得海外仓的效果，可以使用虚拟海外仓，如此无须支付仓储费、处理费、末端配送费等，仅需选择适合的物流渠道。例如，中欧包税包裹，可抵达欧洲 26 个国家，显示欧洲本地发货；还有中美专线，可以设虚拟海外仓从美国发货，使用起来都非常便捷。

阅读以上案例，思考：

1. 什么是虚拟海外仓？

2. 虚拟海外仓有哪些优势？

虚拟海外仓是一个介于国内直发货和海外仓发货的模式。其操作模式是，当平台产生订单后，在系统打印好后段的运输面单，贴好运输面单后，打包通过各种渠道发到海外仓再拆箱分发。

1. 虚拟海外仓的定义

目前主流跨境电商 B2C 的发货模式主要有 3 种：直邮模式、传统海外仓模式以及虚拟海外仓。虚拟海外仓就是海外仓的虚变模式，虚拟海外仓相较于传统海外仓模式，少了仓储费用，无须提前备货，灵活性较高，是很多中小型跨境电商的不二之选。

不仅如此，针对中小型跨境电商来说，特别是一些刚刚起步的跨境电商，前期没有资金实力，不想投入这么多的资本，但是又苦于不知道怎么提高自己的市场竞争力，虚拟海外仓就是最佳选择。

2. 虚拟海外仓的优劣势

（1）虚拟海外仓的优势

① 虚拟海外仓可以按平台的时效要求，做好整个流程的时效控制，以此来控制合适的物流成本；

② 显示本地发货，提高消费者的购买信心，增加销量；

③ 提高产品的售价，可跟当地的产品售价一致，增加产品利润；

④ 可以在海外仓退换货，解决恶意退件问题；

⑤ 不需囤货，无库存风险，无资金压力；

⑥ 符合多 SKU 运营的模式；

⑦ 无仓储费用，方便随时应对国外政策变化，灵活性比较高；

⑧ 减少风险，如前期投入成本风险，海外滞销风险等。

（2）虚拟海外仓的劣势

① 目前电商平台并不认可虚拟海外仓；

② 运输时效较慢，物流成本相对较高；

③ 缺乏市场竞争力。

本章小结

本章主要介绍了与海外仓相关的概念、海外仓的选品规则、跨境电商海外仓服务的几种不同模式，通过本章的学习，读者可以了解海外仓的概念和优缺点，熟悉海外仓的选品规则，掌握跨境电商海外仓服务的几种不同模式，能进行合理的海外仓产品选择。

实践项目操作

一、选品一直是跨境电商谈论最多的核心话题，不同的平台，选品规则也有所不同，所以选品思维自然也要因平台而异。调研亚马逊、速卖通、eBay、Wish 跨境电商平台的选品规则，完成调研报告。

二、登录出口易服务平台，查阅出口易服务平台海外仓操作流程。

课后习题

一、选择题

1. 海外仓是指建立在海外的（　　）。

A. 物流公司　　B. 仓储设施　　C. 配送中心　　D. 物流中心

2. “海外仓”是指跨境电商在其他国家或地区建立的海外仓库。货物从本国出口储存到海外仓库，买家通过网上下订单购买所需商品，卖家只需在网上对海外仓下达指令便可完成订单发货。2015 年 8 月，中国某电商与俄罗斯正式签约，启动建设在俄罗斯的大型“海外仓”。

（1）影响海外仓空间布局的最主要因素是（　　）。

A. 原料与土地　B. 政策与文化　C. 资金与技术　D. 市场与交通

（2）电商平台通过建设海外仓可以直接（　　）。

A. 扩大销售市场　　B. 降低仓储费用

C. 提高配送效率　　D. 绕过关税壁垒

（3）海外仓配送的商品一般（　　）。

A. 销售周期较长　　B. 热销且利润高

C. 需求量比较小　　D. 新鲜而易变质

（4）中国某电商在俄罗斯建设“海外仓”的主要目的是（　　）。

A. 增加当地就业岗位　　B. 拓展西欧等地市场

C. 缩短商品流通时间　　D. 提高售后服务质量

（5）“海外仓”具有的主要区位优势是（　　）。

A. 环境优美，服务设施完善

B. 距离中国较近，货源充足

C. 当地政府支持，土地租金低

D. 交通便利，市场覆盖面较广

3. 下列不属于海外仓优点的是（　　）。

A. 降低物流成本　　B. 加快物流时效

C. 提高客户满意度　　D. 适用于所有商品

4. 在海外仓选品定位中，下列产品中哪个是高利润、低风险的产品？（ ）

A. 尿不湿 B. 灯泡 C. 笔记本电池 D. 手机

5. 一般来说，下列哪项不在海外仓费用的计算范围内？（ ）

A. 头程运费 B. 处理费 C. 海运费 D. 仓储费

6. 由出口跨境电商企业建设并运营的海外仓库，仅为本企业销售的商品提供仓储、配送等物流服务的物流模式是（ ）。

A. 自营海外仓 B. 虚拟仓 C. 公共海外仓 D. 第三方海外仓

二、判断题

1. 海外仓配送有利于提升配送时效和服务。( )

2. 海外仓配送货物因为有重量和体积限制，因此不适合体积和重量较大的商品。( )

3. 在同等条件下，FBA 卖家的曝光度高于普通商家。( )

4. 第三方海外仓会把实时的库存信息共享给卖家，卖家根据商品销量和库存预警值确定是否需要提前准备往海外仓发货。( )

5. 海外仓及其配套系统节省了更多的时间，减少出错率。( )

三、简答题

1. 什么是海外仓?

2. 大卖家们应该从什么时候开始考虑自建海外仓?

3. 随着跨境电商的火热，越来越多的卖家为了向买家展示自身的特色、优势和服务，纷纷表示自己的商品是通过海外仓、保税仓等地进行发货的。思考：海外仓与保税仓有什么区别?

4. 第三方海外仓与 FBA 的异同是什么?

5. 大卖家们建设海外仓是否可以“拼”（抱团建仓）？

四、案例分析

1. 海外仓的实质是将跨境电商物流部分提前转移到目的国，客户下单后，跨境电商企业通过海外仓直接在本地发货，大大缩短了配送时间，减少了清关障碍；批量运输货物，降低运输成本；客户收到货物后能轻松实现退换货，改善了购物体验。

因此，海外仓成为解决发展跨境电子商务的种种痛点的有效手段，是跨境电商卖家拓宽海外市场的主流趋势。但物流信息系统不完善、货物滞销、库存积压等问题，致使海外仓仍不被跨境电商卖家所选择。所以，提高海外仓服务效率和服务层次，能够促进跨境电商进一步发展。

中邮海外仓（China Postal Warehousing Service，CPWS）是中国邮政速递物流股份有限公司开设的境外仓配一体化服务项目，服务内容包括国内仓库接发操作、国际段运输、仓储目的国进口清关、仓储、配送以及个性化增值服务等。中邮海外仓是整合国际邮政渠道资源、专业运营团队和信息系统而推出的安全、稳定、高效的海外仓产品，为客户优化跨境电商物流提供了解决方案。

其现已开办美国仓、澳大利亚仓、德国仓和英国仓，后期将陆续开办日本仓、俄罗斯仓、巴西仓等海外仓库。

问题：（1）什么是海外仓？

（2）海外仓的优势是什么？

2. 2019 年 3 月 21 日，天猫国际在全球商家大会上发布了 2019 年三大重点战略：升级直营业务，与平台业务一起组建“双轮驱动”模式赋能全球品牌；打造海外仓直购新模式，为海外“小而美”品牌构建全球供应链网；与淘宝直播、微博、小红书等多渠道联合，扩宽内容触达渠道，与多机构建立达人机制，为全球品牌打造内容化营销阵地。

2019 年，天猫国际将打造海外仓直购新模式，构建全球供应链网，为“小而美”的海外品牌提供一条高效的绿色通道快速进入中国市场。5 年来，天猫国际帮助海外品牌打造了很多爆款，但全球还有很多好货没有进来。建立全球海外仓的目的，就是将这些好货带到中国。

据介绍，海外仓项目预计将孵化超过 100 个优质海外中小品牌，为中国消费者引进 1 000 个全球趋势尖品。目前，天猫国际海外仓已经开通了美国仓、日本仓和韩国仓直购业务，欧洲仓也即将上线，上万欧洲潮流尖货将与中国消费者见面。未来，海外仓将结合 Lazada 和天猫国际出口业务，不仅能让海外商品卖到中国，让中国商品出口海外，还能通过天猫国际把日本、韩国等国的商品卖到东南亚，实现“全球买全球卖”的愿景。

问题：（1）海外仓都有哪些模式，天猫国际打造的海外仓属于哪一种模式？

（2）天猫国际为什么要打造海外仓直购新模式，有什么意义？

第6章 跨境电商物流中的通关与报关

通关是出口跨境电商物流中必不可少的一个环节，产品通过海关查验并放行后才能顺利进入目的国，再通过物流送达买家手中。

报关是指进出口货物装船出运前，向海关申报的手续。我国海关法规定：凡是进出国境的货物，必须经由设有海关的港口、车站、国际航空站，并由货物所有人向海关申报，经过海关放行后，货物才可提取或者装船出口。

通关与报关

本章学习目标

1. 理解一般出口通关与报关流程；
2. 掌握一达通平台的主要服务；
3. 熟悉一达通平台操作流程；
4. 了解避免产生海关扣货的方法。

6.1 通关与报关的基本流程

引导案例

2019年4月18日，海关总署（国家口岸管理办公室）牵头建设的中国国际贸易“单一窗口”标准版（以下简称“单一窗口”）在北京、上海、天津、浙江、安徽、福建（含厦门）、广东（含深圳）、海南等地区开展金融保险服务功能试点。

推动“单一窗口”建设，是贯彻落实党中央、国务院关于推动外贸回稳向好、改善口岸营商环境、促进跨境贸易便利化的重要措施。据悉，“单一窗口”已经实现与25个部委的数据互联互通，可实现关税汇等国际贸易环节全线上办理。此次新增金融保险服务功能，为进出口企业提供了跨境收付汇、结售汇、贸易融资、信用保险、货运保险等服务项目，做到“让数据多跑路，让客户少跑腿”。

中国建设银行作为首批试点银行，通过中国国际贸易“单一窗口”可为客户提供预约开户、汇入汇款、汇出汇款、结售汇、“跨境快贷—退税贷”等金融服务。此前的2月27日，中国建设银行作为首家金融机构与海关总署（国家口岸管理办公室）签署了《国际贸易“单一窗口”合作对接试点协议》。中国建设银行参与中国国际贸易“单一窗口”建设，实现“单一窗口”与“跨境e+”用户互认、一点登录，上线试点的“跨境快贷—退税贷”功能，充分利用大数据，为小微外贸企业提供全线上、无抵押的普惠金融服务。

中国国际贸易“单一窗口”金融服务上线首日，中国建设银行多家分行的客户成功办理“跨境快贷—退税贷”、跨境收付汇、预约开户等业务，得到进出口企业的高度评价。下一步，中国建设银行将全力支持“单一窗口”建设，发挥自身金融科技优势，践行普惠金融战略，减费让利，进一步提高金融服务质效。

阅读以上案例，思考：

1. 什么是“单一窗口”？

2. 你对推进国际贸易“单一窗口”建设有哪些建议。

国际贸易“单一窗口”是联合国倡导的一项国际贸易便利措施。按照联合国贸易便利化和电子商务中心33号建议书的解释，“单一窗口”是国际贸易和运输相关各方在单一登记点递交满足全部与进出口和转口相关监管规定的标准资料和单证的一项措施。

6.1.1 跨境电商与零售进出口相关的概念

1. 跨境电商企业

跨境电商企业是指自境外向境内消费者销售跨境电商零售进口商品的境外注册企业（不包括在海关特殊监管区域或保税物流中心内注册的企业），或者境内向境外消费者销售跨境电商零售出口商品的企业，为商品的货权所有人。

2. 跨境电商平台企业

跨境电商平台企业是指在境内办理工商登记，为交易双方（消费者和跨境电子商务企业）提供网页空间、虚拟经营场所、交易规则、信息发布等服务，设立供交易双方独立开展交易活动的信息网络系统的经营者。

3. 境内服务商

（1）支付企业

支付企业是指在境内办理工商登记，接受跨境电商平台企业或跨境电商企业境内代理人委托为其提供跨境电子商务零售进口支付服务的银行、非银行支付机构以及银联等。

（2）物流企业

物流企业是指在境内办理工商登记，接受跨境电商平台企业、跨境电商企业或其代理人委托为其提供跨境电商零售进出口物流服务的企业。

（3）消费者

消费者（订购人）是指跨境电商零售进出口商品的境内外购买人。

（4）国际贸易单一窗口和通关监管平台

① 国际贸易单一窗口

国际贸易单一窗口是指由国务院口岸工作部际联席会议统筹推进，依托电子口岸公共平台建设的一站式贸易服务平台。申报人（包括参与跨境电子商务的企业）通过“单一窗口”向海关等口岸管理相关部门一次性申报，口岸管理相关部门通过电子口岸平台共享信息数据、实施职能管理，将执法结果通过“单一窗口”反馈申报人。中国国际贸易单一窗口登录界面如图 6-1 所示。

图 6-1　中国国际贸易单一窗口登录界面

单一窗口的落地整合、联通了外贸通关多个系统。以前外贸企业或个人办理进出口业务流程复杂，需要分别对接海关、检验检疫、海事、边检等部门进行数据申报。而使用“单一窗口”后，企业只需要在一个窗口、一次录入，就能办完所有申报流程，从申报到放行结关最快只需 2 小时。

② 跨境电商通关监管平台

跨境电商通关监管平台是指由中国海关搭建，实现对跨境电商零售进出口商品交易、仓储、物流和通关环节进行电子监管执法的平台。

跨境电商企业通过跨境电商通关服务平台实现通关一次申报，同时海关、税务、检验检疫、外汇、市场监管等部门也可通过跨境电商通关服务平台获得跨境电商产品信息，并对产品交易实现全流程监管。

跨境电商零售进出口商品申报前，跨境电商企业或跨境电商交易平台企业、支付企业、物流企业应当分别通过跨境电商通关服务平台如实向海关传输交易、支付、物流等电子信息。海关监管系统登录界面如图 6-2 所示。

图 6-2 海关监管系统登录界面

6.1.2 跨境电商零售通关流程

1. 跨境电商的进口通关和基本流程

（1）中国跨境电商的进口通关新政

在出现跨境电商之前，一般贸易、国际邮件、商业快件是 3 种合法的通关形式。海关将进口实物按“是否有贸易属性”区分为“货物”与“物品”两类，纳入不同的监管框架和制度流程。海关对入境清关的基本原则是对个人物品实行抽检查验，只有在超出“自用、合理”范围等情况下，才有申报纳税等海关手续。海关对一般贸易项目则按“一关三检”进行监管，即根据不同货物征收关税、增值税、消费税，商品须申请商品检验、动植物检验和卫生检疫。进口单位只有向海关提交必备单证及完成税费缴交后才能够顺利清关。

随着跨境电商的发展，进口包裹数量剧增，海关查验压力增大，通关效率也下降。相当一部分跨境电商进口货物清关出现“蚂蚁搬家”“灰色清关”困难。于是，中国政府积极出台相关政策以加快通关便利化改革，按照海关总署公告 2018 年第 194 号（关于跨境电子商务零售进出口商品有关监管事宜的公告）精神，规定 2019 年 3 月 31 日之后，所有操作跨境电商零售进口业务的跨境电商企业都必须是境外注册企业（不包括在海关特殊监管区域或保税物流中心内注册的企业）。

为便于跨境电商的发展，各地监管部门都开始实施“单一窗口”制度，单一窗口为跨境电商企业、物流企业、支付机构提供统一的数据申报入口。实现海关商检与电商、支付、运输渠道及仓储企业的系统对接，多方协同作业、信息共享。

跨境电商有两种基于电子化的通关模式——保税备货通关和直购进口集货通关。

企业在完成相关信息备案后，只要“三单”（电商企业提供的订单、支付机构提供的支付清单、物流企业提供的物流运单）信息一步到位，便自动合成清单，集中向海关申报，实现跨境电商进口的“一次申报”，通关效率高。单一窗口数据传送流程如图 6-3 所示。

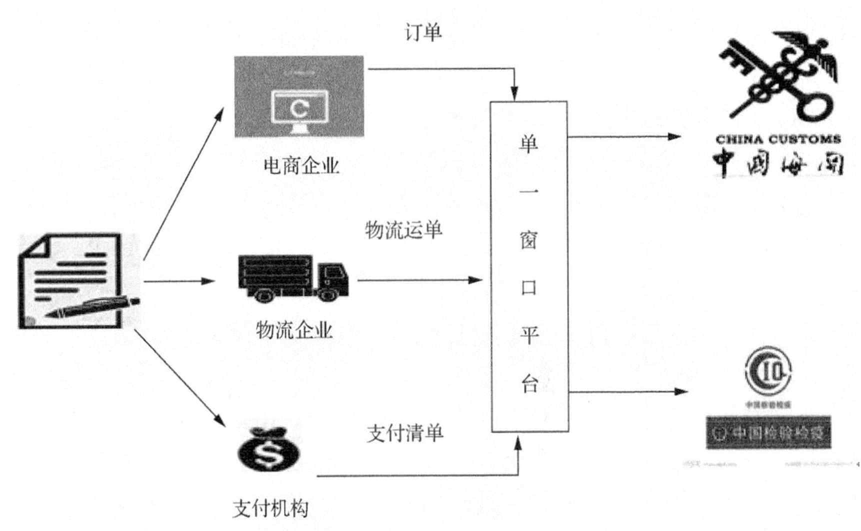

图 6-3 单一窗口数据传送流程

（2）保税备货通关和直购进口集货通关的基本流程

① 保税备货通关

保税备货通关是一种“先备货后接单”的模式，属于 B2B2C 方式，分两个环节，第一个环节（B2B）就是电商企业先将境外商品批量备货至海关监管下的保税仓库。第二个环节（B2C）就是等国内消费者下单支付后再从保税区直接发出，在海关、国检等监管部门的监管下实现快速通关。

跨境电商保税备货模式适用的海关监管方式有两种：宁波、上海、杭州、福州、平潭、郑州、深圳、重庆、广州、天津这 10 个试点城市适用的监管方式代码为 1210（保税电商），其他城市适用的监管方式代码为 1239（保税电商 A）。保税电商 B2B2C（1210）的通关基本流程如图 6-4 所示。

图 6-4 保税电商 B2B2C（1210）的通关基本流程

a. 申请保税

跨境电商企业在开展保税进口业务前，需要在电子口岸中心完成电子注册、企业备案、数据对接等前期准备工作，以获得保税资格。

b. 保税备货

按照海关总署 2016 年第 26 号（关于跨境电子商务零售进出口商品有关监管事宜的公告）的规定，跨境电商企业在将货物运入关区前需要办理商品备案、申请保税账册、报检报关预录入、一线口岸转关等入区准备工作。在货物运抵保税监管区以后，待办理完入区通关手续（需提交报关单），由通关代理贴完商品标签条码后放入跨境保税仓库货架完成保税备货。

c. 出区通关

在消费者对备货在保税仓库的货物经电商平台下单后，平台自动获得消费者个人身份

信息与个人订单信息，当地物流企业也会收到货物运送的运单信息，支付企业收到该订单的支付单信息，之后“三单”通过海关跨境通关系统“单一窗口”平台完成“三单对碰”，最后海关放行后将货物出监管车，发国内快递至消费者手中。

d. 后期核销

消费者收货后，物流企业将收货信息推送到单一窗口平台，跨境电商企业接到核销通知后办理跨境账册的后期核销工作。

② 直购进口集货通关的基本流程

“直购进口”是一种“先下单后发货”的模式。直购进口集货清关是商家将多个已售出商品，在海外分拨中心进行集货打包，将同一目的地的商品，以海运、空运、邮运等方式直接运输进境，集货到海关监管下的保税仓库，通过跨境电商通关服务平台和海关通关管理系统对订单、支付、运单等信息申报，并按税率缴纳关税，实现快速通关。直购进口可从海外直接发货，在商品种类的多样性上具有优势，对代购类、品类较宽泛的电商平台以及海外电商来说比较适用。直购进口集货通关基本流程如图 6-5 所示。

图 6-5 直购进口集货通关基本流程

a. 前期准备

经营跨境直邮业务的电商企业，在开展直邮业务前，需要在电子口岸平台向海关和国检部门办理电商企业与商品的备案，并选择通关服务代理企业。

b. 口岸通关

在平台获得消费者订单后，跨境电商企业需要在商品运抵前向国检部门和海关办理预报。商品运抵一线口岸后，跨境电商企业需要在货物通过口岸检验后，在跨境电商通关服务平台“个人物品申报单管理”界面进行 EDI 申报。

c. 园区通关

该环节包括间隔时间较短的入区通关与出区通关工作。直邮进口商品运抵目的地跨境园区之后，需要在园区办理入区通关所需要的报检与通关手续（审核 EDI 数据）。和保税备货通关不同的是，直购进口集货通关在入区通关时不需要验核通关单。在出区通关环节，直购进口集货通关和保税备货通关的商品在海关放行前都需要缴纳跨境电商综合税。

集货直邮模式是跨境直邮模式的升级版，是 B2C 模式下的常用物流模式。集货直邮模式指消费者购买境外商品之后，供应商集中发货到海外仓，货物被打包后由国际转运发货，然后在完成境内清关后被配送到消费者手中。

（3）行邮税与跨境电商综合税

① 行邮税

行邮税是行李和邮递物品进口税的简称，是海关对入境旅客的行李物品及个人邮递物品征收的进口税。

通过直购进口方式购买商品，国外商品每人每次限值 1 000 元，我国“港澳台”地区商品每人每次限值 800 元。邮包内仅有一件物品且不可分割的，如超出规定限值，经海关审核确属个人自用的，可以按照个人物品规定办理通关手续，应征税额在人民币 50 元（含 50 元）以下的，海关予以免税。

② 跨境电商综合税

财关税〔2016〕18 号公告规定，自 2016 年 4 月 8 日起，我国实施跨境电子商务零售（B2C）进口税收政策，对符合从其他地区或国家进口的且在《跨境电子商务零售进口商品清单》范围内的以下商品，征收跨境电商综合税。

a. 所有通过与海关联网的电子商务交易平台，能够实现三单比对的跨境电子商务零售商品；

b. 未通过与海关联网的电子商务平台交易，但快递、邮政企业能够统一提交三单信息，并承诺承担相应法律责任进境的跨境电子商务零售进口商品。

自 2019 年 1 月 1 日起，我国调整跨境电子商务零售进口税收政策，提高享受税收优惠政策的商品限额上限，扩大清单范围。

税收政策的调整，一是将年度交易限值由每人每年 20 000 元提高至 26 000 元，今后随居民收入提高相应调高。二是将单次交易限值提高至 5 000 元，同时明确完税价格超过单次交易限值但低于年度交易限值，且订单下仅有一件商品时，可以自跨境电商零售渠道进口，按照货物税率全额征收关税和进口环节增值税、消费税，交易额计入年度交易总额。在限值以内进口的跨境电子商务零售进口商品，关税税率暂设为 0%；进口环节增值税、消费税取消免征税额，暂按法定应纳税额的 70%征收。

2. 跨境电商的出口报关和基本流程

报关是履行海关进出境手续的必要环节之一。报关是进出境运输工具的负责人、货物和物品的收发货人或其代理人，在通过海关监管口岸时，依法进行申报并办理有关手续的过程。

报关涉及的对象可分为进出境的运输工具和货物、物品两大类。由于性质不同，其报关程序各异。运输工具如船舶、飞机等通常应由船长、机长签署到达、离境报关单，交验载货清单、空运单、海运单等单证向海关申报，作为海关对装卸货物和上下旅客实施监管的依据。而货物和物品则应由其收发货人或其代理人，按照货物的贸易性质或物品的类别，填写报关单，并随附有关的法定单证及商业和运输单证报关。

（1）跨境电商 B2C 出口报关

① 一般出口模式

一般出口模式指跨境电商企业根据境外消费者的网购订单，直接从境内启运订单商品，从跨境电商零售出口监管场所申报出口，并配送给消费者的跨境电商零售出口业务。

一般出口模式采用“清单核放、汇总申报”的方式。电商出口商品以邮件、快件方式分批运送；海关凭清单核放出境，定期把已核放清单数据汇总形成出口报关单；电商企业或平台凭此办理结汇、退税手续。

一般来说，跨境电商出口报关需要经过 5 个步骤，跨境电商一般出口流程如图 6-6 所示。

第一，海外消费者在海外直接下单，跨境电商企业在跨境电商服务平台上备案；

第二，商品售出后，企业向“跨境电商服务平台”提交三单信息；

第三，“跨境电商服务平台”完成三单比对，自动生成货物清单，并向中国电子口岸发送清单数据；

第四，货物运往跨境电子商务监管仓库；

第五，海关通过“跨境电商通关服务平台”审核，确定单货相符后，放行货物出口。

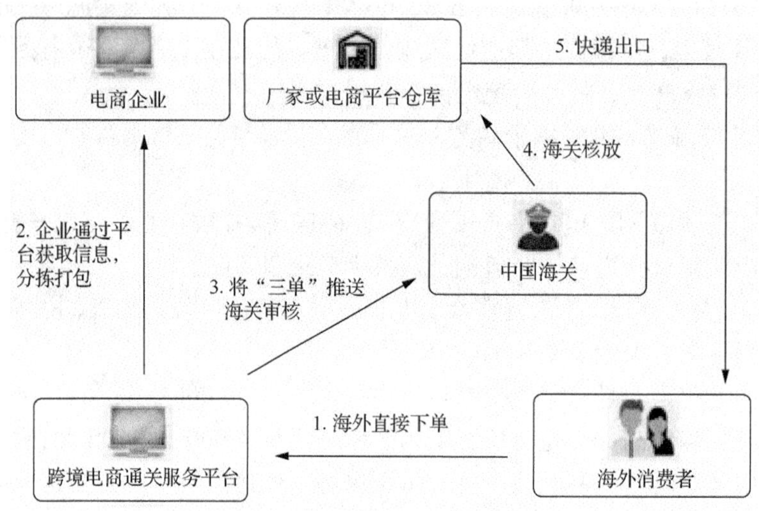

图 6-6　跨境电商一般出口流程

② 保税出口模式

跨境电商 B2C 保税出口模式，简称“保税电商”，俗称“备货模式”，其海关监管代码为 1210。1210 要求开展区域必须是跨境贸易电子商务进口试点十个城市的特殊监管区域。跨境电商企业将出口商品批量备货至海关监管下的保税仓库，在消费者下单后，根据每笔订单办理海关通关手续，在保税仓库完成贴面单和打包，经海关查验放行后，委托物流配送至消费者手中。其优点是可以提前批量备货从而可以降低国际物流成本，而且通关效率高，售后服务响应快。其缺点是因使用保税仓库备货占用资金多。保税出口模式适用于业务规模大且可从空运过渡到海运的大批量订单。

（2）跨境电商 B2B 出口报关

① 跨境电商 B2B 出口报关新政

跨境电商出口从 B2C 向 B2B 大货模式延伸，丰富了跨境电商的出口模式。针对这一跨境电商出口新模式，我国政府相继出台一些优惠待遇或财政补贴的激励政策。截至 2018 年 7 月 14 日，国务院分三批共批准杭州、宁波、天津、北京等 35 个城市作为跨境电子商务综合试验区。各跨境电子商务综合试验区也积极抓住机遇建成“单一窗口”网络平台，帮助企业实现通关、征退税、结汇等一条龙操作，引入阿里巴巴一达通、浙江融易通等外贸综合服务平台，让广大中小企业赶上了“互联网+出口”的风口。2015 年 10 月 20 日，《中国（杭州）跨境电子商务综合试验区海关监管方案》通过了海关总署的批准，杭州启动了全国首批跨境电子商务 B2B 出口试点。根据该方案，杭州海关对跨境电子商务实行“清单核放、集中纳税、代扣代缴”的通关新模式，实现跨境电子商务进出口 B2B、B2C 试点模式全覆盖，同时使申报模式更加简化。

② 跨境电商 B2B 出口报关基本流程

跨境电商 B2B 出口报关基本流程如图 6-7 所示。

图 6-7　跨境电商 B2B 出口报关基本流程

a. 前期准备

目前，跨境电商出口报关监管方式仍为“一般贸易（代码 0110）”，通关仍按现行传统贸易项下的申报规则进行申请。但跨境电商企业、电商交易平台、电商服务企业都需要做好事先在“单一窗口”平台进行备案、将商品上传至跨境电商平台等相关前期准备工作。

b. 准备报关资料

在获取海外订单后，跨境电商企业在报关之前需要准备好报关资料，如基本的发票、装箱单、合同、代理报关委托书、报关单等，委托报关单位根据监管条件进行报关操作。

c. 出口报关

报关单位在核对资料后通过“单一窗口”平台提交“电子报文”即可完成出口申报手续。

电子申报成功后，“单一窗口”平台会自动将相关数据同时发送给海关、国检部门，并将退税申报发给税务机关，将收汇信息发给外管，实现数据化全申报。单一窗口数据化全申报示意图如图 6-8 所示。

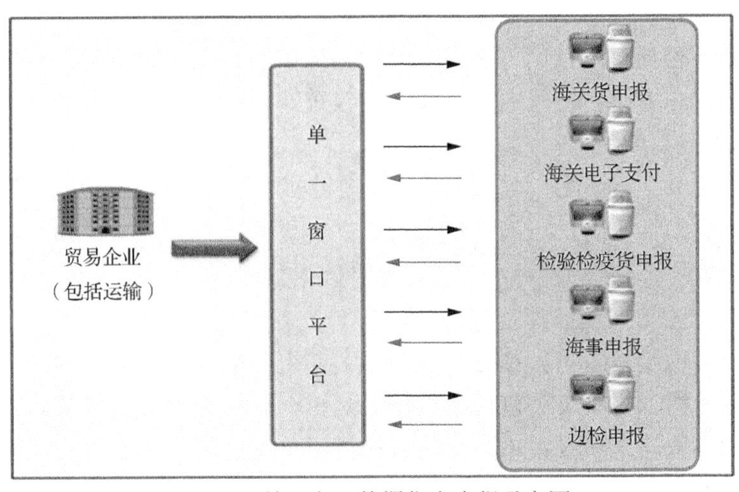

图 6-8　单一窗口数据化全申报示意图

6.1.3　跨境电商零售报关流程

电商企业或其代理人应提交《中华人民共和国海关跨境电商零售进出口商品申报清单》（以下简称《申报清单》），出口时采取“清单核放、汇总申报”方式办理报关手续。

所谓“清单核放、汇总申报”，是指跨境电商零售商品出口后，电商企业或其代理人应当于每月 10 日前（当月 10 日是法定节假日或者法定休息日的，顺延至其后的第一个工作日，第 12 月的清单汇总应当于当月最后一个工作日前完成），将上月（12 月为当月）结关的《申报清单》依据清单表头同一收发货人、同一运输方式、同一运抵国、同一出境口岸，以及清单表体同一 10 位海关商品编码、同一申报计量单位、同一币制规则进行归并，汇总形成《中华人民共和国海关进（出）口货物报关单》向海关申报。

《申报清单》和《中华人民共和国海关进（出）口货物报关单》应当采取通关无纸化作业方式进行申报。

《申报清单》的修改或者撤销，参照海关《中华人民共和国海关进（出）口货物报关单》修改或者撤销有关规定办理。

1. 报关流程

（1）申报

电商企业根据出口合同的约定，按时、按质、按量准备好货物后，向运输公司办理租船订舱手续，准备向海关办理报关手续，或委托专业（代理）报关公司办理报关相关手续。

若委托专业（代理）报关公司代理申报，电商企业应该在货物出口之前在出口岸就近向专业（代理）报关企业办理委托报关手续。接受委托的专业（代理）报关公司向委托单位收取正式的委托书，报关委托书以海关要求的格式为准。

提前准备好报关用的单证能够保证出口货物顺利通关。一般来说，报关前所需的单证包括以下几个。

① 进口货物报关单

进口货物报关单一般填写一式两份（北京海关要求报关单的份数为三份）。报关单填报项目要准确、齐全、字迹清楚，不能用铅笔书写；报关单内各栏目，凡海关规定有统计代号的，以及税则号列及税率一项，由报关员用红笔填写；每份报关单限填报四项货物；如需变更填报内容，应主动、及时向海关递交更改单。

② 出口货物报关单

出口货物报关单一般填写一式两份（北京海关要求报关单的份数为三份）。填单要求与进口货物报关单的基本相同。如因填报有误或需变更填报内容而未主动、及时更改且出口报关后发生退关情况，则报关单位应在三天内向海关办理更正手续。

③ 随报关单交验的货运单据、商业单据

任何进出口货物通过海关，都必须在向海关递交已填好的报关单的同时，交验有关的货运单据和商业单据，接受海关审核诸种单证是否一致，并由海关审核后加盖印章，作为提取或发运货物的凭证。随报关单同时交验的货运单据和商业单据有：海运进口提货单；海运出口装货单（需报关单位盖章）；陆运、空运运单；货物的发票（其份数比报关单少一份，需报关单位盖章等）；货物的装箱单（其份数与发票相等，需报关单位盖章）等。

需要说明的是，如海关认为必要，报关单位还应交验贸易合同、定货卡片、产地证明等。另外，对于按规定享受减、免税或免验的货物，报关单位应在向海关申请并已办妥手续后，随报关单交验有关证明文件。

④ 进（出）口货物许可证

进（出）口货物许可证制度，是对进出口贸易进行管理的一种行政保护手段。我国与世界上大多数国家一样，也采用这一制度对进出口货物、物品实行全面管理。必须向海关交验进出口货物许可证的商品并不固定，由国家主管部门随时调整公布。凡按国家规定应申领进出口货物许可证的商品，报关时都必须交验由对外贸易管理部门签发的进出口货物许可证，并经海关查验合格无误后方能放行。但对外经济贸易合作部所属的进出口公司、经国务院批准经营进出口业务的各部委所属的工贸公司、各省（直辖市、自治区）所属的进出口公司，在批准的经营范围内进出口商品，视为已取得许可，免领进出口货物许可证，只凭报关单即可向海关申报；只有在经营进出口经营范围以外的商品时才需要交验许可证。

⑤ 商检证书

海关指示报关单位出具商检证书，一方面是监督法定检验商品是否已经接受法定的商检机构检验；另一方面是取得进出口商品征税、免税、减税的依据。根据《中华人民共和国进出口商品检验法》以及《商检机构实施检验的进出口商品种类表》（以下简称《种类表》）的规定，凡列入《种类表》的法定检验的进出口商品，均应在报关前向商品检验机构报验。报关时，对进口商品，海关凭商检机构签发的检验证书或在进口货物报关单上加盖的印章验收。

除上述单证外，对国家规定的其他进出口管制货物，报关单位也必须向海关提交由国家主管部门签发的特定的进出口货物批准单证，由海关查验合格无误后再予以放行。例如，食品卫生检验，药品检验，动植物检疫，文物出口鉴定，金银及其制品的管理，珍贵稀有野生动物的管理，进出口射击运动、狩猎用枪支弹药和民用爆破物品的管理，进出口音像制品的管理等均属此列。

在申报的时候，需要注意以下事项：出口货物的报关时限为装货的 24 小时以前，不需要征税、查验的货物，自接受申报起 1 日内办结通关手续。

（2）查验

查验是指海关对实际货物与报关单证进行核对，查验申报环节所申报的内容是否与查证的单、货一致，并查证是否存在瞒报伪报和申报不实等问题。海关通过查验可以申报审单环节提出的疑点进行验证，为征税、统计和后续管理提供监管依据。

海关查验货物后，要填写验货记录，内容包括查验时间、地点、进出口货物的收发货人或其代理人名称、申报货物情况、货物的运输包装情况（如运输工具的名称、集装箱号、尺码和封号）、货物名称、规格型号等。

需要检查的货物自接受申报起 1 日内开出查验通知单，自具备海关查验条件起 1 日内完成查验，除需要缴税外，自查验完毕 4 小时内办结通关手续。

根据《中华人民共和国海关法》（以下简称《海关法》）的有关规定，进出口的货物除国家另有规定外，均应缴纳关税，关税由海关依照海关进出口税则征收。需要征税的货物，自接受申报 1 日内开出税单，并于缴核税单后 2 小时内办结通关手续。

（3）放行

对于一般出口货物，在发货人或其代理人如实向海关申报，并如数缴纳应缴税款和有关费用后，海关在出口装货单上盖“海关放行章”，出口货物的发货人凭此装船起运出境。

若申请出口货物退关，发货人应当在退关之日起 3 天内向海关申报退关，经海关核准后方能将货物运出海关监管场所。

（4）汇总征税

海关放行后，在出口退税专用报关单上加盖“验讫章”和已向税务机关备案的海关审核出口退税负责人的签章，退还报关单位。报关单的有关内容必须与船公司传送给海关的舱单内容一致，才能顺利核销退税。对海关接受申报并放行后，由于运输工具配载等原因，部分货物未能装载上原申报的运输工具的，出口货物发货人应及时向海关递交《出口货物报关单更改申请单》及更正后的箱单发票、提/运单副本，进行更正，这样报关单上的内容才能与舱单上的内容一致。

2. 报关时需要提交的单证

（1）进出口货物报关单。一般进口货物应填写一式两份；需要由海关核销的货物，如加工贸易货物和保税货物等，应填写专用报关单（一式三份）；货物出口后需国内退税的，应另填写一份退税专用报关单。

（2）货物发票。要求份数比报关单少一份，对货物出口委托国外销售，结算方式是待货物销售后按实销金额向出口单位结汇的，出口报关时可准予免交。

（3）陆运单、空运单和海运进口的提货单及海运出口的装货单。海关在审单和验货后，在正本货运单上签章放行退还报关员，相关人员凭此提货或装运货物。

（4）货物装箱单。其份数同发票一样，但是散装货物或单一品种且包装内容一致的件装货物可免交。

（5）出口收汇核销单。一切出口货物报关时，应交验外汇管理部门加盖“监督收汇”章的出口收汇核销单，并将核销编号填在每张出口报关单的右上角处。

（6）海关认为必要时，还应交验贸易合同、货物产地证书等。

（7）其他有关单证。

① 经海关批准准予减税、免税的货物，应交海关签章的减免税证明，北京地区的外资企业需要另交验海关核发的进口设备清单；

② 已向海关备案的加工贸易合同进出口的货物，应交验海关核发的“登记手册”。

3. 报关时需要注意的事项

我国《海关法》规定：“进出口货物收发货人、报关企业办理报关手续，必须依法经海关注册登记。报关人员必须依法取得报关资格。未依法经海关注册登记的企业和未依法取得报关从业资格的人员，不得从事报关业务”，以法律的形式明确了对向海关办理进出口货物报关纳税手续的企业实行注册登记管理制度。因此，完成海关报关注册登记手续，取得报关资格是报关单位的主要特征之一，也就是说，只有当有关的法人或组织取得了海关赋予的报关权后，才能成为报关单位，方能从事有关的报关活动。另外，报关单位还必须是“境内法人或组织”，能独立承担相应的经济和法律责任，这是报关单位的另一个特征。

报关时的主要注意事项如下。

（1）进口单证（装箱单、发票、贸易合同）等所有单证一定要根据实际货物填写；

（2）装箱单、发票、贸易合同等单证上的货物的品名一定要相同并且和实际货物的品名一致；

（3）装箱单上的货物重量和方数要和提/运单上的一致，并且要和实际货物一致；

（4）合同上面要有合同号，发票上面要有发票号；

（5）是木质包装的需要在木质包装上标有 IPPC 标示；

（6）从韩国和日本进口的货物，还要有非木质包装证明；

（7）凡进口下列 9 类商品的必须提前 5 天预申报：汽车零件、化工产品、高科技产品、机械设备、药品、多项食品、多项建材、钢材和摩托车零配件；

（8）凡进口旧印刷机械的，进口年限不能超过 10 年，超过 10 年的，国家不允许进口；

（9）凡进口发电机组的，工作实效不能超过 15 000 小时，年限不能超过 8 年；

（10）旧医疗器械，国家不允许进口。

4. 关检融合

（1）关检融合历程

海关总署 2018 年第 60 号关于修订《中华人民共和国海关进出口货物报关单填制规范》的公告规定，自 2018 年 8 月 1 日起执行新版《中华人民共和国海关进出口货物报关单填制规范》。自 2018 年 8 月 1 日起，全国所有关区全面使用新报关单，报关单、报检单将合并为一张报关单。

2018 年 7 月 23 日至 2018 年 7 月 31 日，各地海关分三批次开展关检融合试运行活动。企业填报的申报地海关为试运行关区的，可以使用关检业务融合后的新报关单。2018 年 7 月 23 日开始，北京、天津关区开始使用；2018 年 7 月 25 日开始，石家庄、呼和浩特、上海、南京、广州、黄埔、深圳、南宁、重庆、乌鲁木齐和宁波 11 个关区开始使用；2018 年 7 月 27 日开始，全国其他关区开始使用。关检融合统一申报图如图 6-9 所示。

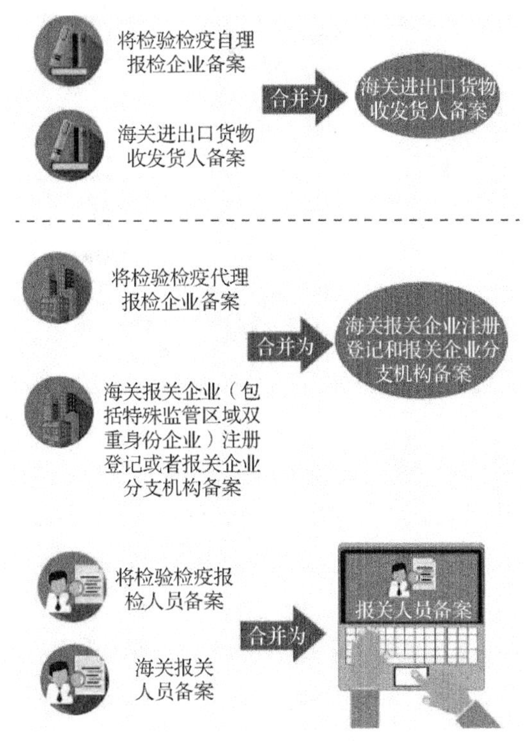

图 6-9　关检融合统一申报图

（2）关检融合对外贸企业的影响

① 更为快捷。整合查验流程、海关国检流程，在单一窗口平台下企业能够感受到明显

的时间压缩和贸易便利性。其中，简化过程中关键的一项就是申报项目：原报关、报检共229个申报项目合并精简至105个，统一了国别（地区）、港口、币制等8个原报关、报检共有项的代码，其中对7个采用国家标准代码或与国家标准建立对应关系。海关简化整合进口申报随附单证，将原报关、报检74项随附单证合并整合成10项，将102项监管证件合并简化成64项。

② 海关申报系统和快速报关/通关系统（QuickPass，QP）客户端产生变化。过去海关申报端为单一窗口（报关）、“互联网+海关”和QP，检验检疫申报端为单一窗口（报检）、九城、信诚通和榕基，而现在关检融合后统一的系统为单一窗口和“互联网+海关”。

通过一系列改革，关检融合能真正实现“统一申报单证、统一作业系统、统一风险研判、统一指令下达、统一现场执法”。

（3）新版报关单组成（见图6-10）

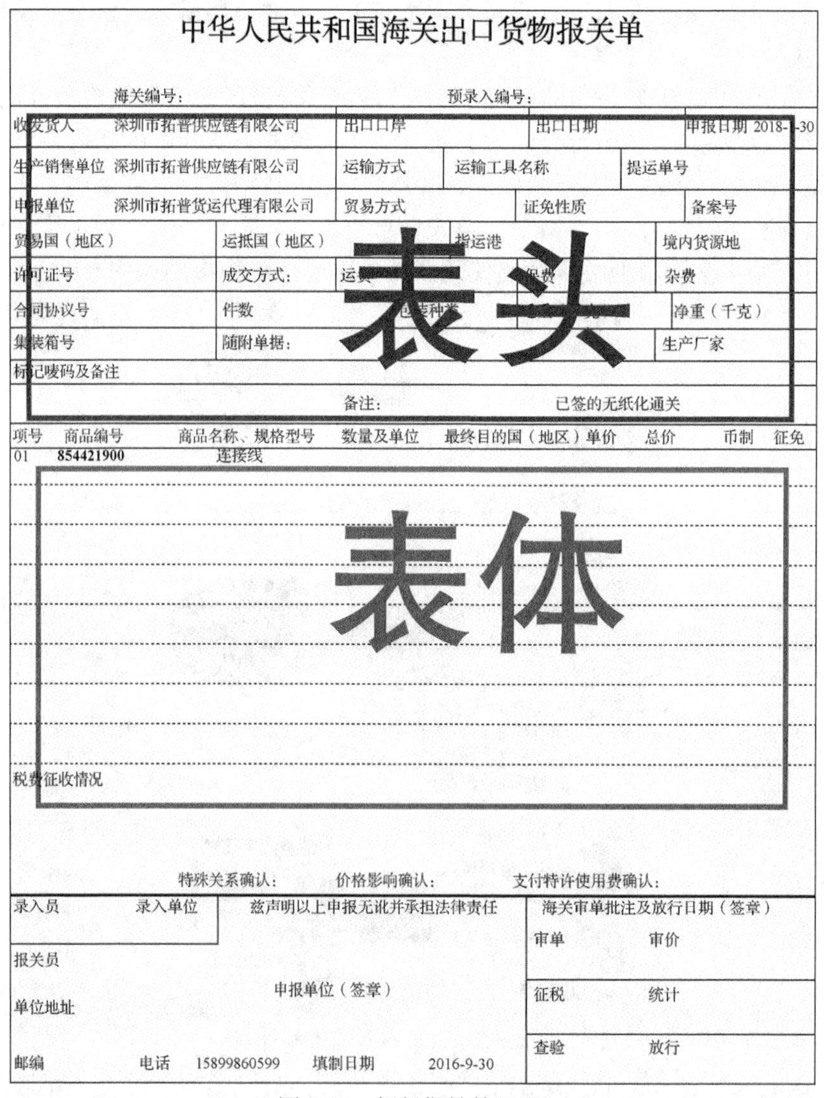

中华人民共和国海关出口货物报关单

海关编号：　　预录入编号：

收发货人　深圳市拓普供应链有限公司	出口口岸	出口日期	申报日期 2018-1-30
生产销售单位　深圳市拓普供应链有限公司	运输方式	运输工具名称	提运单号
申报单位　深圳市拓普货运代理有限公司	贸易方式	证免性质	备案号
贸易国（地区）	运抵国（地区）	指运港	境内货源地
许可证号	成交方式：	运费　保费	杂费
合同协议号	件数	包装种类	净重（千克）
集装箱号	随附单据：		生产厂家
标记唛码及备注			
	备注：	已签的无纸化通关	

项号	商品编号	商品名称、规格型号	数量及单位	最终目的国（地区）	单价	总价	币制	征免
01	854421900	连接线						

税费征收情况

特殊关系确认：　价格影响确认：　支付特许使用费确认：

录入员　录入单位	兹声明以上申报无讹并承担法律责任	海关审单批注及放行日期（签章）
报关员		审单　审价
单位地址	申报单位（签章）	征税　统计
邮编　电话　15899860599　填制日期　2016-9-30		查验　放行

图6-10　新版报关单组成

① 新版报关单的进入方式变化

现在主要通过两种方式进入新版报关单：第一，从“单一窗口”标准版门户网站进入登录界面（见图 6-11），也可通过各地方电子口岸“单一窗口”门户进入新版报关单；第二，在“互联网+海关”门户网站选择“进出口货物申报管理”（见图 6-12）。

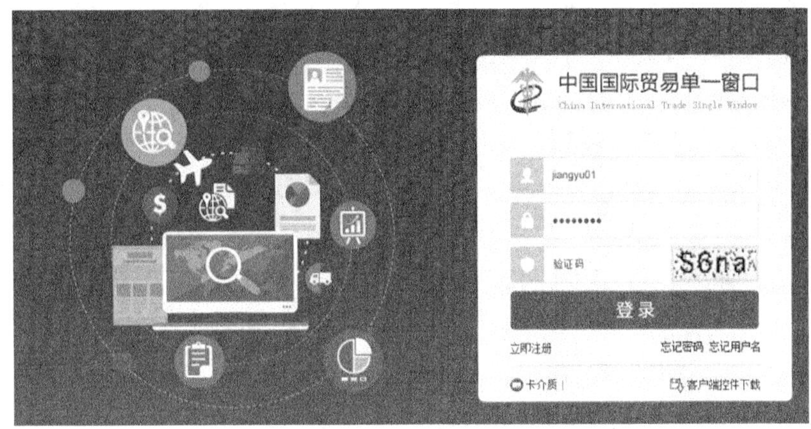

图 6-11　“单一窗口”标准版门户网站

图 6-12　“互联网+海关”门户网站

要使用新版报关单，首先要进行用户注册管理，然后再进行企业资质备案并办理卡介质。

其中，过去使用的企业资质（进出口货物收发货人资质、申报单位资质、报关人员资质）已经进行合并，新企业需要一次注册报关报检备案，存量单一资质企业需要补全资质备案。

② 新增境外收发货人填制

境外收发货人通常指签订并执行出口贸易合同中的买方或合同指定的收货人，境外发货人通常指签订并执行进口贸易合同中的卖方。AEO 互认国家（地区）企业，填报 AEO 编码。

其中，特殊情况下无境外收发货人的，名称及编码填报“NO”。内销、后续补税的情况如可以确定境外收发货人的，需要如实填报。境外收、发货人名称一般填报英文名称，检验检疫邀请填报其他外文名称的，在英文名称后填报，要以半角括号分隔。AEO 编码填报样式按照中华人民共和国海关总署发布的相关公告要求填报。

③ 新版进口报关单申报项目的主要变化

a. 包装种类：必填项。新版包装种类由“运输包装”和“其他包装”两部分组成。运输包装是指提/运单所列货物件数单位对应的包装；其他包装是指货物的各类内包装及植物性铺垫材料；等等。要求从外到内全部申报详细。其要求所有包装提供具体材质，如果不能简单申报“托盘”，而应该注明具体材质，如“再生木托”等。

b. 经停港填报进口货物在运抵我国关境前的最后一个境外装运港。新版报关单指运港填报出口货物运往境外的最终目的港；最终目的港不可预知的，按尽可能预知的目的港填报。

c. 新版报关单中入境口岸填报进境货物的跨境运输工具卸离的第一个境内口岸的中文名称及代码；新版报关单中出境口岸填报装运出境货物的跨境运输工具离境的第一个境内口岸的中文名称及代码（见图 6-13）。

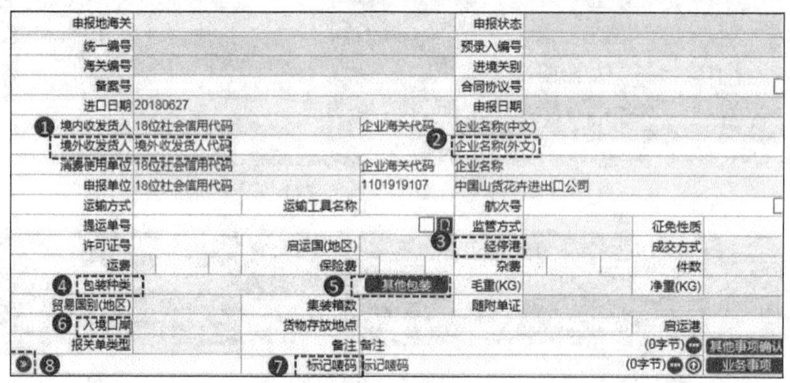

图 6-13 新版进口报关单申报项目主要变化

④ 新版报关单代码

新版报关单代码更为优化，启运国（地区）代码将采用国家标准修订的《国别（地区）代码表》，由 3 位英文构成。币制代码则根据新修订的《货币代码表》采用 3 位字母。例如，币制为美元，“币制”应录入“USD”而非原海关代码“502”或原检验检疫代码“840”（见图 6-14）。

启运国(地区)		
ABW 阿鲁巴		
AFG 阿富汗	101	004
AGO 安哥拉	202	024
AIA 安圭拉	499	660
ALA 阿兰群岛（波罗的海中芬兰所属群岛）	399	248
ALB 阿尔巴尼亚	313	008
AND 安道尔	314	020
ARE 阿联酋	138	784
ARG 阿根廷	402	032
ARM 亚美尼亚	338	051
ASM 美属萨摩亚	699	016
ATA 南极洲	701	010
ATF 法属南部领地	299	260
ATG 安提瓜和巴布达	401	028
AUS 澳大利亚	601	036
AUT 奥地利	315	040
AZE 阿塞拜疆	339	031
BDI 布隆迪	205	108
BEL 比利时	301	056
BEN 贝宁	203	204

币制		
AUD 澳大利亚元		
CAD 加拿大元	501	124
CHF 瑞士法郎	331	756
CNY 人民币	142	156
DKK 丹麦克朗	302	208
EUR 欧元	300	910
GBP 英镑	303	826
HKD 港币	110	344
IDR 印度尼西亚卢比	112	360
JPY 日本元	116	392
KRW 韩国圆	133	410
MOP 澳门元	121	446
MYR 马来西亚林吉特	122	458
NOK 挪威克朗	326	578
NZD 新西兰元	609	554
PHP 菲律宾比索	129	608
RUB 俄罗斯卢布	344	643

图 6-14 新版报关单代码

⑤ 原报检所涉及的企业资质、B/L 号、特殊业务标识等内容也整合入当前申报界面（见图 6-15）。

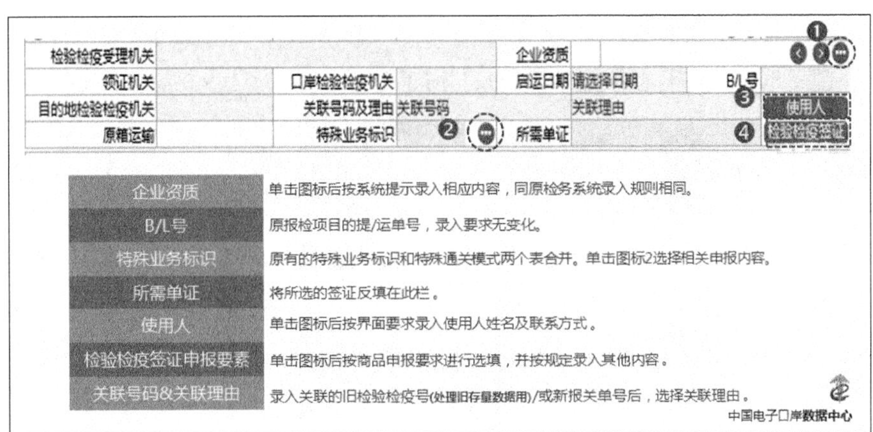

图 6-15　企业资质、B/L 号、特殊业务标识

⑥ 商品编码

新版报关单商品编号由 10 位改为 13 位。前 8 位为原商品税则编码，第 9 位、第 10 位为原监管附加编号，第 11～13 位为检验检疫附加编号。为了提高工作效率，减少因确认检验检疫附加编号所浪费的时间，凡 2018 年 8 月 1 日起申报的货物，请客户根据货物实际情况，提供新的 13 位商品编号（一般前 10 位由海关 HS 客户提供，后 3 位由于同一 HS 有不同区分，参照 HS 编码 10 位转换 13 位对照表，由客户提供）（见图 6-16）。

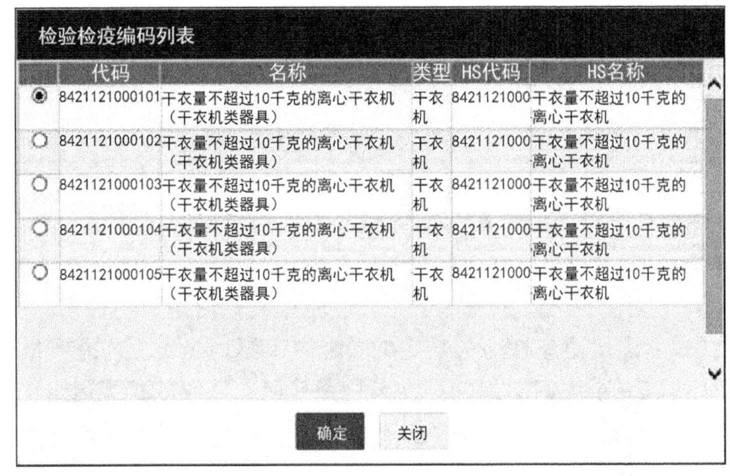
检验检疫编码列表

	代码	名称	类型	HS代码	HS名称
◉	8421121000101	干衣量不超过10千克的离心干衣机（干衣机类器具）	干衣机	8421121000	干衣量不超过10千克的离心干衣机
○	8421121000102	干衣量不超过10千克的离心干衣机（干衣机类器具）	干衣机	8421121000	干衣量不超过10千克的离心干衣机
○	8421121000103	干衣量不超过10千克的离心干衣机（干衣机类器具）	干衣机	8421121000	干衣量不超过10千克的离心干衣机
○	8421121000104	干衣量不超过10千克的离心干衣机（干衣机类器具）	干衣机	8421121000	干衣量不超过10千克的离心干衣机
○	8421121000105	干衣量不超过10千克的离心干衣机（干衣机类器具）	干衣机	8421121000	干衣量不超过10千克的离心干衣机

确定　关闭

图 6-16　商品编码

此外，需要注意以下事项。

第一，成交方式：必填项。我们在海关系统只能填报 3 种成交方式：FOB、CIF、CNF。FOB 免于填写运费、保费。CIF 需要填写运费和保费。CNF 需要填写运费，免于填写保费。

第二，新版报关单境内货源地移到表体部分，每个品名都必须填写。涉及多个货源地的单证，客户需要将货源地准确填写在对应品名后的“境内货源地”栏中。填写境内货源地时按海关规定的《国内地区代码表》选择填报相应的国内地区名称。

第三，自 2018 年 8 月 1 日起，部分商品增设第二法定计量单位，报关时需要同时申报。

新版进口报关单示例。

材料：天津五河商业贸易有限公司（法人统一社会信用代码是91120116681867186Y）进口原产于美国（代码为 USA）的一批全棉毛毯，规格为 ART NO.H666（HS 编码为5802303000，计量单位为千克，毛重为5 125千克，净重为5 000千克），从纽约（代码为USA309）装船，以水路运输（代码为 2）至天津新港（代码为 CHN185），存放于本企业的M仓库。经营单位委托天津丰吉报关有限公司（91120106144301670R）于2018年9月20日向新港海关（关区代码为0202）申报。该批货物运费为1 000美元，保险费为1 000美元（见图6-17）。

中华人民共和国进口货物报关单

预录入编号：I20180000100444869　　海关编号：020220181100109149

境内收货人（91120116681867186Y） 天津五河商业贸易有限公司	进境关别（0202） 新港海关	进口日期 20180920	申报日期 20180920	备案号
境外发货人 VICTORY CO.,LTD	运输方式（2） 水路运输	运输工具名称及航次号 NANXING V.086	提运单号 APL51865	货物存放地点 M仓库
消费使用单位（911101053442506790） 天津爵颉贸易有限公司	监管方式（0110） 一般贸易	征免性质（101） 一般征税	许可证号	启运港（USA309） 纽约（美国）
合同协议号 HX050264	贸易国（地区）（USA） 美国	启运国（地区）（USA） 美国	经停港（USA309） 纽约（美国）	入境口岸（121503） 天津新港客运码头

包装种类（22） 纸制或纤维板制盒/箱	件数 2500	毛重（千克） 5125	净重（千克） 5000	成交方式（3） FOB	运费 USD/1000/3	保费 USD/1000/3	杂费

随附单证及编号
随附单证2：提/运单；发票；代理报关委托协议（纸质）；企业提供的其他

标记唛码及备注
N/M

项号	商品编号	商品名称及规格型号	数量及单位	单价/总价/币制	原产国（地区）	最终目的国（地区）	境内目的地	征免
1	5802303000	全棉毛毯	5000千克	20.0000	美国	中国	(12079/120116)滨海新区	照章征税
		ART NO.H666		50000.0000	（USA）	（CHN）	（塘沽其他)/天津市滨海新区	（1）
			2500件	美元				

特殊关系确认：否　　价格影响确认：否　　支付特许权使用费确认：否　　自报自缴：是

报关人员　报关人员证号02001630　电话13712973260 申报单位（91120106144301670R）天津丰吉报关有限公司	兹申明对以上内容承担如实申报，依法纳税之法律责任 申报单位（签章）	海关批注及签章

图6-17　中华人民共和国进口报关单

对于出口报关单：出境口岸按海关规定的《国内口岸编码表》选择填报装运出境货物的跨境运输工具离境的第一个境内口岸的中文名称及代码；采取多式联运跨境运输的，填报多式联运货物最初离境的境内口岸中文名称及代码；过境货物填报货物离境的第一个境内口岸的中文名称及代码；从海关特殊区域或保税监管场所出境的，填报海关特殊区域或保税监管场所的中文名称及代码；其他无实际进出境的，填报货物所在地的城市名称及代码。

6.2　一达通外贸综合服务平台

引导案例

在2019年11月1日举行的“湖南新外贸”论坛上，全国最大的一站式外贸综合服务平台——阿里巴巴一达通正式落户长沙，该项目将为湖南中小微企业提供通关、退税、外汇、物流、融资等一站式外贸综合服务，形成跨境电子商务 O2O 交易闭环的新模式。

“目前参与外贸的中小微企业数量巨大，但运行效率低、外贸专业度低。”在“湖南新外贸”论坛上，阿里巴巴一达通副总裁肖锋表示，外贸出口中退税周期长是让很多中小微企业头疼的问题，阿里巴巴一达通通过给企业先行垫付退税款，解决了企业的资金周转问题，大大提高了企业效率。阿里巴巴一达通在提供各环节外贸服务的同时，还通过集约近 10 万家外贸中小微企业的服务需求拿到了国际快递、物流、通关等各外贸环节的团购价，犹如一个“外贸综合服务批发超市”。仅以物流为例，可以降低中小企业客户 30%左右的物流成本。

湖南艾臣生物科技有限公司是从深圳迁回湖南的一家外贸企业，主要出口医药原料，从 2014 年起开始使用深圳市一达通平台。公司外贸经理汪琴琴表示，深圳市一达通平台为企业带来了更多客户和订单，最关键的是，通过该平台大数据，可以更加便捷地进行融资。

湖南省商务厅厅长徐湘平表示，阿里巴巴一达通平台也是一个外贸公共服务平台，该平台的启动带来了先进的理念和技术，以及先进的服务、培训、金融体系，将带领湖南走进“外贸新模式”，助力湖南外贸的发展。

阅读以上案例，思考：

1. 怎样登录阿里巴巴一达通外贸综合服务平台？

2. 加入阿里巴巴一达通外贸综合服务平台的意义是什么？

深圳市一达通企业服务有限公司成立于 2001 年，其推出的深圳市一达通外贸综合服务平台是国内第一家面向中小企业的进出口流程外包服务平台，通过互联网（IE+IT）一直为中小企业和个人提供通关、物流、外汇、退税和金融等所有进出口环节的服务。2010 年 11 月被阿里巴巴集团收购，形成了从“外贸资讯”到“外贸交易”一站式服务链条，为广大中小企业和个人从事对外贸易提供了更为全面的外贸服务。

1. 一达通准入条件（见表6-1）

表 6-1　　一达通准入条件

项目	具体要求
企业类型	非境外； 个人或非出口综合服务尚未覆盖地区企业（如福建莆田等）
出口产品	出口的产品在一达通可以出口的产品范围内
开票人资质	与一达通签约的企业注册地在浙江省的，对开票人的要求为： 1. 生产型工厂，具有一般纳税人资格且一般纳税人认定时间≥6 个月； 2. 委外加工型企业，需要具有一般纳税人工厂资格，具备出口产品的生产线，具备后加工的环节
	与一达通签约企业注册地在福建省的，对开票人的要求为： 生产型工厂，具有一般纳税人资格，一般纳税人认定时间≥1 年
	与一达通签约企业注册地在河南省的，对开票人的要求为： 生产型工厂，具有一般纳税人资格，一般纳税人认定时间≥2 年
	与一达通签约企业注册地在其他省份的，对开票人的要求为： 生产型工厂，具有一般纳税人资格，一般纳税人认定时间≥2 年，且开票人注册地非内蒙古赤峰巴林右旗、福建莆田、天津武清区（武清区的自行车及其零配件、电动车及其零配件企业除外）；HS 编码是 61 的产品开票人，需要满足一般纳税人认定时间满 2 年

2. 开通一达通的方法

用户可以登录一达通官网，报名后申请开通一达通。

如果用户有阿里巴巴国际站账号，则可以在申请一达通服务时直接输入国际站账号和密码登录，根据页面提示留下自己的联系方式等信息，之后会有客户经理联系用户处理相关事宜。如果没有阿里巴巴国际站账号，可以先免费注册阿里巴巴国际站，然后再登录一达通平台，申请一达通服务，后续流程同上。

如果提交后长时间没有反馈，用户可通过在线人工提交公司信息加急处理。

3. 一达通提供的服务

一达通提供的业务服务主要有：通关（报关及报检）、外汇、退税等政务服务，以及金融、物流等。一达通将政务服务称为基础服务，将商务服务称为增值服务。

（1）通关服务

以一达通名义完成全国各口岸海关、商检的申报。海关顶级资质，享受绿色通关通道。

一达通通关流程如图 6-18 所示。

第一，联系拍档/一达通对接人告知需求；

第二，自行在下单系统自助下单或委托拍档/一达通对接人辅助自己下单；

第三，核对下单及出货信息后选择“提交订单”；

第四，按系统指引签署“出口服务委托函”；

第五，一达通安排通关（或下载报关资料安排自行报关）；

第六，通关放行（自行报关部分需要客户及时上传报关底单至订单系统）。

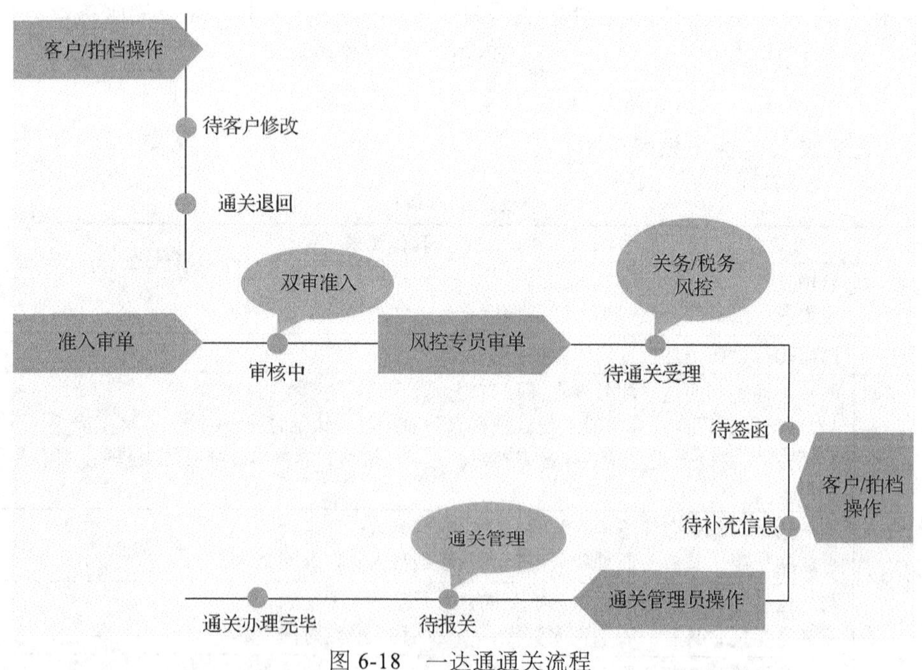

图 6-18　一达通通关流程

（2）外汇服务

中国银行首创在一达通内设置外汇结算网点，提供更方便快捷的外汇结算服务。亦可为客户提供外汇保值服务，提前锁定未来结汇或者购汇的汇率成本，防范汇率波动风险。

（3）退税服务

为企业与个人正规快速办理退税，加快资金周转。

① 针对一般纳税人、工厂、贸易公司（见图 6-19）。

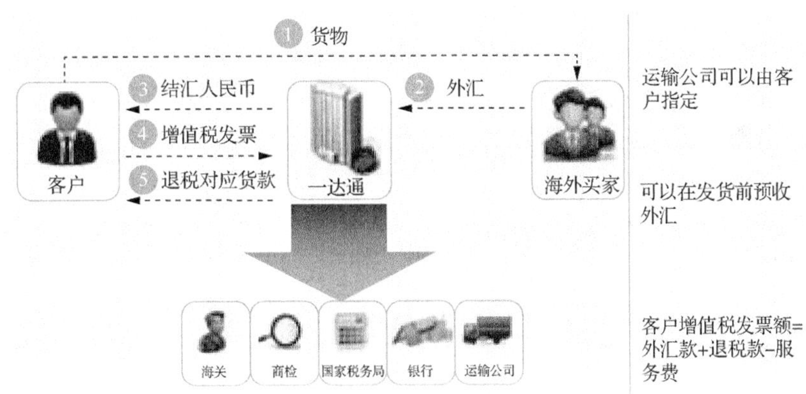

图 6-19　针对一般纳税人、工厂、贸易公司

② 针对非一般纳税人、小规模个人、中国香港公司（见图 6-20）。

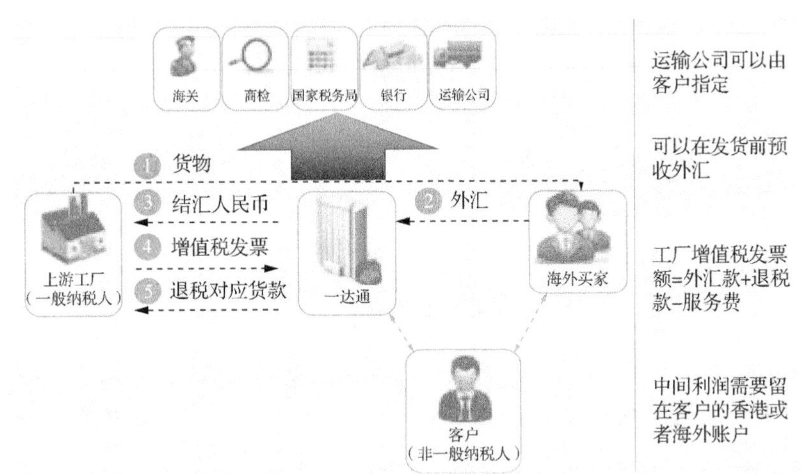

图 6-20　针对非一般纳税人、小规模个人、中国香港公司

（4）金融服务

一达通为客户提供的金融服务有流水贷服务、结余增值服务、锁汇保服务等。具体的金融产品主要有一达通流水贷、信融宝、赊销保、锁汇保、退税融资和信用保障融资以及结算宝。

（5）物流服务

阿里巴巴国际物流服务包括海运、空运（普货空运和国际快递）、陆运三大板块。通过整合船公司和货代资源，一达通为客户提供安全及价格 100%透明的整柜拼箱服务；物流专家按需为客户制订最佳物流方案，持续降低物流成本。

4. 一达通服务优势

一达通的服务优势主要集中在收费、通关、外汇、退税等涉及外贸的各个环节，具体如下。

（1）收费：免收代理服务费。

（2）通关：海关顶级资质、快捷简单，以一达通名义完成全国各大口岸海关的申报，享受绿色通道，确保准时发货。

（3）外汇：国内唯一银行进驻的外贸服务平台，安全快捷；可实现境内境外同步收汇结汇，到账快，成本低。

（4）退税：合规办理，安全顺畅，速度快（可提供垫付退税增值服务，企业在单据齐全后 3 个工作日内即可获得垫付退税款，加速企业资金周转）。

（5）物流：低至 1 折的全球快递，覆盖全球的海运整柜、拼箱及专线，实时跟踪、价格透明、安全快捷；全球 TOP 空运服务商 Kuehne+Nagel（德迅）和 DHL Global Forwarding（DGF）入驻阿里巴巴。

（6）金融：中国银行免费做资金监管，正规结汇到个人账户；流水贷提供无抵押、免担保、纯信用贷款服务，随借随还；信融宝、赊销保及远期外汇等金融增值服务，方便企业资金周转。

使用一达通服务，客户无需有进出口资格，不用聘请关务、物流和涉外财务等专业人员；一达通进出口服务费 1 000 元/单，大大低于自营和委托代理；客户享受完全的在线服务，通过系统查询状态、开支、文件等实时信息和历史数据；一达通联合广大中小企业，集中处理进出口环节，让中小企业享受大企业待遇。

6.3 被海关暂扣物品的处理

引导案例

2018 年 5 月 12 日，成都双流机场海关在从法兰克福到成都的某航班入境旅客随身携带的行李中截获大量鱼翅和花胶，毛重共计约 30 千克，其中鱼翅约重 5.16 千克，花胶约重 24.84 千克。

鱼翅、花胶是中国四大补品之一，有海八珍之称，尤其适合女性食用，因为其营养价值高，还可以美容养颜。现在很多人喜欢到国外买这些补品之类的食物，然而鱼翅、花胶属禁止携带进境物品。

经现场关员调查，该旅客既不能说明携带大量鱼翅和花胶的用途，也不能提供任何检验检疫证明。目前成都海关依法对该批鱼翅和花胶进行了暂扣处理。

根据《中华人民共和国禁止携带、邮寄进境的动植物及其产品和其他检疫物名录》的规定，鱼翅、花胶、燕窝、砗磲、干海马等动植物及其产品均属于禁止携带进境物品。未经检疫的动植物产品可能携带疫病疫情和寄生有害生物、病毒、病菌，存在严重的食品和生态安全隐患，一旦进入我国境内，很可能会对我国的生态环境以及居民的身体健康造成不可估量的伤害。

当发生扣货、扣关时，相关海关部门会向发件人或收件人出具一份说明，说明扣货的原因，发件人或收件人必须配合海关提供相关的文件。

阅读以上案例，思考：

1. 海关暂扣物品的原因主要有哪些？

2. 避免产生海关扣货的方法有哪些？

《中华人民共和国禁止携带、邮寄进境的动植物及其产品和其他检疫物名录》是经《农业部国家质量监督检验检疫总局公告》（第 1712 号）公布的名录。由农业部、国家质量监督检验检疫总局于 2012 年 3 月 2 日发布并实施。

1. 暂扣物品的原因

国际快递货物被海关扣关或者不允许清关存在以下原因。

（1）品名填写不详细、不清楚，需要重新提供证明函，具体说明货物的品名及其用途；

（2）货物申报价值过低（海关有理由怀疑逃税）；

（3）国际快递货物单、证不齐全，需要提供必需的单、证，如进口许可证、3C 认证；

（4）敏感货物应属于进、出口国家禁止或者限制进口、出口的物品。

货物一旦扣关，发件人或收件人应尽量配合海关，提供相关的文件。一般情况下，海关会对货物进行评估，只要与发件人或收件人陈述相符，办理完清关手续，即可放行。

2. 避免产生海关扣货的方法

卖家要做好相关工作，尽量避免产生海关扣货的情况。

（1）选择安全的递送方式，如航空挂号小包和 EMS，且 EMS 就算是被海关扣货，还是能够免费退回到发货地点的；

（2）了解各国政策，如澳大利亚虽然通关容易，但是电池类产品是海关不允许的，因此电池或者带电池的产品，尽量不发往澳大利亚。如果一定要卖带电池的产品，可以给客户说清楚不发电池，只发产品；

（3）重量越重的包裹被海关扣货的可能性越大；

（4）不同产品被海关扣货的概率不同，如电子产品被扣的概率相对较高。

本章小结

本章主要介绍了一般出口通关与报关流程、关检融合新政策、一达通的主要服务和操作流程以及避免海关扣货的方法。通过本章的学习，读者可理解一般出口通关与报关流程，掌握新报关单填制方法，掌握一达通的主要服务和平台操作，知悉《中华人民共和国禁止携带、邮寄进境的动植物及其产品和其他检疫物名录》。

实践项目操作

1. “4·8 新政”税改前，跨境电商零售进口商品按照物品征收行邮税，且 50 元（含

50 元）以下的，予以免征。“4 • 8 新政”税改后，跨境电商零售进口商品按照货物进行征税，进口环节增值税、消费税取消免征税额，暂按法定应纳税额的 70%征收。那我们海淘时的税费负担是不是加重了呢？

2. 以完税价格为 1 000 元的奶粉（税改前，行邮税税率为 10%，税改后消费税税率为 0，增值税税率为 13%）和完税价格为 1 000 元的香水（税改前，行邮税税率为 50%，税改后消费税税率为 15%，增值税税率为 13%）为例，算一算税改前和税改后各需要缴纳多少税费？

课后习题

一、选择题

1. 在境内办理工商登记，为交易双方（消费者和跨境电子商务企业）提供网页空间、虚拟经营场所、交易规则、信息发布等服务，设立供交易双方独立开展交易活动的信息网络系统的经营者是（　　）。

A. 跨境电商平台企业　　B. 跨境电商企业境内代理人
C. 支付企业　　D. 跨境电商通关监管平台

2. 申报人（包括参与跨境电商的企业）通过（　　）向海关等口岸管理相关部门一次性申报，口岸管理相关部门通过电子口岸平台共享信息数据、实施职能管理，将执法结果通过“单一窗口”反馈申报人。

A. 物流企业　　B. 国际贸易单一窗口
C. 支付企业　　D. 跨境电商通关监管平台

3. 跨境电商通关监管平台是由（　　）搭建，实现对跨境电商零售进出口商品交易、仓储、物流和通关环节进行电子监管执法的平台。

A. 国务院口岸工作部际联席会议　　B. 财政部
C. 中国海关　　D. 国家发改委

4. 跨境电商企业境内代理人应在（　　）办理注册登记，承担如实申报责任，依法接受相关部门监管，并承担民事责任。

A. 工商行政管理局　　B. 商务部
C. 税务局　　D. 海关

5. 一达通是（　　）旗下的外贸综合服务平台。

A. 淘宝网　　B. 天猫　　C. 京东　　D. 阿里巴巴

6. 一达通的物流服务包括（　　）、海运、空运三大板块。

A. 陆运　　B. 邮政　　C. 国际小包　　D. 顺丰

7. 在物流方面，一达通为客户提供安全及价格 100%透明的（　　）服务。

A. 整合船公司　　B. 整柜拼箱　　C. 海外仓储　　D. 整合货代资源

8. 以下的流程顺序正确的是（　　）。

A. 退税——核销——退单——报关　　B. 核销——退税——报关——退单
C. 报关——退单——核销——退税　　D. 退单——核销——退税——报关

9.【多选】跨境电商零售进出口商品申报前，跨境电商企业或跨境电商交易平台企业，支付企业、物流企业应当分别通过跨境电商通关服务平台如实向海关传输（　　）等电子信息。

A. 交易　　B. 产品　　C. 支付　　D. 物流

10.【多选】一达通提供的金融服务产品主要有一达通流水贷、（　　）、赊销保、锁汇保，以及新推出的（　　）。

A. 信融宝　　B. 结算宝　　C. 余额宝　　D. 收益宝

二、判断题

1. "物流企业"是指在境内办理工商登记，接受跨境电商平台企业、跨境电商企业或其代理人委托为其提供跨境电子商务零售进出口物流服务的企业。（　　）

2. 报关是指货物的出口需向海关申报、交验单据证件，并接受海关的监管和检查。（　　）

3. 一达通提供的业务服务主要有政务服务和商务服务。（　　）

4. 若申请出口货物退关，发货人应当在退关之日起 5 天内向海关申报退关，经海关核准后方能将货物运出海关监管场所。（　　）

5.《申报清单》《中华人民共和国海关进（出）口货物报关单》应当采取通关无纸化作业方式进行申报。（　　）

三、问答题

1. 什么是清单核放、汇总申报？

2. 一达通通关流程是怎样的？

3. 在阿里巴巴平台采用一达通服务进行物流运输有什么优缺点？为什么许多大卖家不愿意采用一达通的服务？

四、案例分析题

1. 2018 年 12 月 14 日，阿里巴巴跨境供应链推出在线智能服务终端产品"XSPACE 工作台"，旨在通过技术赋能，为拍档工作提效的人工智能产品。这是继升级跨境供应链平台后，阿里巴巴在跨境供应链上的新动作。

"XSPACE 工作台"集合了电话、在线沟通、工单等服务方式，为供应链拍档提供多方位、全面的服务支持。平台支持三方（客户/拍档/一达通顾问）在线交流，可转交会话，也可快捷生成工单，提高了问题解决的时效。

问题：（1）一达通升级跨境供应链平台有什么重要意义？

（2）一达通有哪些服务，有什么优势？

2. 2019 年 8 月，约旦海关实施了新的法规，将对跨境购买服装、鞋子、儿童玩具和食品的约旦居民加征海关费用，而此前约旦居民从电子商务网站购买自用产品可以免除海关费用。

据了解，亚马逊和大多数其他电商平台几乎不会发货到约旦，但提供许多第三方包裹转运服务，这些服务的存在推动了约旦跨境购物的发展。部分服务为买家提供美国、英国等地的地址，以便约旦买家可以使用这些地址购物，一旦产品交付到该地址，它们就会被转运到约旦的客户手中。

一家服务提供商向约旦客户发送的电子邮件显示，价格为 50 约旦第纳尔（70 美元）以下的货物将被收取 5 第纳尔（7 美元）的海关费用，客户需要在约旦海关的新平台申报这些所购买的商品。如果未能在平台上申报商品，则将被收取三倍于应付的海关费用，也就是 15 第纳尔（21 美元）；价格在 51 第纳尔（71.4 美元）至 100 第纳尔（140 美元）之间的商品将被收取 10 第纳尔（14 美元）的海关费用，这些产品也应该在约旦海关的平台上进行申报，否则将被收取 25 第纳尔（35 美元）的海关费用。

邮件还指出，每人每年购买的订单总额不得超过 500 第纳尔（700 美元）。

此外，约旦海关还要求用户在申报这些商品时共享商品物流单号、包裹的商品描述、购买产品的网站名称、运费和运输服务。

在线购物平台 Jollychic 在其网站上发表声明，自约旦的进口和网上政策发生变化之后，其将关闭在约旦的业务。Jollychic 是一家活跃于中东的中国电商平台，其 App 被安卓商店和苹果商店列为“应用最广泛的”的应用程序之一，几乎在所有中东地区都有运营。

问题：（1）一般出口通关流程是什么？

（2）征收海关费将会对约旦跨境电商产生什么影响？

第7章

跨境电商物流信息管理

物流信息技术是物流现代化的重要标志，也是物流技术中发展最快的领域，从数据采集的条形码系统到办公自动化系统中的微机、互联网，各种终端设备等硬件以及计算机软件都在日新月异地发展。同时，随着物流信息技术的不断发展，一系列新的物流理念和新的物流经营方式产生了，推进了物流的变革。在供应链管理方面，物流信息技术的发展也改变了企业应用供应链管理获得竞争优势的方式，成功的企业通过应用物流信息技术来支持它的经营战略并选择它的经营业务。通过利用物流信息技术来提高供应链活动的效率性，增强整个供应链的经营决策能力。

跨境电商物流信息管理

本章学习目标

1. 了解条形码技术、RFID技术、EDI技术、GPS技术、GIS技术、大数据技术的含义；
2. 理解条形码、RFID、EDI、GPS、GIS、大数据等技术在跨境电商物流中的应用；
3. 理解国际物流信息系统管理的作用；
4. 理解供应链管理的概念和特征；
5. 熟悉跨境电商物流平台。

7.1 物流信息技术

引导案例

中国邮政速递物流的“跨境电子商务服务平台”项目，实现了与电商平台、支付平台、海关商检、运输渠道及仓储企业系统对接，多方协同作业、信息共享，利用企业、商品、用户等信息备案，自动合成清单，集中向海关申报，将跨境电商业务的全程信息向政府与海关透明化，实现全程信息可视、可溯、可控，同时取得结汇联、退税联，为广大跨境电商企业零售进出口提供一站式操作和服务便利。

另外，该平台为出口中小企业提供端到端的解决方案，整合了中国邮政速递物流多个国际业务创新产品，如以中邮“在线发运系统”为统一客户订单接入模块，提供e邮宝、e速宝、e特快等多种时效和线路产品，以“中邮海外仓”为统一海外仓储服务模块，为客户提供美国、英国等多地境外远程仓储管理服务，以“中邮集货转运”模块为客户提供境外包裹集货“一票到底”进口运输+配送、境内包裹集货出口运输+境外落地配，以及基于海关“监管保税仓”进口的仓储+配送。中国邮政作为万国邮联成员单位，凭借丰富的经验和独特的优势，已参与了多个跨境电商的试点城市的业务运营，邮政产品作为B2C进出口试点推广，在郑州、杭州、广州、深圳、重庆、天津等地均已开展业务并于各口岸成立相关的海关监控区域或保税仓及外贸资质机构，为外贸企业提供全方位的跨境服务。

中国邮政速递物流跨境电子商务服务平台建设定位于“国内领先、国际一流”的目标，该平台是中国邮政对国家政策的积极响应和有效落实的切实探索，广泛引入了国际先进的机构、技术和工具，该平台建设的成功，将在技术支撑和引领业务发展上进一步地促进国际快递、贸易及物流信息化水平的发展，为共同降低社会物流总成本、促进外贸发展作出贡献。

阅读以上案例，思考：

1. 为什么要发展国际物流信息系统？

2. 中国邮政国际物流信息系统具有哪些优势？

跨境电商的发展在一定程度上驱动了跨境物流行业的进一步规范，仓储一体化、线上拓展以及全渠道供应链的结合，使得不少物流服务商在智能化和数字化上不断深入研发，以期望进一步降低全球化下的物流配送成本，促进跨境电商行业的发展。

7.1.1 二维码技术

1. 条形码

（1）条形码的定义

条形码最早出现在20世纪40年代，但得到实际应用和发展还是在20世纪70年代前后，条形码是由美国的乔·伍德兰德（Joe Wood Land）在1949年首先提出的。1970年，美国超级市场Ad Hoc委员会制定通用商品代码UPC码（Universal Product Code），许多团体也提出了各种条形码符号方案。1973年，美国统一编码协会（以下简称“UCC”）建立了UPC条形码系统，实现了该码制标准化。条形码包括一维条形码（以下简称“一维码”）和二维条形码（以下简称“二维码”）。

条形码技术是实现物流信息管理的重要手段。我国于1988年成立了中国物品编码中心，专门负责全国物品的编码管理工作，并且于1991年加入欧洲物品编码(European Article

Number，EAN）。EAN 有两种版本，标准版表示 13 位数字，称为 EAN13 码；缩短版表示 8 位数字，称为 EAN8 码。

（2）一维码的含义和分类

一维码是由一组规则排列的条、空及其对应字符组成的，用以表示一定信息的标志。“条”指对光线反射率较低的部分，“空”指对光线反射率较高的部分，这些条和空组成的数据表达一定的信息。

常用的一维码的码制包括 EAN 码、39 码、交叉 25 码、UPC 码、128 码、93 码，ISBN 码及 Codabar（库德巴码）等。

EAN13 码是国际物品编码协会在全球推广应用的一种商品条码，它是一种定长、无含义的条码，共 13 个字符（见图 7-1）。

图 7-1　EAN13 码

前缀码：用来标识国家或地区的代码，由国际物品编码协会（GS1）统一管理和分配，以保证其在全球范围内的唯一性。中国的前缀码为 690～699、489、471；日本的前缀码为 450～459、490～499；美国的前缀码为 000～019、030～039、060～139。

厂商识别代码：由 7～9 位数字组成，作为厂商的唯一标志，在中国由中国国家物品编码中心赋予。

商品项目代码：由 3～5 位数字组成，由厂商自行编码，商品项目与其识别代码要一一对应，即一个商品项目只有一个代码，一个代码只标识一个商品项目。

校验码：用于校验厂商识别代码、商品项目代码的正确性。

EAN8 码是 EAN13 码的压缩版，由 8 位数字组成，用在包装面积较小的商品上。与 EAN13 码相比，EAN8 码没有厂商识别代码，仅有前缀码、商品项目代码和校验码（见图 7-2）。

图 7-2　EAN8 码

（3）条形码在跨境电商物流中的应用

商品在全球贸易流通中需要一个通行全球的“身份证”和“通行证”，这个“身份证”和“通行证”就是商品条形码。其在物流方面的主要应用如下。

① 在商品订货、拣货、发货、运输等各个流程中均可以利用物品编码技术实现数据采集和分析，同时节约人力和物力，使商品以最快的速度到达消费者手中。

② 另外，商品条形码还能在仓储管理环节“自由穿行”，实现智能仓库管理。仓库应用商品条形码进行商品出库管理，能够更加快速、准确地识别商品，即时分析和收集商品信息，并合理安排库存，同时减少手工操作导致的失误。

③ 在售后服务环节，消费者下单后，可以利用商品条形码对商品进行实时监控，并随时获取物流信息；同时当消费者所购商品出现质量问题时，只要生产该商品的企业建立了以商品条形码为基础的追溯系统，便可以通过商品条形码提供的信息追溯问题所出现的环节并妥善解决。

对电子商务企业来说：无论在网上做贸易还是在线下做买卖，有了国际统一的商品条形码，商品就可以在全球任何国家和地区通行无阻，保持交易主体的一致性，提高交易效率，实现无纸化贸易。针对在线销售的商品来说：商品条形码这一通行全球的合法“身份证”，不仅能让全球的消费者更加信赖该商品，还能使销往全球的商品都能有据可查，有源可循。对于电商物流管理来说，物流过程中的任何参与方，都可以通过商品条形码、GLN（全球位置码）、箱码等统一物品编码标准来标识，实现供应链上下游信息互动，有效对接仓储物流运输等各环节信息，真正实现自动化、可视化管理。

2. 二维码

（1）二维码的含义

二维码又称二维条形码，是在二维方向（水平方向和垂直方向）上都表示信息的条形码。由于一维码携带的信息量有限，如 EAN13 码仅能容纳 13 位阿拉伯数字，更多的信息只能依赖物品数据库的支持，脱离了预先建立的数据库，这种条形码就没有意义了。二维条形码最早产生于日本，它是用某种特定的几何图形按一定规律在平面（二维方向上）分布的黑白相间的图形记录数据符号信息的，在代码编制上巧妙地利用构成计算机内部逻辑基础的“0”“1”比特流的概念，使用若干与二进制相对应的几何形体来表示文字数值信息，通过图像输入设备或光电扫描设备自动识读以实现信息自动处理。它具有条形码技术的一些共性：每种码制有其特定的字符集；每个字符占有一定的宽度；具有一定的校验功能；等等。同时它还具有对不同行的信息自动识别功能及处理图形旋转变化等特点。最早时，它在报纸上扮演着排版自动化的角色；之后它被用在火车票上，记录着个人信息聚合和防伪的功能；现在它渐渐融入了我们的生活，手机、登机牌、地铁广告牌、商品包装纸，甚至是餐盘纸上面，随处可见它的身影。

（2）二维码与一维码的区别（见图 7-3）

① 外观：一维码由纵向黑条和白条组成，黑白相间而且条纹的粗细也不同，通常条纹下还会有英文字母或阿拉伯数字。横向表示信息，纵向不表示信息。

二维码通常为方形结构，不单由横向和纵向的条码组成，而且码区内还会有多边形的图案，同样二维码也是黑白相间、粗细不同的，为点阵形式。

图 7-3　一维码与二维码的区别

② 作用：一维码可以识别商品的基本信息，如商品名称、价格等，但并不能提供商品更详细的信息，要调用更多的信息需要计算机数据库的进一步配合。

二维码不但具有识别功能，而且可显示更详细的商品内容。例如，对于衣服，不但可以显示衣服的名称和价格，还可以显示采用的是什么材料，每种材料占的百分比，衣服尺寸大小，适合什么身高的人穿着，以及一些洗涤注意事项等，无须计算机数据库的配合，简单方便。

（3）主要的二维码分类

① Data Matrix 码：其由美国国际资料公司（International Data Matrix，ID Matrix）于 1989 年发明。Data Matrix 码是一种矩阵式二维码，其发展的构想是希望在较小的条形码标签上存入更多的资料。Data Matrix 码的最小尺寸是目前所有条形码中最小的，特别适用于小零件的标识，以及直接印刷在实体上。例如，Intel 的 Matrix 奔腾处理器的背面就印制了这种码。Data Matrix 码的数据区域四周为 L 形框（称为“对准图案”）和点线（称为“时钟图案”）。读取器将捕获这些图案，通过图像处理技术确定代码的位置。因此，可从任何方向上读取 Data Matrix 码（见图 7-4）。

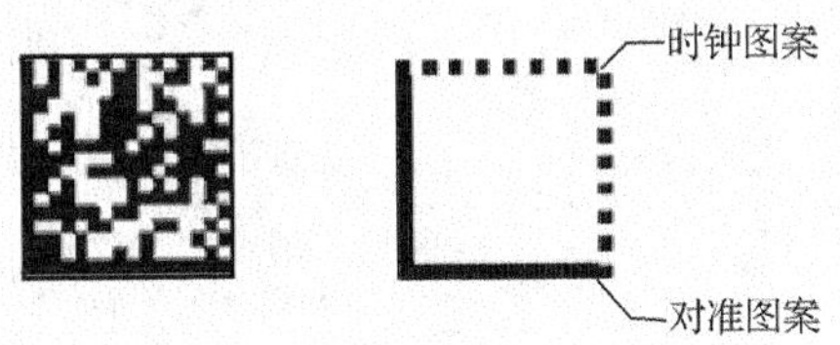

图 7-4　Data Matrix 码

② QR Code：其是日本 Denso 公司于 1994 年 9 月研制的一种矩阵式二维码符号，最早发明用于日本汽车制造业，它具有一维码及其他二维码所具有的信息容量大、可靠性高、可表示汉字及图像多种文字信息、保密防伪性强等优点。

QR Code 英文全称是 Quick Response Code，翻译成中文为快速响应二维矩阵码。广泛应用于网络和各种商标以及手机技术中（见图 7-5）。

③ Maxicode：其标志是中央的同心圆（或称公牛眼）定位图形。Maxicode 具有一个大小固定且唯一的中央定位图形，为三个黑色的同心圆，用于扫描定位，是美国知名 UPS

（United Parcel Service）快递公司在认识到利用机器辨读资讯可有效改善作业效率、提高服务品质而研发的条码。Maxicode 二维码是特别为高速扫描而设计的，主要应用于包裹搜寻和追踪上（见图 7-6）。

图 7-5　QR Code

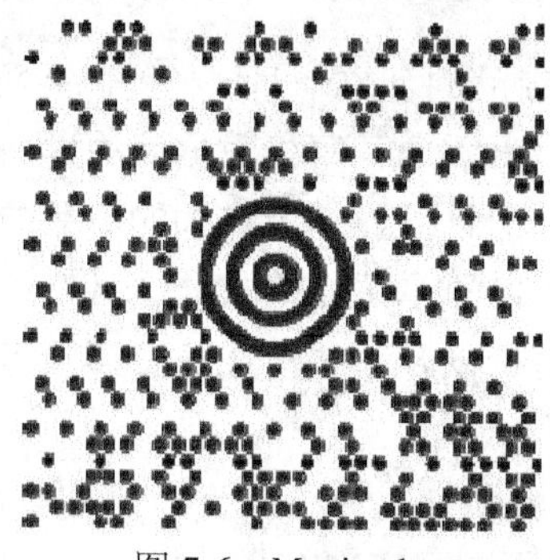

图 7-6　Maxicode

④ PDF417：PDF417 是由留美华人王寅敬博士发明的，是一种栈式二维码。PDF 是取英文 Portable Data File 三个单词的首字母，意为“便携数据文件”。我国香港特别行政区的居民身份证也采用了 PDF417 码。其他的如营业执照、驾驶执照、护照、城市的流动人口暂住证、医疗保险卡等也都是很好的应用方向（见图 7-7）。

图 7-7　PDF417

目前，二维码主要应用于信息、价值流领域，即需要对标的物（即货物）的特征属性进行描述的领域。在该领域，由于用简单的代码（一维码）无法实现信息和属性描述功能，因此必须采用二维码及 RFID 技术。其中，RFID 技术由于成本高昂及安全性存在缺陷，限制了其在大部分领域的应用。基于此，二维码的应用较为广泛。未来，二维码即将或正在广泛应用于海关、税务征管管理、文件图书流转管理（国务院正在推行机关的公文管理，采用二维码技术；同时，我国出版社的图书条码用二维码替代了原有的一维码）、车辆管理、票证管理（几乎包含所有行业）、支付应用（如电子回执）、资产管理及工业生产流程管理等多个领域。

7.1.2　RFID技术

1. RFID技术的含义

射频识别（RFID）技术是一种无线通信技术，可以通过无线电信号识别特定目标并读写相关数据，识别系统无须与特定目标建立机械或者光学接触。与条形码不同的是，射频标签可以嵌入被追踪物体之内。RFID 技术起源于英国，应用于第二次世界大战中，用于辨别敌我飞机身份，于 20 世纪 60 年代开始商用。RFID 技术是一种自动识别技术，美国国防部规定 2005 年 1 月 1 日以后，所有军需物资都要使用 RFID 标签；美国食品与药品管理局（FDA）建议制药商从 2006 年起利用 RFID 技术跟踪易被造假的药品。沃尔玛、麦德龙等零售业应用 RFID 技术等一系列行动推动了 RFID 技术在全世界的应用。

2. RFID技术在物流业中的应用

（1）在零售环节，RFID 技术能够改进零售商的库存管理，实现适时补货，对运输与库存进行有效跟踪，提高效率，减少出错。同时，智能标签能监控某些时效性强的商品，确保其在有效期限内；商店还能利用 RFID 系统在付款台实现自动扫描和计费。RFID 标签在供应链终端的销售环节，特别是在超市中，免除了跟踪过程中的人工干预，并能够使生成的业务数据达到 100%准确。

（2）在仓储环节，在仓库里，RFID 技术最广泛地应用于存取货物与库存盘点，将存货和取货等操作实现自动化。RFID 技术与供应链计划系统制订收货、取货、装运等计划，这样不仅增强了作业的准确性和快捷性，使得服务质量提高，降低了成本，减少了劳动力和库存空间，同时还减少了整个物流流程中由于商品误置、送错、偷窃、损害和库存、出货错误等造成的损耗；RFID 系统用于智能仓库货物管理，RFID 技术完全有效地解决了仓库里与货物流动有关的信息的管理问题。

（3）大家在运输环节的运输管理中，可在运输的货物上和车辆上贴上 RFID 标签，在运输线的一些检查点上安装 RFID 接收转发装置。这样可在接收装置中收到 RFID 标签信息后，连同接收地的位置信息上传至通信卫星，再由通信卫星传送给运输调度中心，送入数据库中。

（4）在物流配送分销环节，RFID 技术能大大加快配送的速度和提高拣选与分发过程的效率与准确率，并能减少人工、配送成本。系统将读取到的这些信息与发货记录进行核对，能够检测出可能出现的错误，然后将 RFID 标签更新为最新的商品存放地点和状态。如此库存控制得到精确管理，甚至对目前还有多少货箱处于转运途中、转运的始发地和目的地，以及预期的到达时间等信息都可以确切了解。

另外，RFID 技术应用到报关系统，可以使海关的报关系统和物流企业同时减轻负担。具体来说就是把货物的信息和海关的报关系统连接。如果货物只是一件一件的，那么我们可以提前把货物的信息共享到海关。然后在货物上贴上 RFID 标签。当货物比较多的时候可以集中在海关报关。由于 RFID 技术可以实现非接触读取，所以将会提高报关的效率。

RFID 技术在物流业中的应用如图 7-8 所示。

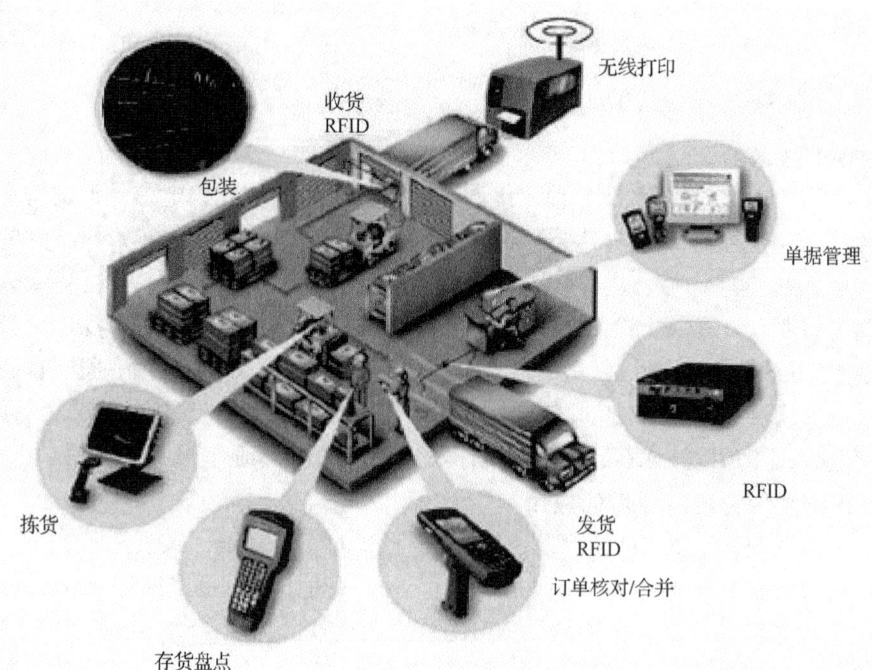

图 7-8　RFID 技术在物流中的应用

7.1.3　EDI技术

1. EDI的含义

EDI（Electronic Data Interchange）是一种利用计算机进行商务处理的方式。在基于互联网的电子商务普及应用之前，曾是一种主要的电子商务模式。

EDI 中文译为“电子数据互换”，它是一种在企业之间传输订单、发票等商业文件的电子化手段。它通过计算机通信网络将贸易、运输、保险、银行和海关等行业信息，用一种国际公认的标准程式，实现各有关部门或企业与企业之间的数据交换与处理，并完成以贸易为中心的全部过程。

人们将 EDI 称为“无纸贸易”（Paperless Trade），将 EFT（电子转账）称为“无纸付款”（Paperless Payment）。

2. EDI的组成

EDI 包含了 3 个方面的内容，即计算机应用、通信网络和数据标准化。其中计算机应用包括计算机硬件和软件，是 EDI 的条件，通信网络是 EDI 应用的基础，数据标准化是 EDI 的特征。数据标准化是整个 EDI 最关键的部分。这 3 个方面相互衔接、相互依存，构成了 EDI 的基础框架。

一个生产企业的 EDI 系统，就是要把上述买卖双方在贸易处理过程中的所有纸面单证由 EDI 通信网络来传送，并由计算机自动完成全部（或大部分）处理过程。具体为：企业收到一个 EDI 订单，则系统自动处理该订单，检查订单是否符合要求；然后通知企业内部管理系统安排生产；向零配件供应商订购配件；向交通运输部门预订货运集装箱；向海关、商检等有关部门申请进出口许可证；通知银行并给订货方开出 EDI 发票；向保险公司申请保险单；等等。从而使整个商业贸易活动过程在最短时间内准确地完成。一个真正的 EDI 系统会将订单、发货、报关、商检和银行结算合成一体，从而大大加速了贸易进程。因此，EDI 对企业文化、业务流程和组织机构的影响是巨大的。

3. EDI技术应用领域

（1）商业贸易领域：在商业贸易领域，企业通过采用 EDI 技术，可以将不同制造商、供应商、批发商和零售商等商业贸易之间各自的生产管理、物料需求、销售管理、仓库管理、商业 POS 系统有机结合起来，从而使这些企业大幅提高经营效率，并创造更高的利润。

（2）EDI 技术特别适用于那些具有一定规模的、具有良好计算机管理基础的制造商，采用商业 POS 系统的批发商、零售商和为国际著名厂商提供产品的供应商。

（3）运输业领域：在运输行业，企业通过采用集装箱运输电子数据交换技术，可以将船运、空运、陆路运输、外轮代理公司、港口码头、仓库、保险公司等企业之间各自的应用系统联系在一起，从而解决传统单证传输过程中的处理时间长、效率低下等问题；可以有效提高货物运输能力，实现物流控制电子化。

（4）通关自动化：在外贸领域，我们通过采用 EDI 技术，可以将海关、商检、检验检疫等口岸监管部门与外贸公司、来料加工企业、报关公司等相关部门和企业紧密地联系起来，从而可以避免企业多次往返多个外贸管理部门进行申报、审批等，大大简化了进出口贸易程序，提高货物通关的速度，最终起到改善经营投资环境，加强企业在国际贸易中的竞争力的目的。

（5）其他领域：在税务、银行、保险等贸易链路的多个环节之中，EDI 技术同样也有着广泛的应用前景。通过 EDI 技术和电子商务技术（ECS），企业可以实现电子报税、电子资金划拨（EFT）等多种应用。

EDI 技术的应用如图 7-9 所示。

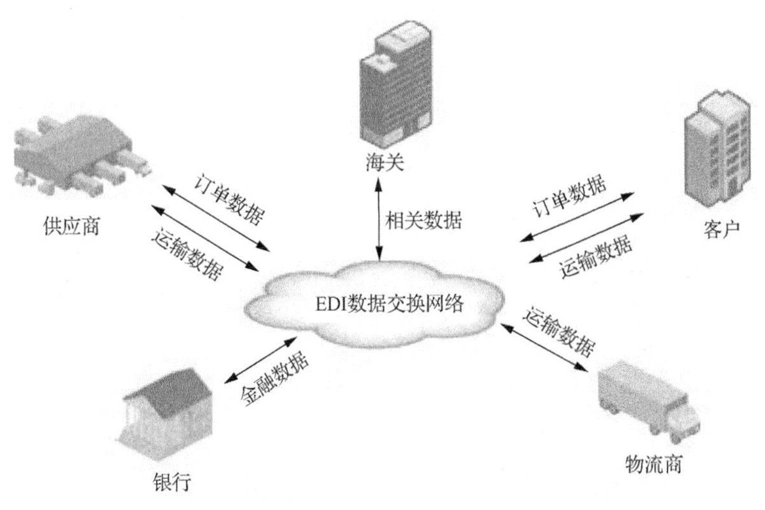

图 7-9　EDI 技术的应用

4. EDI操作平台

（1）进入 EDI 实验操作平台界面，单击 EDI 应用系统模拟，如图 7-10 所示。

图 7-10　EDI 应用系统模拟界面

（2）EDI 操作界面，如图 7-11 所示。

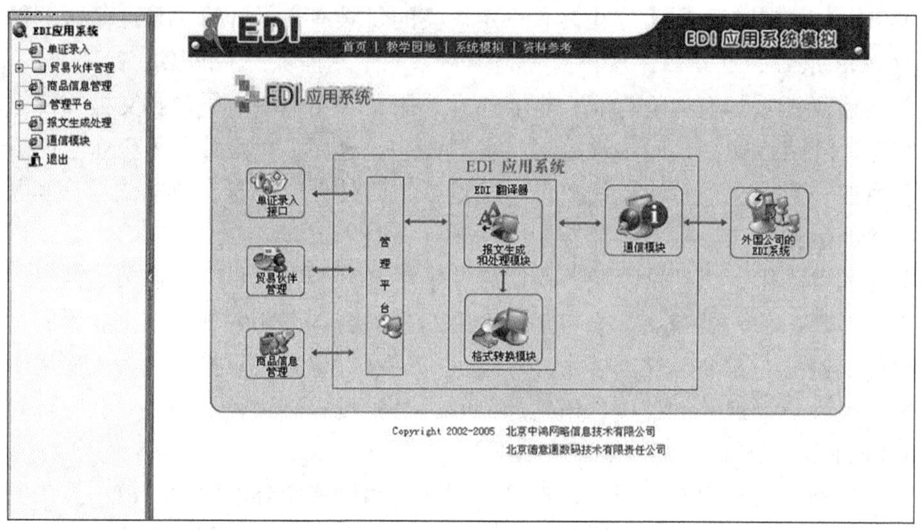

图 7-11　EDI 操作界面

（3）通过操作，生成平面文件，EDI 平面文件如图 7-12 所示。

生成平面文件　作 废　　返 回

订 购 单 证
Purchase Order

订单编号：(Order number)	100061
制单日期：(Date of order)	20081127 （格式：CCYYMMDD）
要求交货时间：(Date of delivery)	200811301200 （格式：CCYYMMDDHHDD）
订单版本：(Purchase order version)	Original order
卖主编码：(Vendor number)	201
交货地址码：(Delivery location code)	fsdfg
交货码头：(Delivery dock)	ghgdf

序号 Line number	商品编号 Product code	每层装箱数 Case on pallet layer	集装箱层数 Case high on pallet	数量 Quantity	包装尺寸 Pack size	价格 Price	价格基准 Cost quantity
1	201	10	10	10	454	500.00	441

订单总金额：Total order value	5000.00
订单项总数：Number of Detail lines	1

图 7-12　EDI 平面文件

（4）单击生成 EDI 报文并发送，如图 7-13 所示。

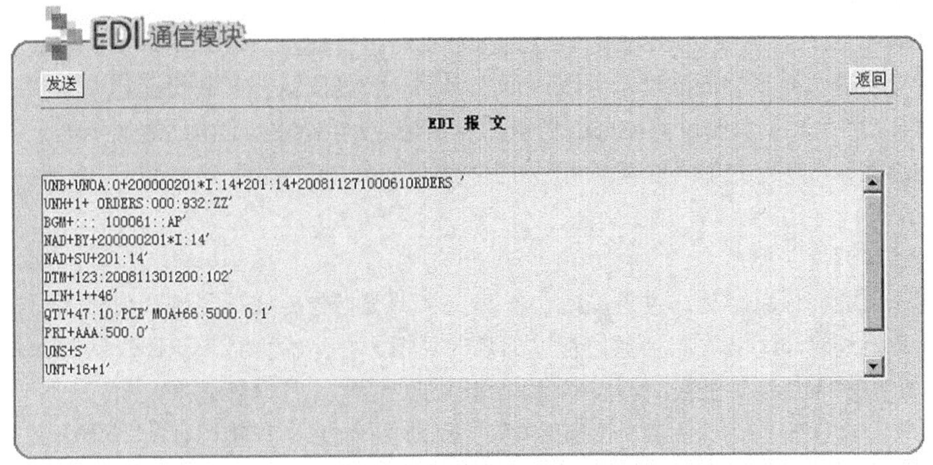

图 7-13　单击生成 EDI 报文并发送

7.1.4　GPS技术

1. GPS的含义

全球定位系统（Global Positioning System，GPS）是 20 世纪 70 年代由美国陆、海、空三军联合研制的新一代空间卫星导航定位系统。其主要是为陆、海、空三大领域提供实时、全天候和全球性的导航服务，并用于情报收集、核爆监测和应急通信等一些军事目的，是美国独霸全球战略的重要组成部分。近年来 GPS 全面开放，成为一种全球公共服务基础设施，同时产生了巨大的社会效益与经济效益，是近年来最具有开创意义的实用高新技术。目前手机、PDA、PPC 等通信移动设备都可以安装 GPS 模块，GPS 的便携性使人们在日常生活中对 GPS 的应用更加得心应手，电子地图、城市导航让人们身在他乡却不会感到陌生，城市的建筑和街道都在掌握中。儿童及特殊人群的防走失系统则是 GPS 更加重要的功能体现。

GPS 包含 3 个组成部分。

空间部分：GPS 的空间部分由一系列卫星组成，我们在全球任何地方、任何时间都可观测到 4 颗以上的卫星，并能在卫星中预存导航信息。

地面控制部分：由监测站、主控制站、地面天线组成，主要负责收集由卫星传回的信息，并计算卫星星历、相对距离、大气校正等数据。

用户设备部分：即 GPS 信号接收机，主要功能是能够捕获按一定卫星高度截止角所选择的待测卫星，并跟踪这些卫星。

2. GPS物流功能

（1）实时监控功能

GPS 可以在任意时刻通过发出指令查询运输工具所在的地理位置（经度、纬度、速度等信息），并在电子地图上直观地显示。

（2）双向通信功能

网络GPS的用户可使用GSM的话音功能与司机进行通话，或使用本系统安装在运输工具上的移动设备的汉字液晶显示终端进行汉字消息收发回话；驾驶员通过按下相应的服务、动作键，将信息反馈到网络GPS；质量监督员可在网络GPS工作站的显示屏上确认其工作的正确性，了解并控制整个运输作业的准确性（发车时间、到货时间、卸货时间、返回时间等）。

（3）动态调度功能

调度人员能在任意时刻通过调度中心发出文字调度指令，并得到确认信息。可进行运输工具待命计划管理。调度人员通过在途信息的反馈，在运输工具未返回车队时即做好待命计划，可提前下达运输任务，减少等待时间，加快运输工具周转速度。

运能管理。GPS将运输工具的运能信息、维修记录信息、车辆运行状况登记信息、司机人员信息、运输工具的在途信息等多种信息提供给调度部门，以提高实载率，尽量减少空车时间和空车距离，充分利用运输工具的运能。

（4）数据存储、分析功能

GPS可实现路线规划及路线优化，事先规划车辆的运行路线、运行区域，可进行可靠性分析。

调度中心通过汇报运输工具的运行状态，了解运输工具是否需要较大的修理，预先做好修理计划，计算运输工具平均差错时间，动态衡量该型号车辆的性能价格比。

同时，GPS还可以进行服务质量跟踪。在调度中心设立服务器，让有权限的用户能异地获取车辆的有关信息。同时还可以将客户所取得的位置信息用对应的地图传送过去，并将运输工具的历史轨迹印在上面，使该信息更加形象化。

依据资料库储存的信息，企业可随时调阅每台运输工具以前的工作资料，并可根据各管理部门的不同要求制作不同形式的报表，使管理部门能更快速、更准确地做出判断及提出新的指示。GPS在物流中的应用如图7-14所示。

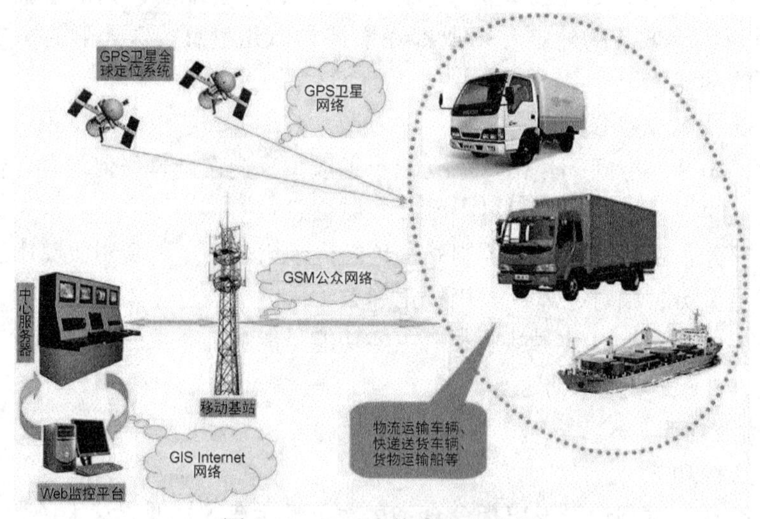

图7-14　GPS在物流中的应用

7.1.5 GIS技术

1. GIS的含义

地理信息系统（Geographic Information System，GIS）是在计算机软硬件支持下，运用系统工程和信息科学方法，对地表空间数据进行采集、存储、显示、查询、操作、分析和建模，以提供对资源、环境和区域等方面规划、管理、决策和研究的人机系统。主要提供空间信息查询和分析、可视化、制图和辅助决策等功能。

2. GIS物流功能

GIS 在物流行业的主要应用包括物流中心选址、最佳配送路线、车辆跟踪和导航、配送区域划分。

（1）物流中心选址

物流中心选址是物流系统中具有战略意义的投资决策问题，对整个系统的物流合理化和商品流通的社会效益有着决定性的影响。但受商品资源分布、需求状况、运输条件和自然条件等因素的影响，使得即使在同一区域内的不同地方建立物流中心，整个物流系统和全社会的经济效益也是不同的。

企业利用 GIS 的空间查询功能，叠加分析、缓冲区分析、网络分析等功能可以方便地确定哪些地理位置适合筹建物流中心，哪些地理位置的物流成本会比较低，哪些地理位置的运营成本较低，在考虑了种种因素之后就可以确定最佳的物流中心位置。利用 GIS 的可视化功能可以显示在包含区域地理要素的背景下的整个物流网络（如现存物流节点、道路、客户等要素），一般规划者能够直观方便地确定地理位置或线路，从而形成选址方案和备选方案。

（2）最佳配送路线

企业利用 GIS 可以设置车辆型号以及载货量限制条件，车速限制、订单时间限制、融合多旅行商分析与导航规划，精选最优配送路线。还可以跟进用户需求，将目的地一次性批量导入到 GIS 系统当中，根据订单地址精确生成地图点位，进而生成最佳配送路径，提高配送效率，节约配送成本。

（3）车辆跟踪和导航

GIS 能接收全球卫星定位系统（GPS）传来的数据，并将它们显示在电子地图上，帮助企业动态地进行物流管理。第一，可以实时监控运输车辆，实现对车辆的定位、跟踪与优化调度，以达到配送成本最低，并在规定时间内将货物送到目的地，在很大程度上避免了迟送或者错送的现象；第二，根据电子商务网站的订单信息、供货点信息和调度信息等，货主可以对货物随时进行全过程的跟踪与定位管理，掌握运输中货物的动态信息，可以增强供应链的透明度和控制能力，提高客户的满意度。

（4）配送区域划分

企业可以参照地理区域，根据各个要素的相似点把同一层次上的所有或部分要素分为几个组，用以解决确定服务和销售市场范围等问题。例如，某一公司要设立若干分销点，要求这些分销点覆盖某一地区，而且要使每个分销点的顾客数目大致相等。GIS 在物流中的应用如图 7-15 所示。

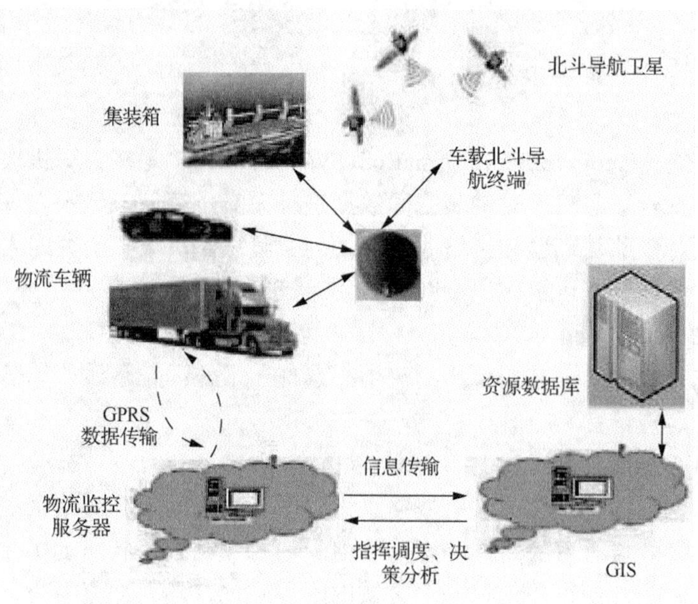

图 7-15　GIS 在物流中的应用

7.1.6　大数据技术

1. 大数据技术的概念

大数据技术，是指大数据的应用技术，涵盖各类大数据平台、大数据指数体系等大数据应用技术。

大数据处理最有价值的地方在于预测性分析，即可以通过数据可视化、统计模式识别、数据描述等数据挖掘形式帮助数据科学家理解数据，根据数据挖掘的结果得出预测性决策。而大数据处理的工作环节就是大数据采集、大数据预处理、大数据存储及管理、大数据分析及挖掘、大数据展现和应用。

在这个信息爆炸的时代，物流企业每天都会涌现海量的数据，特别是全程物流，包括运输、仓储、搬运、配送、包装和再加工等环节，每个环节中的信息流量都十分巨大，使物流企业很难对这些数据进行及时、准确的处理。随着大数据时代的到来，大数据技术能够通过构建数据中心，挖掘隐藏在数据背后的信息价值，从而为企业提供有益的帮助，为企业带来利润。

2. 物流企业应用大数据技术的优势

面对海量数据，物流企业在不断加大对大数据方面投入的同时，不但要把大数据技术看作一种数据挖掘、数据分析的信息技术，而且要把大数据看作一项战略资源，充分发挥大数据给物流企业带来的发展优势，在战略规划、商业模式和人力资本等方面做出全方位的部署。

（1）信息对接，掌握企业运作信息

在信息化时代，网购呈现一种不断增长的趋势，规模已经达到了空前巨大的程度，这给网购之后的物流带来了沉重的负担，对每一个节点的信息需求也越来越多。每一个环节产生的数据都是海量的，过去传统的数据收集、分析处理方式已经不能满足物流企业对每一个节点的信息需求，这就需要通过大数据技术把信息对接起来，将每个节点的数据收集并且整合，通过数据中心分析，处理转化为有价值的信息，从而掌握物流企业的整体运作情况。

（2）提供依据，帮助物流企业做出正确的决策

传统的根据市场调研和个人经验来进行决策已经不能适应这个数据化的时代，只有真实的、海量的数据才能真正反映市场的需求变化。通过对市场数据的收集、分析处理，物流企业可以了解到具体的业务运作情况，能够清楚地判断哪些业务带来的利润率高、增长速度较快等，把主要精力放在真正能够给企业带来高额利润的业务上，避免无端的浪费。同时，通过对数据的实时掌控，物流企业还可以随时对业务进行调整，确保每个业务都可以带来赢利，从而实现高效的运营。

（3）培养客户黏性，避免客户流失

网购人群的急剧膨胀，使得客户越来越重视物流服务的体验，希望物流企业能够提供最好的服务，甚至掌控物流业务运作过程中商品配送的所有信息。这就需要物流企业以数据中心为支撑，通过对数据的挖掘和分析，合理地运用这些分析成果，进一步巩固和客户之间的关系，提高客户的信赖程度，培养客户的黏性，避免客户流失。

（4）进行数据“加工”从而实现数据“增值”

在物流企业运营的每个环节中，只有一小部分结构化数据是可以直接分析利用的，绝大部分非结构化数据必须要转化为结构化数据才能储存分析。这就造成了并不是所有的数据都是准确的、有效的，很大一部分数据都是延迟的、无效的，甚至是错误的。物流企业的数据中心必须要对这些数据进行“加工”，从而筛选有价值的信息，实现数据的“增值”。

3. 大数据技术在物流企业中的具体应用

物流企业正一步一步地进入数据化发展的阶段，物流企业间的竞争逐渐演变成数据间的竞争。大数据技术能够让物流企业有的放矢，甚至可以做到为每一个客户量身定制符合他们自身需求的服务，从而颠覆整个物流企业的运作模式。目前，大数据技术在物流企业中的应用主要包括以下几个方面。

（1）市场预测

商品进入市场后，并不会一直保持最高的销量，销量是随着消费者行为和需求的变化而不断变化的。在过去，我们总是习惯于通过采用调查问卷和以往经验来寻找客户的来源。而当调查结果总结出来时，结果往往已经过时，这样的调查结果只会让管理者对市场需求做出错误的统计。而大数据技术能够帮助企业完全勾勒出其客户的行为和需求信息，通过真实而有效的数据反映市场的需求变化，从而对产品进入市场后的各个阶段做出预测，进而合理控制物流企业库存和安排运输方案。

（2）物流中心的选址

在物流中心选址过程中，企业需要综合考虑经营环境、基础设施状况、自然环境和其他因素等。企业要达到成本最小化这个目标，使用传统的方法如重心法大多不切实际。这时就需要利用大数据技术使企业根据不同的需求选择合适的算法，从而获得最高利益。

（3）优化配送线路

配送线路的优化是一个典型的非线性规划问题，它一直影响着物流企业的配送效率和配送成本。物流企业运用大数据来分析商品的特性和规格、客户的不同需求（时间和金钱）等问题，从而用最快的速度对这些影响配送计划的因素做出反应（如选择哪种运输方案、哪种运输线路等），制定最合理的配送线路。物流企业还可以通过配送过程中实时产生的数据，快速地分析配送路线的交通状况，对事故多发路段做出提前预警。物流企业精确分析配送整个过程的信息，使物流的配送管理智能化，提高了物流企业的信息化水平和可预见性。

（4）仓库储位优化

合理的安排商品储存位置对提高仓库利用率和搬运分拣的效率有着极为重要的意义。对于商品数量多、出货频率快的物流中心，储位优化就意味着工作效率和效益。企业可以通过大数据的关联模式法分析商品数据间的相互关系来合理地安排仓库位置。

大数据技术在物流中的应用，如图 7-16 所示。

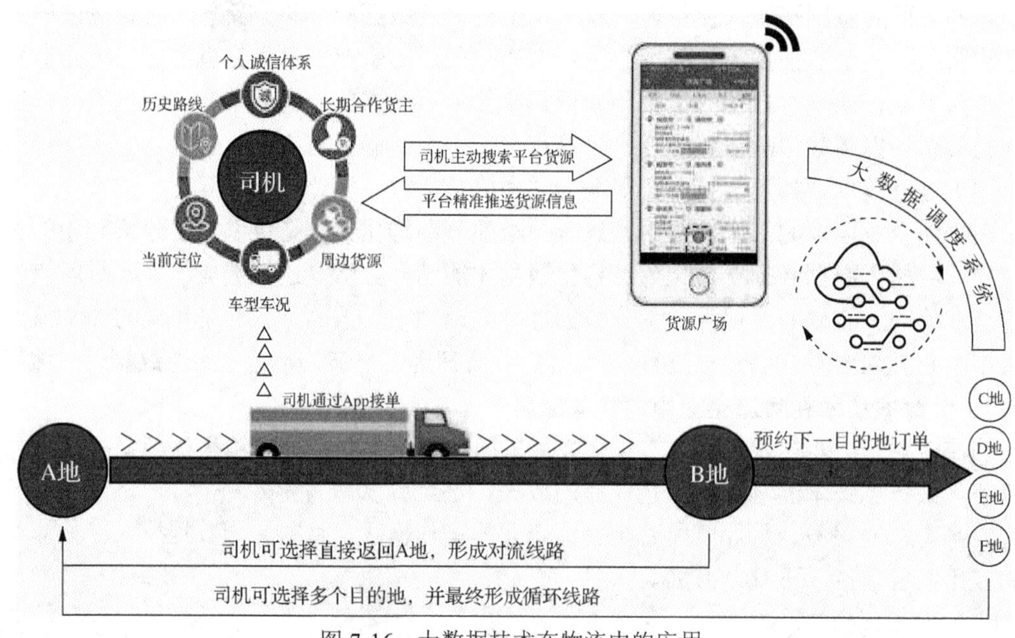

图 7-16　大数据技术在物流中的应用

7.2　跨境电商物流信息系统的应用

引导案例

2018 年 11 月，亦邦国际货运代理（深圳）有限公司与深圳市敏思达信息技术有限公司（以下简称“敏思达”）正式签订战略合作协议，共同打造中东跨境电商物流天网信息系统。

中东跨境电商物流天网信息系统旨在打通中国—中东跨境联运中国内集运、国际物流运输、报关清关、检验检疫、海外仓储服务、海外落地配等复杂的物流环节，一站式解决跨境电商小包复杂的物流过程，实现物流信息全程可追踪，进而实现高效、精细的物流运营管理，提高作业效率，减少出错率，增强企业整体竞争能力。

亦邦国际货运代理（深圳）有限公司（以下简称“亦帮物流”），是一家多元化的国际物流公司，公司总部设在深圳，在阿拉伯联合酋长国、沙特阿拉伯、巴林、阿曼、科威特、肯尼亚以及国内广州市、上海市、宁波市、义乌市、天津市、厦门市、青岛市等十几个国家和国内的城市及港口有分支机构。

亦邦物流经过在中东十多年的积累，在传统物流上已独占鳌头。基于亦邦物流在传统物流时代积累的行业资源、服务优势，结合移动互联网时代消费升级的大背景，亦邦物流正全力发展电商物流，致力于打造中国至中东、非洲、南美洲等新兴市场的跨境综合物流（包括 ToB 端的传统物流和 ToC 端的电商物流）品牌。亦邦物流与多家大型跨境电商公司达成战略合作，已在阿拉伯联合酋长国、沙特阿拉伯自建电商海外仓。

凭借丰富的物流资源、众多的专业人才及客户至上的个性化服务，亦邦物流受到了广大客户的广泛认可与好评，且在未来的发展中，致力于为更多的国内外企业提供全面、优质且专业化的服务。基于此，亦邦物流也在跨境物流信息化领域提出了更高的要求。

敏思达作为国内领先的物流软件提供商，一直以来深耕跨境电商市场，针对跨境物流特点推出了 C3 跨境物流管理系统，以贴合企业的需求、完善的功能和稳定的性能深得客户的喜爱和推荐。

敏思达 C3 跨境物流管理系统集成了会员平台、支付平台、客服平台、订单平台、云仓管理、清关平台等功能于一体，全面兼容跨境 B2B2C、B2B2B 等转运、直邮、保税、专线、海外仓模式，有效地解决了跨境业务操作不规范、信息披露不及时、通关能力不快速等多种问题，进一步降低了企业运营的管理成本，大大提高了各业务流程的操作时效，增强了客户的使用体验及黏度。

阅读以上案例，思考：

1. 打造中东跨境电商物流天网信息系统的意义是什么？

2. 国际物流系统未来的发展趋势如何？

在经济全球化的大趋势下，随着物流信息技术的迅速发展和竞争环境的日益严峻，我国要大幅度降低企业的物流成本，增强企业的国际竞争力，就必须以信息技术和信息化管理来带动物流行业的全面发展，构建全社会的“大物流”系统。这就迫切需要物流信息化在信息资源上实现共享化、在信息网络上实现一体化。

7.2.1　国际物流信息系统管理

1. 国际物流信息系统管理的概念

国际物流信息系统是由国际商品的运输、仓储、包装、装卸搬运、外贸加工、出入境检验检疫、通关、信息以及国际配送等子系统组成的整体。运输和仓储子系统是国际物流信息系统的主要组成部分。国际物流通过商品的储存和运输，实现其自身的空间效益和时间效益，满足国际贸易活动和跨国公司经营的要求。

国际物流信息系统管理是对物流信息进行采集、处理、分析、应用、存储和传播的过程，在这个过程中，通过设计物流信息活动的各种要素（人工、技术、工具等）进行管理。

2. 国际物流信息系统的组成

（1）管理信息子系统：提供与具体业务无关的，系统所需的功能；

（2）采购信息子系统：提供原材料采购信息的功能；

（3）仓储管理信息系统：使用仓储管理信息系统管理储存业务的收发、分拣、摆放、补货、配送等，同时，仓储管理信息系统还可以进行库存分析与财务系统集成；

（4）库存信息子系统：提供库存管理信息的功能；

（5）生产信息子系统：提供生产产品信息的功能；

（6）销售信息子系统：提供产品销售信息的功能；

（7）商检报关子系统：提供国际商品或货物与主管机构相连的商检报关作业功能；

（8）国际运输信息子系统：提供国际商品或货物运输信息的功能；

（9）财务信息子系统：提供财务管理信息的功能；

（10）决策支持子系统：该功能使国际物流信息系统达到一个更高的层次。

3. 国际物流信息系统管理的作用

（1）改善物流企业内部流程和信息沟通方式，满足跨境电商客户以及业务部门对信息处理和共享的需求，使物流企业信息更有效地发挥作用；

（2）提高办公自动化水平，提高工作效率，降低管理成本，实现成本优先的竞争优势；

（3）通过国际物流信息系统对货物的跟踪和监控，物流企业的各层管理者可以及时地掌握货物运输的情况，增强对业务的控制，为决策提供数据支持；

（4）为客户提供实时的货物跟踪服务，提供个性化服务，提高服务水平；

（5）按照现代化管理思想和理念的要求，为企业提供可靠的信息处理支撑环境。

7.2.2 国际物流信息系统应用

1. 企业资源计划系统

（1）ERP 的概念

ERP 是企业资源计划/企业资源规划（Enterprise Resource Planning）的简称，ERP 是 20 世纪 90 年代由美国 Gartner Group（高德纳咨询公司，全球最具权威的 IT 研究与顾问咨询公司）根据当时计算机信息、IT 技术发展及企业对供应链管理的需求，在预测信息时代企业管理信息系统的发展趋势和即将发生变革时而首先提出的概念，ERP 是国际上一个最先进的企业管理模式，是物资资源管理、人力资源管理、财务资源管理、信息资源管理集成一体化的企业管理软件。它在体现当今世界最先进的企业管理理论的同时，也提供了企业信息化集成的最佳解决方案。它把企业的物流、资金流、信息流等统一起来进行管理，以求最大限度地利用企业现有的资源，实现企业经济效益的最大化。

（2）ERP 在物流行业中应用的必要性

传统物流企业管理考虑的是销售、采购、生产、研发等职能管理，没有考虑如何让员工满意，如何让客户满意。这种短缺经济时代的管理模式不适合以“过剩”为特征之一的知识经济时代。中国逐步融入全球经济体系，中国的市场将很快规范起来。市场经济的基础是资源有限，此时企业与企业的竞争就成为资源间的竞争。企业在竞争时不允许出错，否则就面临失败。因此，当前的企业管理重点在于资源管理，管理的方法也以流程制代替科层制。流程制的实施做到了：员工满意，客户满意。流程制需要信息技术的支持，在流程制下，企业的高层管理人员与中低层员工可以很好地沟通和交流，客户和员工信息的交换也不再有许多中间障碍。

中国物流企业已经步入了只有依靠管理才能提高企业竞争力的时代，互联网的普及使企业管理进入了一个全新的阶段，因此，实施 ERP 的重要性是非常明显的。

鉴于 ERP 在企业管理中的核心性作用以及物流管理在成本控制方面的巨大空间，在 ERP 中建立起完善的企业物流管理系统，利用信息论、系统论等理论中的先进管理技术对企业整体的物流过程进行科学化管理，可以提高企业物流管理的水平并节约物流成本。ERP 中的物流管理模块包括采购管理、库存管理、生产管理和销售管理 4 个子模块。

（3）ERP 实例

金蝶国际软件集团有限公司（以下简称“金蝶国际或金蝶”）始创于 1993 年，是香港联交所主板上市公司，总部位于中国深圳。

金蝶 ERP 是一套财务管理软件，是一个企业资源计划的统称，是管理信息化、系统化、智能化的象征。金蝶 ERP 面向不同的服务群体有不同类别的软件，主要有企业管理软件、协同管理软件、政府非营利性组织管理软件。

金蝶 K/3 标准版 ERP 系统如图 7-17 所示。

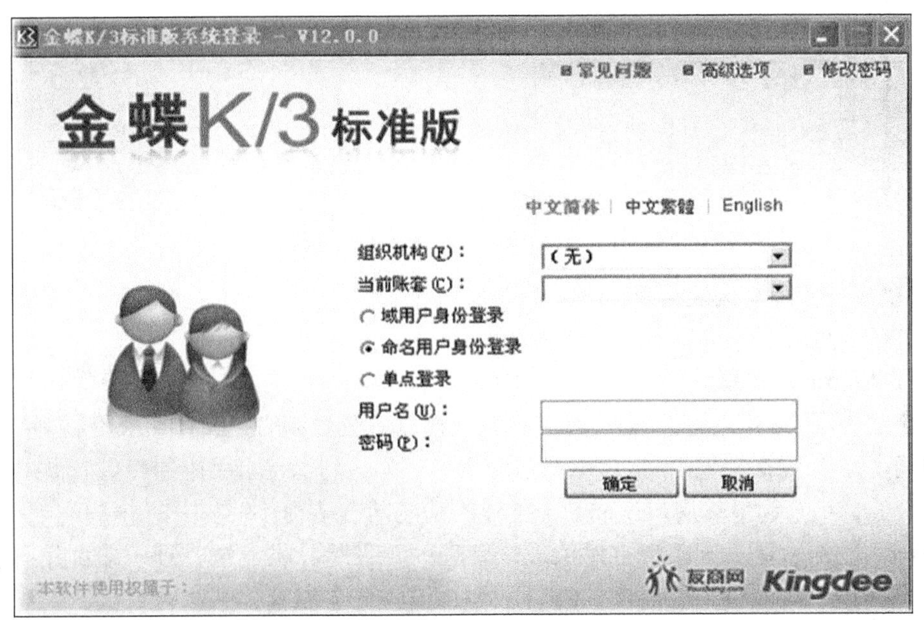

图 7-17　金蝶 K/3 标准版 ERP 系统

金蝶 K/3 标准版 ERP 系统集供应链管理、财务管理、人力资源管理、生产管理、移动商务等业务管理组件于一体，以成本管理为目标，以计划与流程控制为主线，通过对成本目标及责任进行考核激励，推动管理者应用 ERP 等先进的管理模式和工具，建立企业人、财、物、产、供、销科学完整的管理体系（见图 7-18）。

供应链管理系统向企业采购、销售、库存和质量管理人员提供采购管理、销售管理、仓库管理、质量管理、存货核算、进口管理等管理功能，帮助企业全面管理供应链业务。

生产管理系统面向企业计划、生产管理人员，对企业的物料清单、生产计划、能力计划和车间业务等业务进行全面的管理，帮助企业实现物料清单的建立与变更、多方案的生产计划、精细的车间工序管理等与生产制造相关的业务管理。

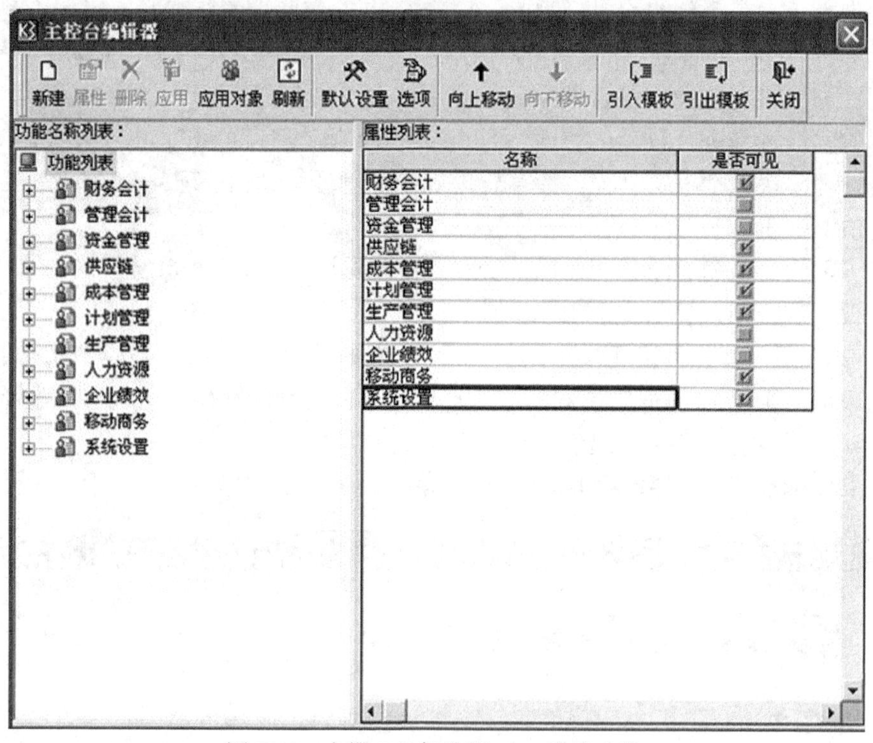

图 7-18　金蝶 K/3 标准版 ERP 系统功能

2. 供应链管理与区块链平台

（1）供应链管理

① 供应链管理的概念

供应链是围绕核心企业，通过对信息流、物流、资金流的控制，从采购原材料开始到支撑中间产品以及最终产品，最后由销售网络把产品送到消费者手中的将供应商、制造商、分销商、零售商直到最终用户连成一个整体的功能网链结构。

我国《物流术语》国家标准对供应链管理的定义是：供应链管理，即利用计算机网络技术全面规划供应链中的商流、物流、信息流、资金流等，并进行计划、组织、协调与控制。

供应链涉及了供应商、制造商、渠道商等角色，连接这些角色的，主要是采购（Purchasing）、库存（Inventory）、物流（Logistics）等一系列事务。采购、库存和物流主要围绕仓储、配送中心、物流运输展开，所以我们也可以把供应链看作由供应商、制造商、渠道商、仓库、配送中心、物流运输等构成的网络。

在这个网络之中，各个角色之间最大的问题就是信任问题，因为只有建立信任才能协作完成一个完整的产品制造和销售过程。供应链管理面对的首要问题就是如何降低信任成本，将原本松散的企业形成互信的链式结构。每个角色都必须通过有效的链上管理来协调自身和外部的资源，从而满足市场需求。

在这个链式结构中，有信息流、物流、资金流 3 种流动过程。

信息流：指每个角色都需要了解并追踪产品在供应链中的当前位置和状态；

物流：指产品或原材料被转移到目标角色手中的过程；

资金流：指上下游资金结算的过程。

② 供应链管理在物流行业的重要性

a. 供应链管理对提高物流的整体效率具有重要作用

企业通过加强供应链管理，可以对产品的整个流通过程进行优化，可以缩短产品的流通路径，使产品能够采取较短的路径及短时间达到需求方手里，极大提高物流的整体效率，使物流的快速性凸显。

b. 供应链管理对加速物流快速健康发展具有重要作用

从社会发展来看，电子商务的发展带动了物流产业的快速发展，物流产业在新的机遇面前提高了整体水平，实现快速健康发展成了物流企业的重要发展目标。

c. 供应链管理对提高物流行业整体效益具有重要作用

物流行业的发展与供应链管理实现了结合，供应链管理成了推动物流行业发展的重要因素，对缩短物流链条，提高物流效率具有重要的现实作用。

d. 供应链管理对创新物流发展模式具有重要作用

供应链管理手段的应用，改变了物流传统的发展模式，对物流行业的发展起到了积极作用，保证了物流行业能够在激烈的竞争中处于不败之地。

（2）区块链

区块链是分布式数据存储、点对点传输、共识机制、加密算法等计算机技术的新型应用模式。区块链（Blockchain）本质上是一个去中心化的数据库，是一串使用密码学方法产生的数据块。

区块链必须具备以下几个特点。

第一，去中心化的分布式记录。所谓去中心化，就是它的计算和记录信息不再是集中在某一个服务器中，而是分布在网络上的很多区块中，每个区块既互相链接，又相互独立，我们想要使用信息时，随时可以在任何一个区块找到我们想要使用的信息。

第二，可追溯性。区块链通过区块数据结构存储了创世区块后的所有历史数据，区块链上的任意一条数据皆可通过链式结构追溯其本源。

第三，匿名性。由于区块链各节点之间的数据交换遵循固定且预知的算法，因此区块链网络是无须信任的，可以基于地址而非个人身份进行数据交换。

（3）区块链对供应链管理的意义

① 区块链信息难以篡改的特点，有利于供应链管理的防伪溯源

供应链运作通常都涉及若干利益方之间的合作。链条长了之后，难免会产生质量问题，既有实物的质量损毁，又有信息的质量下降。为此我们必须在必要的节点进行监控，以及

在必要的时候进行追溯。但是监控和追溯的信息往往缺失，即使不缺失也存在被篡改/隐匿的可能。

因此，区块链信息难以篡改的特性就可以发挥很大的作用：一切信息都在区块链中留待查证，如果有人故意输入了虚假的信息，也会被节点中各方接收到。这使得造假成本变高了，因为造假证据将被永久记录。所以区块链特别适合多方协作（如跨境交易）中的信息防伪溯源。

天猫国际全球溯源计划的区块链运作由蚂蚁金服提供技术支持。在进口流程中，可以把生产、通关、运输等相关数据全都记录在区块链中，利于海外品牌公司、中检集团、跨境商品质量监测中心等相关方协同合作。消费者可以用专属二维码来查询供应链溯源信息，从而为进口货物的质量提供有效保证。

② 区块链各个节点的信息完全一致，可削弱供应链的“牛鞭效应”

“牛鞭效应”（Bullwhip Effect）是困扰供应链运作的一大难题。其主要表现为：当供应链由多个环节组成的时候，订货量的波动性从下游（最终消费者处）到上游（原始供应商处）逐渐变大。例如，下游波动幅度为±10%，到最上游处可能变为±50%。牛鞭效应有很多成因，其中关键原因之一是信息不对称。各级供应商因为不能看到全局的信息，只能根据相邻一级消费者的情况做需求预测；如果每一级都加上10%的保险系数，订货量的“振幅”就会明显增大。

在区块链中，由于所有节点存储的数据信息都是相同的，所以其能够有效地消除信息不对称：最上游供应商和终端消费者所看到的市场需求/库存水平完全一致，因此可以做出更加精准的全局判断，而不用在日常运作中加上过多的保险系数。这样可以有效地降低各级库存水平，从而改善供应链的成本和质量指标：库存水平低不但可以减少对企业资金的占用而且还能降低库存时间过长所带来的货物损毁风险。

③ 区块链节点的数据自动更新，有利于实现信息流的精益

除了肉眼可见的浪费（如堆积如山的库存），其实企业中还有很多不可见的浪费，尤其体现在信息流方面。例如，一道手续需要花三天时间才能办完，因此相关的确认文档一直停留在上游审核环节。这就使得下游相应的人员/机器等资源处于等待状态，从而导致时间的浪费和资源的闲置。

如果能够有效运用区块链技术，使各个节点之间的信息实现同步更新，则有可能把供应链的响应速度压缩到最短：实物流的生产加工时间不可能无限压缩（由物理特性决定），但是信息流所占用的时间可以接近于0。

供应链响应速度快了之后，向消费者交付的时间会变短，库存也会降低，从而库存货物的质量问题也会减少，所以信息的自动更新对于成本、质量和交付都有好处。

④ 区块链的“智能合约”运作，可以减少相关的人力投入

“数据自动更新”主要保证了各个节点彼此之间的存储内容一致，而“智能合约”的运作则可以在每个节点内部自动生成新的数据。智能合约是一个计算机协议，可以用来数字化地验证和执行一个合同的内容。或者说，它是一个在计算机系统上存储的合约，在一定条件被满足的情况下，可以被自动执行。

区块链因其信息难以篡改、可供追溯的特点，而特别适合于“信任缺失”情况下的金

钱交易和信息交换，如跨境供应链运作。只要各方事先确认了货物通关的规则（写成计算机代码），就可以用算法来自动确认通关，不必担心造假。因为造假的证据会被永远记录，被抓到则有被列入黑名单的风险。所以，智能的算法执行取代了纯人工的确认过程，可以有效地节省人力成本。

⑤ 区块链运作不需要中介参与，可以降低信任成本

区块链为供应链带来了思维上的变革，不再是围绕核心企业打造的生态，而是共治的生态，区块链作为基础设施可以为参与方提供良好的可信环境，从而降低供应链的成本。供应链有三流：物流、信息流、资金流。理想的情况其实是“三流合一”，也就是由区块链本身提供信息流、资金流、物流三流管理。

在物流上，区块链可以保证数据登记的真实可信，信息对所有参与方公开透明，并且提供产品溯源功能，这似乎就已经发挥了很大的功用，解决了一些难题。

跨境物流面临的痛点还涉及海关、跨境汇率、目的地法律法规政策等多个方面，相互之间的信任程度更低，所以解决跨境物流问题是区块链在供应链上的一个突破点。

7.3 “互联网+”跨境电商物流平台的应用

引导案例

2018年3月6日，跨境电商巨头eBay与中信产业基金宣布合资成立橙联股份，为中国跨境电商打造高品质一站式的“互联网+物流”平台。eBay也于当日正式上线SpeedPAK管理物流方案，该方案的物流服务由橙联股份提供并全程管理，并整合目前市场上各项优质的国内揽收、国际空运及海外最后一公里派送资源，提供高效的门到门国际派送服务并全程追踪。

在科技层面，橙联股份在线上要专注科技，通过科技力量，使得流程更加通畅，资源整合更加有效，线下操作则要秉着开放的心态，海纳资源，提供最好的客户体验。

在产品层面，橙联股份提供的一站式物流服务全球平均送达时间为8天至12天，到美国路向最快可以5天到达，时效明显提高。此外，有速运类、标准类、经济类等多层次服务供卖家选择，而相比同类全追踪物流服务，具有明显的价格优势。该项服务与eBay的物流平台无缝对接，下单查询结算一体化，方便卖家运营和管理。

橙联股份专注于中国出口的物流服务，覆盖美国、英国、德国、澳大利亚、加拿大五大市场以及欧洲的28个国家，在成熟之后再做进口业务，最后希望能成为一个支持全球电商发展的国际化物流服务平台。

阅读以上案例，思考：

1. 什么是互联网云计算？

2. 在大数据时代，物流企业的盈利模式有哪些？

近年来，在互联网的不断渗透影响下，“互联网+物流”模式成为行业发展的新驱动。

基于大数据、云计算、物联网等新一代信息技术的智慧物流理念走向了实际应用。中国物流企业充分利用互联网资源和技术，打造了专业的物流信息服务平台和 App。物流信息服务平台是货运物流公司、快递公司、海运公司、空运公司、发货商的汇聚地，是物流资信、物流查询、物流配货等一站式的物流货运信息平台。

7.3.1 “互联网+物流”模式

1. “互联网+”与互联网云计算的含义

“互联网+”就是以云计算、物联网、大数据为代表的新一代信息技术与现代制造业、生产性服务业等的融合创新，可发展壮大新兴业态，打造新的产业增长点，为大众创业、万众创新提供环境，为产业智能化提供支撑，增强新的经济发展动力，促进国民经济提质增效升级。

互联网云计算即“互联网+”计算，是指用互联网提供智能化计算资源的服务模式。

互联网不仅作为技术手段，更作为一种思维方式，深刻地影响着物流行业。物流行业与互联网的深化融合——“互联网+物流”开辟了物流行业发展的新路径。

2. “互联网+物流”新模式

“互联网+物流”新模式形成的首要因素在于其改变了原始物流的运作模式，全面推行信息化，实现智慧物流。“互联网+物流”模式让物流商业交易扁平化、价格透明化、运营可视化、管理移动化。为了应对经济、社会快速发展引发的快递全产业链压力，中国各大快递企业纷纷加快应用互联网技术，推动物流自动化转型。

随着“互联网+”与物流行业的不断融合，国际、国内出现了众多基于“互联网+”的物流运营新模式，为物流业发展注入了全新的活力。据新思界产业研究中心发布的《2018—2022 年中国“互联网+物流”行业市场现状综合研究及投资前景预测报告》可知，在“互联网+”的大背景下，物流企业主要有以下几种盈利模式。

（1）共享物流模式

物流是共享经济的重要领域，共享物流是指：通过共享物流资源实现物流资源优化配置，从而提高物流系统效率，降低物流成本，推动物流系统变革的物流模式。互联网+、物联网、大数据、云计算等信息技术变革激活了共享物流创新，目前共享物流主要有云仓资源共享、企业物流设备资源共享、物流众包共享、共同配送共享、物流中心运营服务的共享以及物流设施设备跨界共享等模式。例如：菜鸟云仓、闪送、福佑卡车、共享高铁货运资源模式。

（2）增值服务模式

物流运营过程中的增值服务模式是一种不错的模式，通过流通过程中的各种资源的链接、加工、拆零、组合等增值服务获利。例如，在生鲜农产品物流中，冷藏包装的整合应用、产品的拆零包装，也是一种不错的盈利途径。

（3）价值链的重构

供应链运营环节的集约化是不错的盈利方式，通过集约、整合、重构价值链获得利润。目前最后一公里共享经济模式、社区 O2O+物流整合模式，都属于这种模式，如天地汇模式、城市社区云仓模式、“最后一公里”服务站熊猫快收模式。

（4）大数据服务模式

最后一公里物流是直接面对消费者的重要链接入口，沉淀着消费大数据、消费者需求画像。尽管其未必是盈利的方式，但通过物流能够获得消费者需求画像，可以和消费者建立强关系，可以积累大数据。例如，菜鸟未来的大数据盈利模式、最后一公里 O2O 平台的盈利模式。

（5）供应链金融模式

传统的供应链金融是静态或动态的库存的金融模式，未来是消费金融的时代，谁在最后一公里获得消费者的交易数据，谁就会成为消费金融的主要入口。这将是未来商业投资的核心。物流+消费金融是未来的发展趋势，现在尚未有这样的模式。

（6）融资租赁模式

融资租赁模式实质是金融服务输出，通过运营服务获得利润。在物流领域的金融服务是未来的主体，特别是资产的融资租赁的输出，会获得巨大的盈利，这与当前互联网的共享经济密切相关，如狮桥模式。

我国物流行业现已进入高速发展期。特别是物联网、云计算和 AI 等相关技术的发展，必将为我国的“互联网+物流”平台的进一步优化提供强大支撑。各物流企业若深耕“互联网+”领域，在流程管控、配送效率、用户体验上做到极致，则能够在“互联网+物流”市场中形成较强的竞争力。

中国物流正在进行“互联网+”革新，加快信息化建设步伐，运用互联网思维提高资源的优化配置，推动物流营销的变迁，创造行业的新生态。在“互联网+物流”时代，中国物流将打开新市场的大门。

7.3.2 跨境电商物流平台

1. 跨境电商物流平台构建思路

跨境电商物流平台以信息系统为载体，连接跨境贸易电子商务企业和通关监管各相关监管机构和物流企业，实现跨境物流的全程监管，并通过物流服务全流程无缝衔接“客户到用户”的交付。

2. 主要跨境电商物流平台

（1）中国外运股份有限公司跨境电商物流平台

2013 年 7 月 30 日，中国外运股份有限公司推出国内首个跨境电商物流平台，全面开启“物流电商”时代。该平台整合了中国外运股份有限公司全球超过 200 个网点的数据信息，打通了包括海关在内的上下游数据通路，初步实现了跨境物流作业流程的可视化和在线化，是对传统跨境物流业的一次电商改造。中国外运股份有限公司选择旗下的中外运空运发展股份公司并以该公司的航空货运作为切入点，启动中外运电商平台的搭建工作。

本次上线的电商物流平台，将“物流”作为一项基础服务产品，与电子商务结合，面向众多货主及货运代理，为物流服务的供给方和需求方搭建了在线撮合交易的渠道，并为物流服务的需求方提供多种物流服务选择及一站式服务所需要的各项功能。

中外运电商物流平台，如图 7-19 所示。

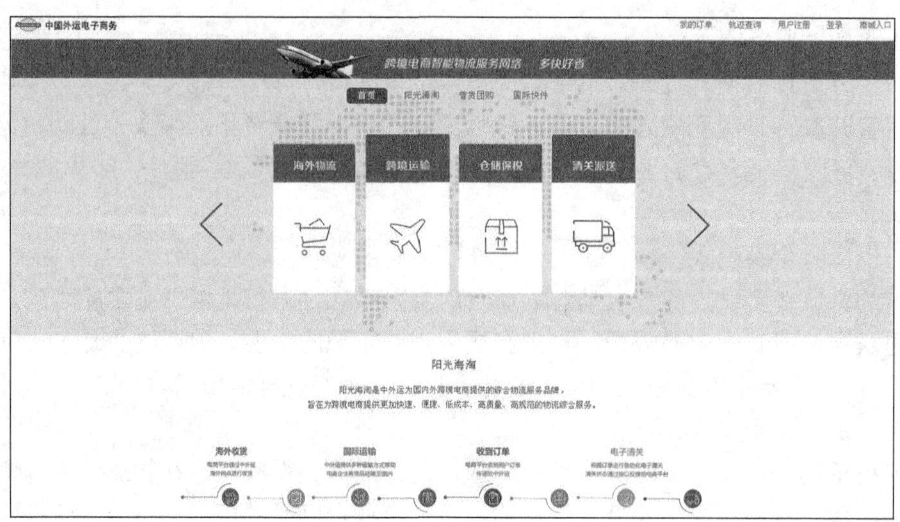

图 7-19　中外运电商物流平台

（2）速易通平台

速易通平台是速易通供应链管理有限公司2014年6月成立的一站式跨境电商物流综合服务平台，旨在为跨境电商平台企业、电商商家、转运商、海淘代购平台提供阳光规范、简单便捷、低成本的一站式、端到端跨境进口物流综合服务。速易通平台在欧洲、美洲等地均设有大面积仓库，并且平台与海关系统、优势支付企业、龙头快递企业通过 IT 电子方式无缝对接、密切合作，可为商家提供海外收货、国际物流、保税仓储、进口清关、国内派送等端到端的一条龙服务。

速易通平台可为商家提供海外直邮进口、香港直邮进口、保税进口等多种进口业务模式，基于商家不同的业务模式，为客户量身定制最有竞争力的跨境进口物流解决方案。速易通平台完全遵从国家海关政策，以行邮的方式进行物品申报，阳光清关、正规操作，实现当日清关当日发货，以最低的综合成本、最优的物流时效，为广大企业的商业成功提供强有力的保障（见图 7-20）。

图 7-20　速易通平台

进入 21 世纪以来，中国物流产业增速加快，作为一个新兴的综合性服务产业，物流已逐步成为支撑国民经济的战略性产业之一。物流产业作为国民经济的重要组成部分，其地位逐渐上升，在运输业、仓储业、货代业和信息业中都起到了保证生产、服务商流的关键作用，带动了各行业的协同发展。

虽然我国物流在总体规模和服务水平等方面都有显著提高，但是与国外物流产业高度发达的国家相比，我国物流产业的总体水平仍然偏低，而且还存在物流运行效率低下，物流基础设施能力不足，信息化和自动化程度偏低等问题。随着国家的高度重视和各方的关注，国内物流产业的发展环境和条件正在不断改善。

智慧化物流体系将是跨境电商未来发展的方向。当前进出口运输体系并不完善，导致商品跨境运输存在不少难点，直接体现就是运输成本高和效率低，所以构建智慧化物流体系对发展跨境电商能起到关键作用，智慧化物流可以整合国内外物流资源，极大提高跨境商品远距离运输过程的安全性。

智慧物流，指的是基于物联网技术应用，实现互联网向物理世界延伸，互联网与物流实体网络融合创新，实现物流系统的状态感知、实时分析、精准执行，进一步达到自主决策和学习提升，拥有一定智慧能力的现代物流体系。首先，智慧物流能够实现集成物流管理，跟进跨境电商物流，打通所有链条上服务商的数据；其次，通过数据的应用，提高物流运输作业的效率与准确率；最后，达成多方在线协作：实现跨国界、跨产业、跨时区、跨语言的国际化合作。

构建跨国智慧物流体系并不容易，其中的关键在于国际智慧物流平台，只有各个国家和企业的积极响应，才能让智慧化平台实现资源的高效率匹配，保证商品在跨国运输环节的稳定性。而为了跨境电商行业能稳步发展，除了重视物流环节外，供应、流通等部分都需要跟上节奏。

本章小结

本章主要介绍了条形码技术、RFID 技术、EDI 技术、GPS 技术、GIS 技术、大数据技术的相关概念以及这些技术在跨境电商物流中的应用，国际物流信息系统管理的作用，供应链管理的概念和特征以及常见的跨境电商物流平台。通过本章的学习，读者可理解条形码技术、RFID 技术、EDI 技术、GPS 技术、GIS 技术、大数据技术的相关概念，理解国际物流信息系统管理的作用，理解供应链管理的概念和特征，熟悉跨境电商物流平台。

实践项目操作

调研顺丰、邮政、步步高云猴等物流电商企业，分析它们的国际物流与跨境电商的融合模式、特征、发展趋势等，形成调研报告。

课后习题

一、选择题

1. 条形码最早是由谁提出来的？（　　）

A. 乔·伍德兰德 B. 戴维·阿利尔 C. 阿·阿利尔 D. 阿奇萧

2. UPC 码在（　　）领域得到了成功应用。

A. 军事 B. 超级市场 C. 生产加工 D. 国际贸易

3. 二维条码是在（　　）存储信息的条形码。

A. 圆形图形中 B. 方形图形中

C. 长方形图形中 D. 水平和垂直方向的二维空间

4. 在现代物流领域可以利用无线电信号识别特定的物体并读取有关数据的识别技术是（　　）。

A. 条形码 B. 语音识别 C. RFID D. 雷达

5. EDI 技术的核心是（　　）。

A. EDI 标准 B. EDI 网络 C. 计算机技术 D. 数据库

6. EDI 技术在全世界甚至美国还没有被广泛采用，最基本的问题是（　　）。

A. 使用成本高 B. 无通信网络 C. 尚未标准化 D. 计算机应用没有普及

7. GPS 的物流功能有（　　）。

A. 实时监控功能 B. 双向通信功能

C. 动态调度功能 D. 数据存储、分析功能

8. 电子数据交换的简称是（　　）。

A. EFT B. EC C. NET D. EDI

9. 我们所说的“GPS”是指（　　）。

A. 全球定位系统 B. 汽车导航系统

C. 卫星导航系统 D. 移动智能车载终端

10. 射频识别技术的简称是（　　）。

A. RRRD 技术 B. RFID 技术 C. RLID 技术 D. RFII 技术

11. 二维码是由下面哪个国家发明的？（　　）

A. 中国 B. 美国 C. 日本 D. 英国

12. “互联网+”就是以（　　）、物联网、大数据为代表的新一代信息技术与现代制造业、生产性服务业等的融合创新。

A. 云计算 B. 软件技术 C. 识别技术 D. 网络安全技术

13.【多选】以下哪些是区块链的特性？（　　）

A. 不可篡改 B. 去中心化 C. 升值快 D. 可追溯

14.【多选】GPS 的功能主要有（　　）。

A. 跟踪车辆和船舶 B. 信息传递和查询

C. 及时报警 D. 支持管理

二、判断题

1. 全球定位系统称为 GIS。(　　)

2. EDI 系统三要素是通信网络、EDI 软件和硬件、EDI 数据标准化，核心是通信网络。(　　)

3. 使用一维条形码，必须通过连接数据库的方式提取信息才能明确条形码所表达的信息含义。(　　)

4. GPS 是军民两用系统，应用范围极其广泛。(　　)

5. 目前物流行业使用的关键信息技术有 EDI 技术、GPS 技术、GIS 技术、RFID 技术。(　　)

三、简答题

1. 分析条形码在跨境电商物流中的作用。

2. 分析 RFID 技术的优点。

3. 简述什么是 EDI。

4. 分析大数据技术对跨境物流发展的作用。

5. 什么是区块链？它对供应链的发展有哪些重要意义。

四、案例分析题

1. RFID 技术具有抗干扰性强以及无须人工识别的特点，所以常常被应用在一些需要采集或追踪信息的领域上，大致包括但不限于以下几点。

第一，物资/仓库/运输：给货品嵌入 RFID 芯片，存放在仓库、商场等货品以及物流过程中，在货品相关信息被读写器自动采集后，管理人员就可以在系统中迅速查询货品信息，降低丢弃或者被盗的风险，可以提高货品交接速度，提高准确率，并且防止窜货和防伪。

第二，门禁/考勤：一些公司或者一些大型会议，通过提前录入身份或者指纹信息，就可以通过门口识别系统自行识别签到，省时又省力。

第三，固定资产管理：图书馆、艺术馆及博物馆等资产多或者内有贵重物品的场所，就需要有完整的管理程序或者严谨的保护措施，以保证书籍或者贵重物品的存放信息有异常变动时，管理员能及时得知，从而处理相关情况。

第四，行李安检和火车/汽车识别：我国铁路的车辆调度系统就是一个典型的案例，自动识别车辆号码，进行信息输入，省去了大量人工统计的时间，提高了精准度。

第五，医疗信息追踪：病例追踪、废弃物品追踪、药品追踪等都是提高医院服务水平和效率的好方法。

第六，军事/国防/国家安全：一些重要军事药品、枪支、弹药或者军事车辆的动态都需要实时跟踪。

目前，RFID 技术已经和我们的日常生活息息相关了，在现在的物联网时代，假如 RFID 技术得到完善，RFID 超高频技术成熟，RFID 超高频市场发展得到广泛应用，那么物联网的发展也会被推向一个新高度。

问题：(1) 什么是 RFID 技术？RFID 技术有哪些优势和劣势？

(2) RFID 技术的发展对物流行业起到了哪些重要作用？

2. 地理信息系统（GIS）有时又被称为“地学信息系统”。它是一种特定的十分重要的空间信息系统。它是在计算机硬件、软件系统支持下，对整个或部分地球表层、空中和地下空间中的有关地理分布数据进行采集、储存、管理、运算、分析、显示和描述的技术系统。

GIS 应用于物流分析，主要是指利用 GIS 强大的地理数据功能来完善物流分析技术。国外公司已经开发出利用 GIS 为物流分析提供专门分析的工具软件。完整的 GIS 物流分析软件集成了车辆路线模型、网络物流模型、分配集合模型和设施定位模型等。

（1）车辆路线模型：用于解决在一个起始点、多个终点的货物运输中降低物流作业费用，并保证服务质量的问题，包括决定使用多少辆车、每辆车的路线等。

（2）网络物流模型：用于解决寻求最有效的分配货物路径问题，也就是物流网点布局问题。如将货物从 *N* 个仓库运往 *M* 个商店，由于每个商店都有固定的需求量，因此需要确定由哪个仓库提货送给哪个商店，所付出的运输代价最小。

（3）分配集合模型：可以根据各个要素的相似点把同一层次上的所有或部分要素分为几个组，用以解决确定服务范围和销售市场范围等问题。例如，某一公司要设立 *X* 个分销点，要求这些分销点覆盖某一地区，而且要使每个分销点的消费者数量大致相等。

（4）设施定位模型：用于确定一个或多个设施的位置。在物流系统中，仓库和运输线共同组成了物流网络，仓库处于网络的节点上，节点决定着线路。如何根据供求的实际需要并结合经济效益等原则，在既定区域内设立多少个仓库，确定每个仓库的位置、每个仓库的规模，以及仓库之间的物流关系等问题，运用此模型均能得到解决。

问题：（1）什么是 GIS？

（2）GIS 对促进物流行业的发展起到了哪些重要的作用？

第8章 跨境电商物流平台操作

跨境电商作为推动经济一体化、贸易全球化的重要载体，打破了国家的界线，正在引起世界经济贸易的巨大变革。发展跨境电商具有非常重要的战略意义。在我国对外贸易增速放缓的背景下，跨境电商的业务在快速发展，成了未来驱动贸易发展的新动力。2018 年，《中华人民共和国电子商务法》诞生，除此之外，更多的利好政策纷纷出台。在中国跨境电商领域，国务院、全国人民代表大会常务委员会、财政部、国家税务总局、商务部、海关总署等都出台了跨境电商法律法规政策，这些法律法规政策的出台都对跨境电商行业的健康发展起到了推动作用。

跨境电商物流平台操作

本章学习目标

1. 熟悉跨境电商物流平台；
2. 掌握跨境电商物流平台操作方法。

8.1 eBay物流平台操作

引导案例

2020 年 3 月 3 日，eBay 发布公告表示，将对部分仍受新型冠状病毒肺炎疫情影响无法正常发货的交易进行有条件的政策保护。

尽管 eBay 此前已出台多项政策，以保护卖家在疫情期间的交易，但仍有部分卖家无法恢复正常业务，因此平台决定对部分已产生但因物流受阻、库存不足或人手受限等而无法发货的交易进行相关政策保护。

对于从中国内地或香港地区发货，并且在受疫情影响的时间段内产生的交易，若卖家在北京时间 2020 年 3 月 6 日 23 点 59 分 59 秒之前提交取消订单申请，且交易取消原因选择为缺货（Stockout），平台将统一予以保护，相关交易将不会产生差评从而影响账户表现。

其中，中国内地受新型冠状病毒肺炎疫情影响时间段为 2020 年 1 月 24 日至 2020 年 2 月 29 日，中国香港地区受疫情影响的时间段为 2020 年 1 月 25 日至 2020 年 2 月 3 日。eBay 表示，建议相关卖家于本周五（3 月 6 日）前取消无法正常发货的交易。

受新型冠状病毒肺炎疫情影响，众多跨境卖家纷纷布局海外仓。应卖家对海外仓补货路线服务需求的上升，eBay 表示，拟对海外仓头程运输服务 SpeedFreight 服务线路进行拓展。自 2020 年 3 月 1 日起，SpeedFreight 将开启美东线路，自此，其便可覆盖美国境内大部分海外仓。

阅读以上案例，思考：

1. 疫情期间，eBay 提出了哪些政策保护卖家？
2. eBay 的最新发展策略有哪些？

eBay eDIS 物流平台（eBay Delivery International Service，eDIS 平台）的卖家仅需要在 eDIS 网站进行注册，并且关联 eBay 账号即可使用 eDIS 平台。另外，个人和企业都可以注册，不设门槛；也支持第三方 ERP 对接使用，现在已开发的 ERP 有通途、ECPP、易仓和普源等。如果卖家自有 ERP，eBay 可开放对接窗口，eBay 的客服可在线指导卖家进行对接。

1. eDIS物流平台注册登录

（1）进入 eBay eDIS 物流平台（eDIS 平台），单击立即注册，进入注册页面内。如图 8-1 所示。

图 8-1　eDIS 物流平台首页

（2）用户在注册页面内，输入注册邮箱，密码与验证码，阅读并确认同意《网站服务条款》和《用户隐私声明》，单击注册，如图 8-2 所示。

图 8-2　eDIS 物流平台账户注册

（3）根据页面提示，请前往注册邮箱内验证账号，如图 8-3 所示。

图 8-3　eBay eDIS 物流平台账户验证

（4）用户单击邮件内的验证链接，确认并激活账号，如图 8-4 所示。

图 8-4　eBay eDIS 物流平台邮箱验证

注册成功后该账号会被用作 eDIS 主账号，用于登录物流平台和修改物流平台设置等。

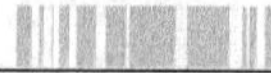

2. eDIS账户配置

注册成功的 eDIS 主账号用户在首次登录时，系统会自动引导用户进行账号预设操作，用户在完成订单来源预设、添加发货地址、添加交运偏好、面单打印偏好、添加物流偏好等设置，并绑定 eBay ID 一系列操作后，即可正常使用 eDIS 平台。

（1）订单来源预设

eDIS 系统提供两种订单来源设置方案（见图 8-5）。

订单来源预设（必填）
注：所有偏好设置均在再次登录后生效
交易将通过以下方式加载至系统：
系统自动导入
您的eBay交易会自动更新到eDIS平台中。
用户通过API同步。
您的eBay交易会通过API同步。
保存并继续

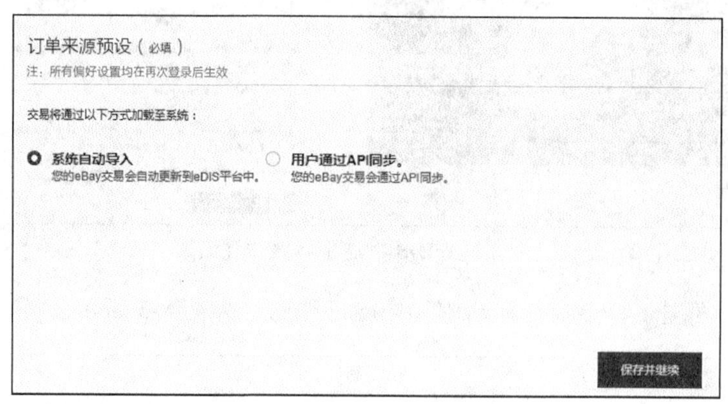

图 8-5　eDIS 平台订单来源预设

① 系统自动导入：用户选择系统自动导入后，系统将从 eBay 平台自动获取卖家订单导入 eDIS 系统；

② 用户通过 API 同步：用户选择通过 API 同步后，可以通过调用 API 从用户系统同步 eBay 订单。

完成订单来源预设后，单击“保存并继续”按钮，开始“添加发货地址”。

（2）添加发货地址

添加发货地址，即编辑保存用户的发货地址信息，设置完成的发货地址用于打印面单标签，请使用英文填写，如图 8-6 所示。

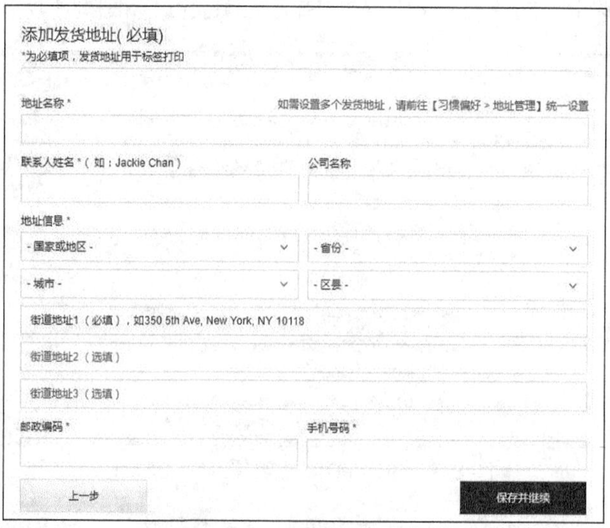

添加发货地址(必填)
*为必填项，发货地址用于标签打印
地址名称 *
如需设置多个发货地址，请前往【习惯偏好 > 地址管理】统一设置
联系人姓名 *（如：Jackie Chan）
公司名称
地址信息 *
- 国家或地区 -
- 省份 -
- 城市 -
- 区县 -
街道地址1（必填），如350 5th Ave, New York, NY 10118
街道地址2（选填）
街道地址3（选填）
邮政编码 *
手机号码 *
上一步
保存并继续

图 8-6　eDIS 平台添加发货地址

用户编辑完成发货地址后，单击“保存并继续”。

（3）添加交运偏好

系统支持用户自行设置交运偏好，根据实际揽件情况选择上门揽收或卖家自送，如图 8-7 所示。

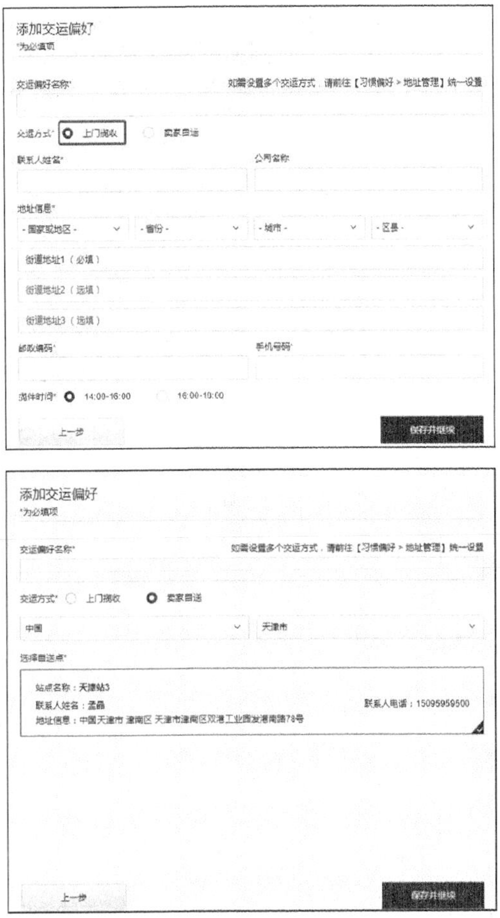

图 8-7　eDIS 平台添加交运偏好

用户编辑完成交运偏好后，单击“保存并继续”按钮。

（4）面单打印偏好

用户根据实际情况勾选在面单上需要展示的内容，eDIS 系统目前可以显示 Item ID、SKU 编号、中文申报名、英文申报名、商品属性、数量、买家 ID、卖家 ID 等信息，如图 8-8 所示。

面单打印偏好设置完成后，单击“保存并继续”按钮。

注意

没有勾选的项目，不会出现在打印面单标签内。

（5）添加物流偏好

用户可以通过设置包裹重量、包裹总交易金额、买家所在国家（地区）、买家所付运费、交运方式等条件，选择偏好的物流服务产品，如图 8-9 所示。

图 8-8 eDIS 平台面单打印偏好

添加物流偏好
*为必填项
物流偏好名称*（为方便后续选择，请填写一个您容易识别的名称。）
设置偏好条件*
- 请选择设置条件 -
- 请选择符号 -
自定义
添加
物流服务*
标准
经济
上一步
跳过
保存并继续

图 8-9 eDIS 平台添加物流偏好

添加物流偏好后，单击“保存并继续”按钮。

（6）绑定 eBay ID

绑定 eBay ID 后，系统立即开始获取 eBay 平台上的订单，绑定操作参考“个人中心—eBay ID 管理”的描述，如图 8-10 所示。

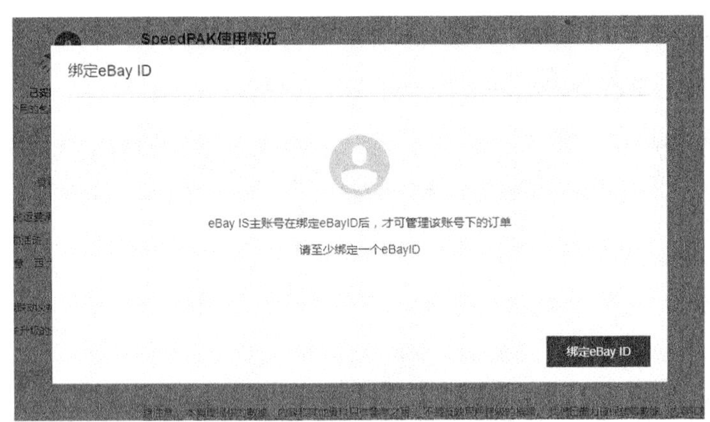

图 8-10　eDIS 平台绑定 eBay ID

以上登录引导预设操作仅在有 eDIS 主账号的情况下才可进行。配置 eDIS 账户完成后，还需要在 PushAuction 中验证 eDIS 账户。

3. eDIS物流—橙联SpeedPAK运费

为进一步为卖家提供更多优质的服务、提升物流表现，eBay 于 2018 年 4 月 8 日正式推出 SpeedPAK 英国、德国路向标准型和经济型服务，有关服务由第三方物流合作伙伴橙联股份有限公司（以下简称“橙联股份”）直接提供。

2018 年 3 月 6 日，eBay 上线 SpeedPAK 管理物流方案，该方案的物流服务由橙联股份提供且全程管理，并整合目前市场上各项优质的国内揽收、国际空运及境外最后一公里派送资源，提供高效的门到门国际派送服务并全程追踪。橙联物流是橙联股份的一款物流服务产品，橙联股份由中信产业基金和全球电商巨头 eBay 联合成立，凭借丰富的物流服务经验和客户市场资源，为 eBay 卖家、客户提供快捷稳定、高性价比的物流服务。SpeedPAK 物流管理方案以 eBay 平台物流政策为基础，为 eBay 大中华区跨境出口卖家定制的直邮物流解决方案。目前，SpeedPAK 物流管理方案产品已覆盖 51 个国家和地区，eBay 将在后续推出更多路向的带电服务产品。

2019 年 6 月 5 日，来自全国的 150 位 eBay 中国顶级卖家与行业代表汇聚在“eBay 大卖家高峰会议”上。在峰会上，eBay 宣布推出 SpeedPAK Lite，来帮助卖家解决超低货值轻小件的货物国际递送的成本难题，这也是 2018 年推出的跨境物流直邮方案 SpeedPAK 的延伸。SpeedPAK Lite 专门递送重量不超过 750 克的小件物品，2019 年 5 月 22 日开启英国路向服务，并将陆续推出包含美国、德国、加拿大等路向的服务。

SpeedPAK 美国经济型轻小件包裹运送服务于 2019 年 10 月 8 日上线（试运行）。eBay 平台和 eDIS 平台上都设置了特定的“SpeedPAK 美国经济型轻小件物流方案“的物流选项。卖家需要在 eBay 平台上设置物流选项，而在 eDIS 平台上下单时，卖家要选择“轻小件”物流服务。

发往美国路向的轻小件包裹要满足图 8-11 所示的尺寸要求，且包裹重量规定不能超过 453 克，同时不支持任何带电产品。

• 尺寸限制：

Dimension(尺寸)	Minimum(最小)	Maximum(最大)
Length(长=最长边)	178mm	381mm
Width(宽=次长边)	127mm	305mm
Thickness(厚)	-	19mm

图 8-11　美国路向轻小件包裹尺寸要求

如果包裹在橙联仓库被判定为不符合

美国经济轻小件的要求，在产品上线起初的 2 个月内（揽收日期 2019 年 10 月 8 日至 2019 年 12 月 7 日），橙联股份将免费退运到卖家的国内退运地址。

8.2 全球速卖通物流平台操作

引导案例

2020 年年初，新型冠状病毒肺炎疫情期间，叮咚买菜、每日优鲜、盒马鲜生等配送到家的各种相关业务订单暴涨三倍到五倍，销售数量快速增长。各大配送平台陆续推出的“无接触配送”服务，将“人传人”的概率降到了最低，在很大程度上保障了用户和骑手在配送环节的安全。足不出户就能买到生活所需，还能避免与他人过多的接触，这种消费方式也已经被人们所接受。研究表明，消费习惯的形成一般需要 4 次到 5 次的购买。所以未来代购的需求潜力将进一步提高。

由此可见，疫情过后，消费者在短时间内都会害怕“面对面接触”的购物方式，互联网消费将会成为人们优先选择的消费方式。

在这样的情况下，跨境电商卖家如何抓住这个机会呢？

1. 快速行动：电商永远是快节奏的，必须快速布局；目前很多跨境电商卖家已经在行动，快速抢占类目流量，其中阿里巴巴速卖通 2020 年 3 月将迎来十周年庆活动，Lazada 2020 年 3 月会有 3.27 平台大促活动。

2. 全球布局：不要局限于一点一面，要全球覆盖，如果全球多国的疫情没有像中国一样快速得到控制，那么线上购物在全球必将快速发展。

3. 平台选择：建议选择大平台，因为其流量、资金回款、物流配套、平台政策都有保障，对于中小平台务必要谨慎。

在此，可以重点布局阿里巴巴旗下的跨境电商平台，阿里巴巴全球速卖通：中国大型跨境出口 B2C 平台，覆盖全球多个国家和地区，有境外买家 1.5 亿人，涉及 18 种语言；阿里巴巴旗下 Lazada 平台覆盖东南亚 6 国，是东南亚地区大型跨境电商平台。官网物流直接配送，平台流量大，全方位保障、帮助商家快速覆盖全球市场。

4. 好产品，更需好团队：电商发展到现在，离不开专业的运营团队，好产品和好运营团队加上靠谱的平台，三者相加才能有更大的爆发力。

5. 拓展市场：企业应该快速拓展跨境 B2C 市场，为企业开拓新航道。

阅读以上案例，思考：

1. 新型冠状病毒肺炎疫情对互联网乃至商业模式造成了哪些巨大影响？

2. 全球速卖通物流模式有哪些？

为确保卖家可以放心的在全球速卖通平台上经营，帮助卖家降低物流不可控因素的影响，阿里巴巴集团旗下全球速卖通及菜鸟网络联合推出官方物流服务——“AliExpress 无忧物流”，为全球速卖通卖家提供包括稳定的国内揽收、国际配送、物流详情追踪、物流纠纷处理、售后赔付在内的一站式物流解决方案。

1. 全球速卖通发货

（1）注册账号：在注册之前，首先准备好注册全球速卖通所需的材料：一个企业支付宝账号、一个国际通用邮箱以及公司营业执照复印件。

打开 AliExpress 网站，将鼠标光标移到“卖家入口”，在下拉菜单中单击“卖家频道”按钮，进行注册，如图 8-12 所示。

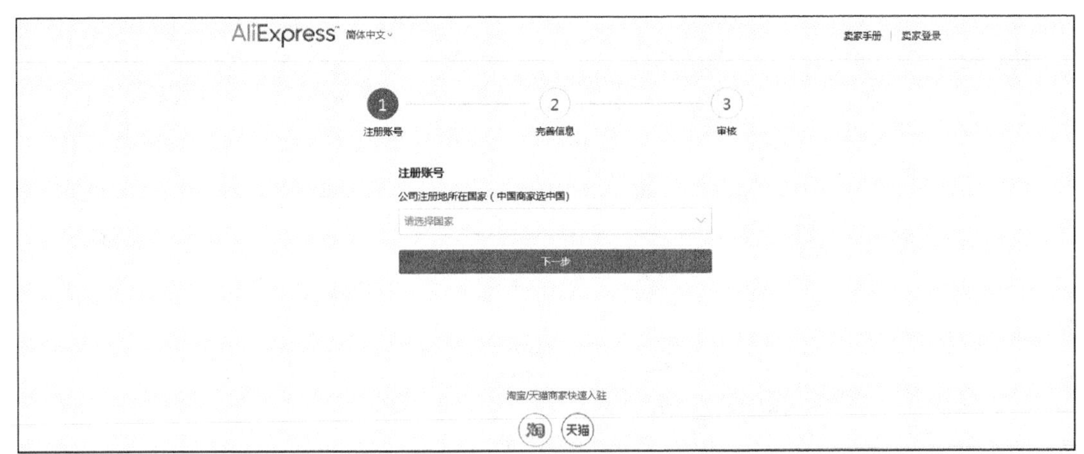

图 8-12　全球速卖通注册页面

（2）进入“我的速卖通”——“交易”，选择“等待您发货”状态的订单。将看到所有等待发货的订单明细，选择需要发货的订单，单击“发货”，如图 8-13 所示。

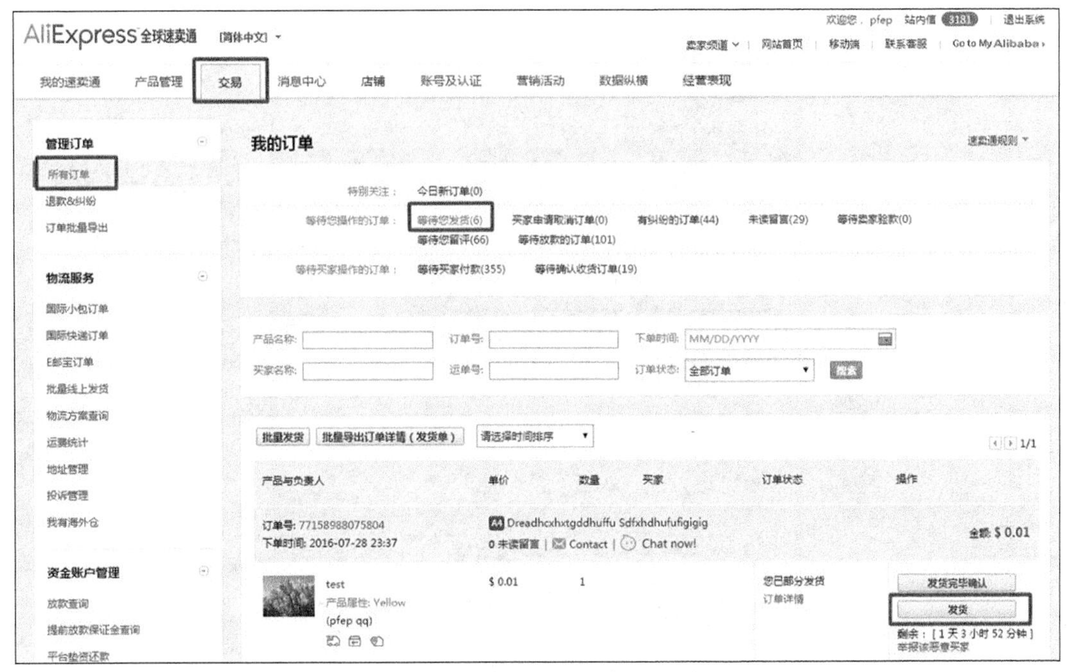

图 8-13　全球速卖通发货页面

之后将看到下方页面，请选择“线上发货”，如图 8-14 所示。

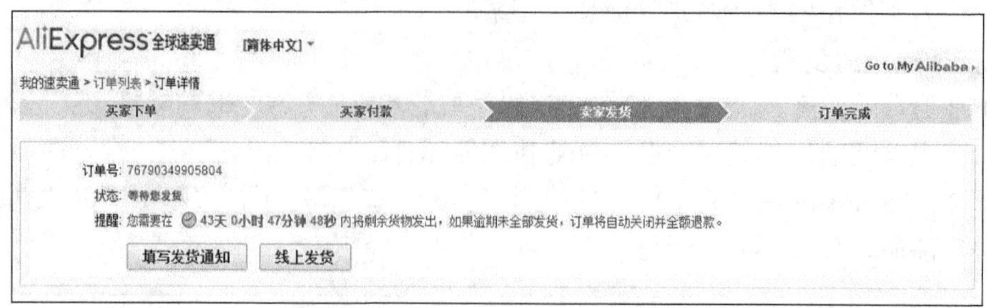

图 8-14　全球速卖通订单详情页面

对于已部分发货的商品，将会看到“填写发货通知”“发货完毕确认”和“线上发货”三个按钮。选择“线上发货”，即可进入选择物流方案的环节，如图 8-15 所示。

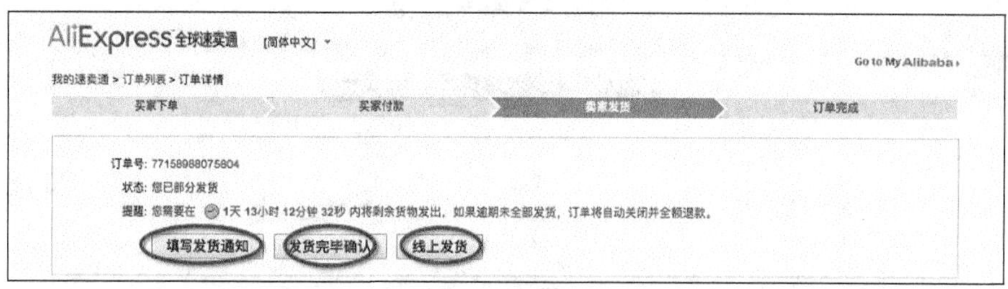

图 8-15　全球速卖通订单已部分发货页面

2. 选择物流方案

（1）在“选择物流方案”页面里，选择需要的物流服务。当选择的物流服务与买家下单的服务不一致时，系统将提示确认。选择完毕后，单击“下一步，创建物流订单”，如图 8-16 所示。

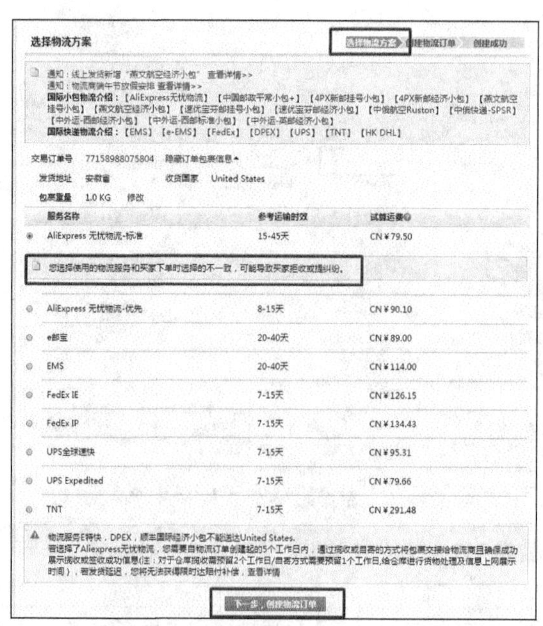

图 8-16　全球速卖通物流选择方案

（2）创建物流订单之后，会出现创建物流订单页面（见图 8-17）。

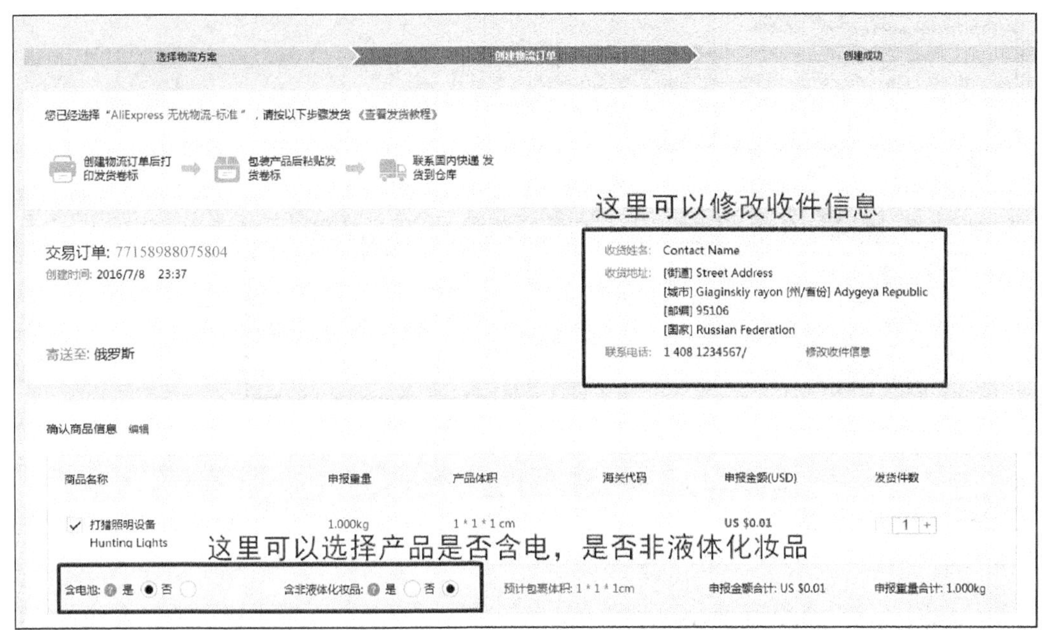

图 8-17　创建物流订单

（3）如果需要修改买家收件信息，可以单击"修改收件信息"，然后在弹出的窗口中编辑收件信息，如图 8-18 所示。

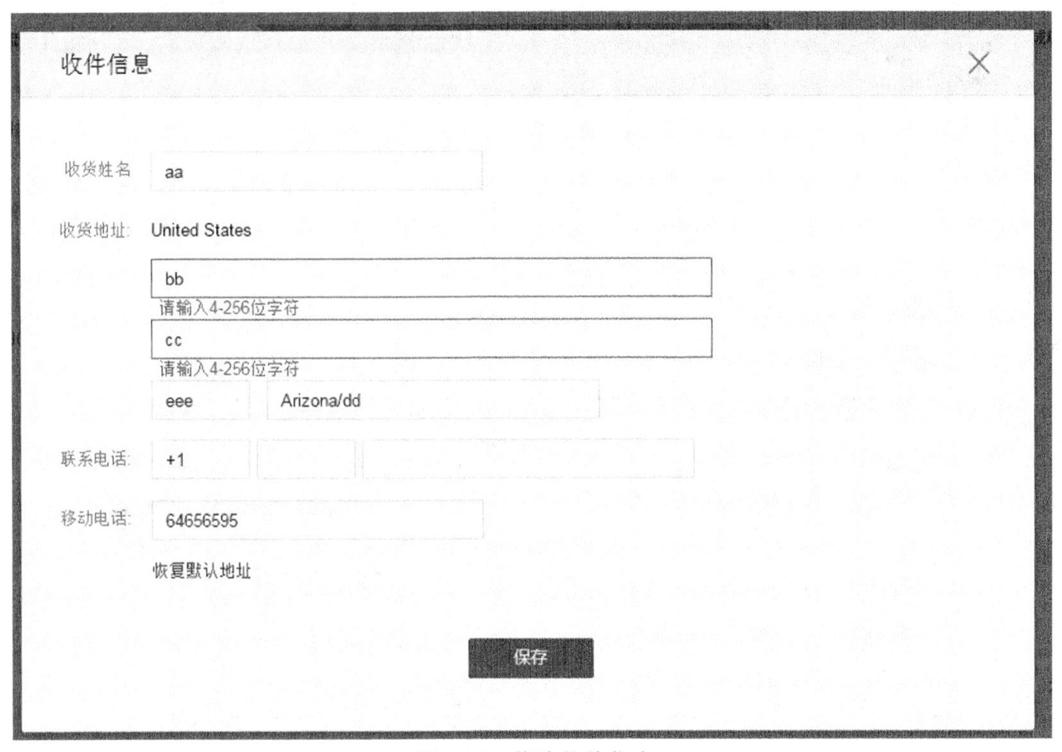

图 8-18　修改收件信息

（4）如果发件地址在物流商揽收范围内，系统会自动配置对应的仓库，如图 8-19 所示。

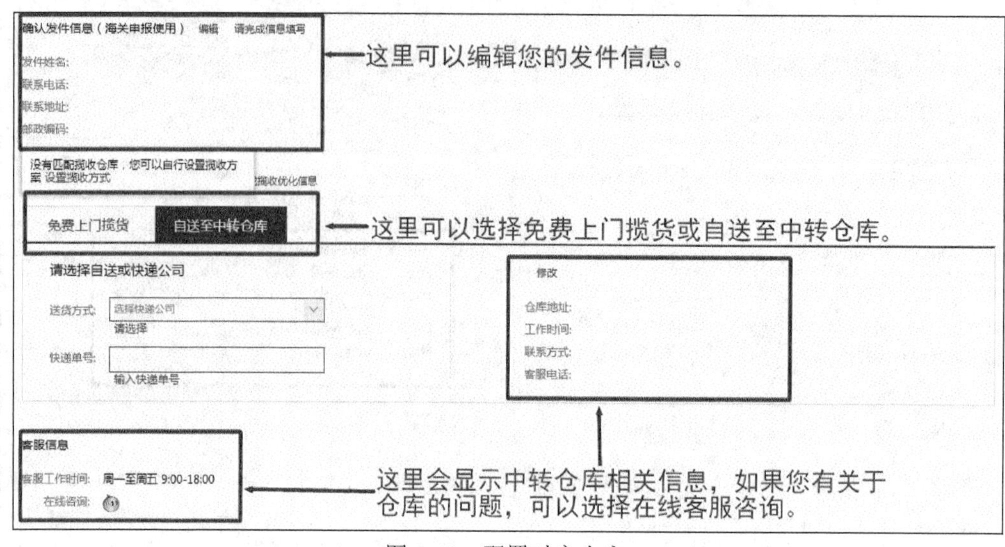

图 8-19　配置对应仓库

如果您所在的地址没有推荐的揽收仓，系统会提示您“请自寄至指定中转仓库”，如图 8-20 所示。

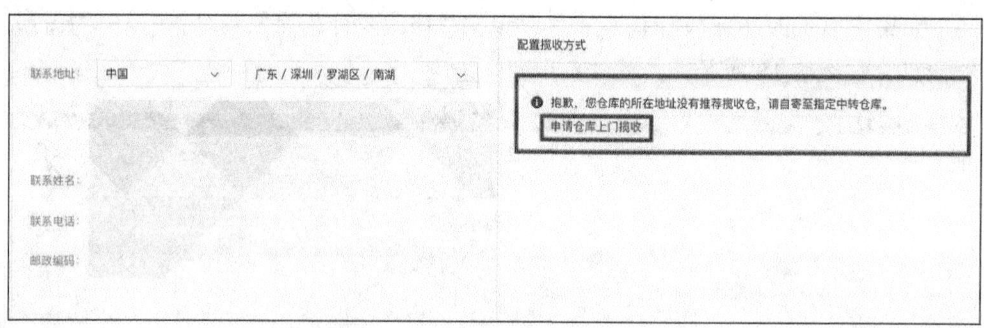

图 8-20　自寄至指定中转仓库

（5）如果依旧选择“免费上门揽收”，可以单击“申请仓库上门揽收”。申请揽收仓库，请务必先与仓库沟通能否上门揽收，以免仓库拒单，如图 8-21 所示。

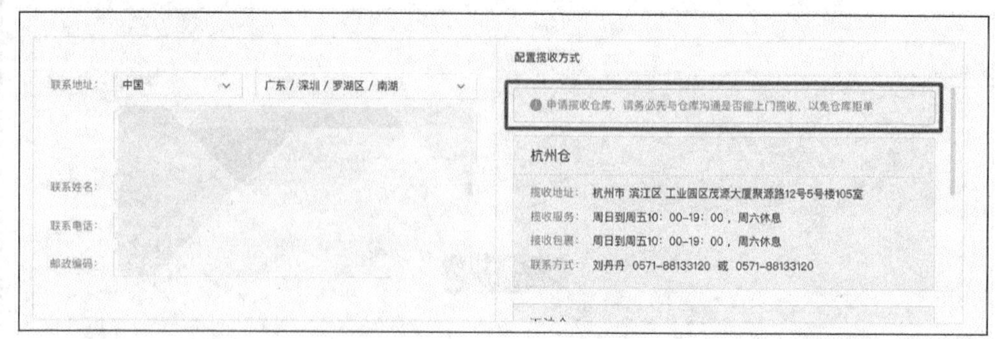

图 8-21　免费上门揽收

（6）在创建物流订单的时候，页面底部有关于无法投递的包裹处理方案。卖家可以根据自己的需要，选择是否需要将包裹退回，或者在境外销毁。

当卖家选择“退回”时，每单会收取固定金额的退件服务费，对于选择退回的包裹，一旦发生目的地无法投递的情况，将不再收取退回运费；当卖家选择“销毁”时，不产生退件服务费，将免费销毁包裹，如图 8-22 所示。

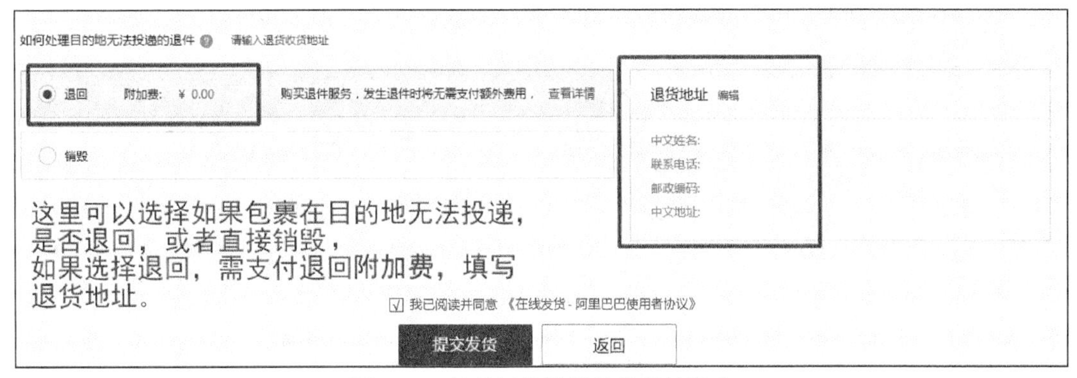

图 8-22　处理目的地无法投递的退件

以上选择全部完毕之后，勾选“我已阅读并同意《在线发货—阿里巴巴使用者协议》”，并选择“提交发货”。至此，物流订单创建完毕。

（7）查看国际物流单号，打印发货标签。

在物流订单创建完毕之后，会提示“成功创建物流订单”，单击“物流订单详情”链接，即可看到生成的国际物流单号，并可打印发货标签。图 8-23 所示为创建的物流订单。

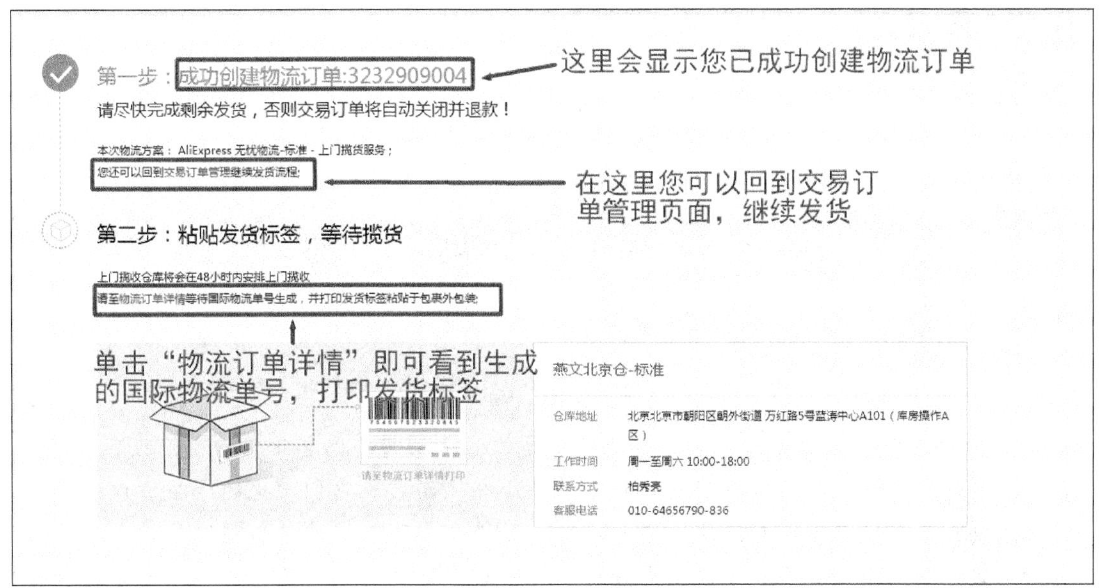

图 8-23　创建的物流订单

显示的国际物流单号，如图 8-24 所示。

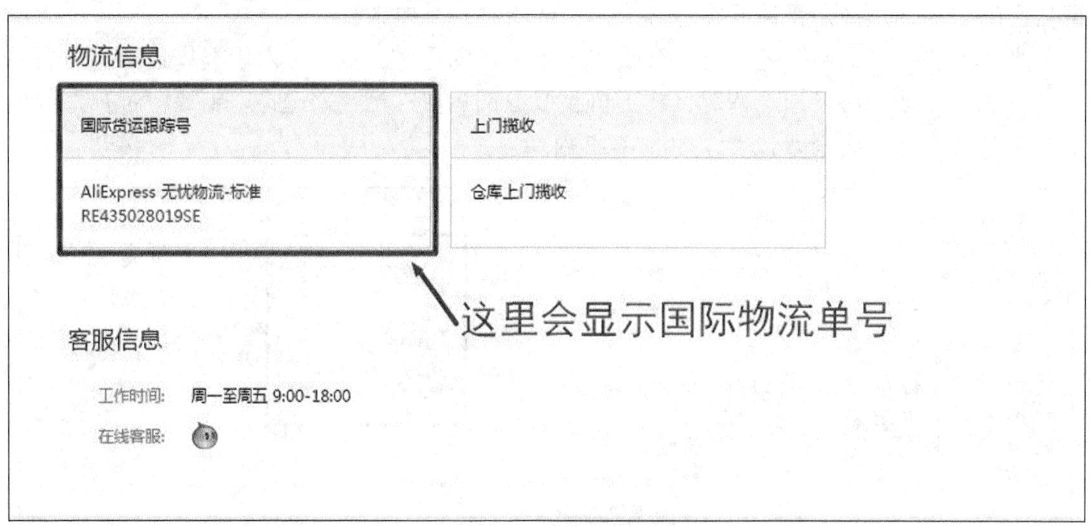

图 8-24 显示的国际物流单号

打印发货标签的流程，如图 8-25 所示。

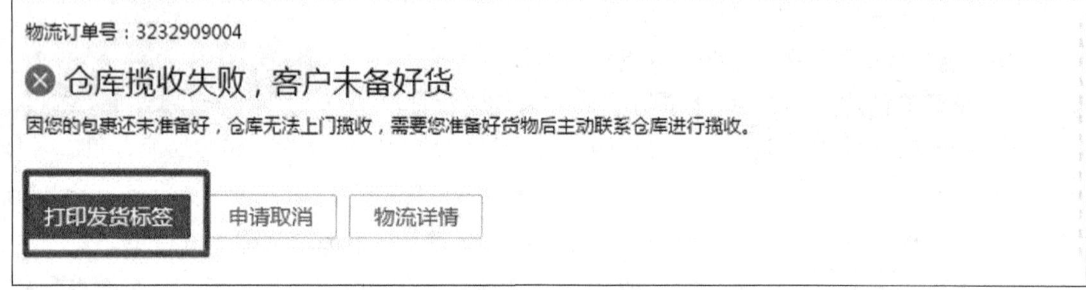

图 8-25 打印发货标签的流程

8.3 敦煌网物流平台操作

引导案例

2020 年 2 月，湖北之外的多地企业陆续复工，迫切需要恢复正常的生产经营秩序，以维持运转。其中，对跨境电商出口行业的中小企业而言，它们担忧的除了境内的现实情况限制，还有境外市场对此次疫情的反应。随着多个国家提升了新型冠状病毒肺炎的应对等级，它们迫切需要在市场需求方面不要出现大幅波动。为此，敦煌网迅速出台三大政策，稳定境外消费者信心，帮助平台商家逐渐恢复正常经营。

1. 重金投放无门槛优惠券，帮助商家挽留消费者

受新型冠状病毒肺炎疫情的影响，全国范围内供应链受到不同程度的影响。跨境电

商企业最担心的还是跨境运营问题，断货、物流引发的连锁反应，差评、店铺账号受限等。为了缓解商家压力，帮助商家挽留消费者，敦煌网推出“留客”政策，通过站内信等多种手段主动联系消费者，告知境内因新型冠状病毒肺炎疫情在生产供应方面受到的影响，承诺向愿意等待的消费者发放金额不等的无门槛优惠券。

值得一提的是，在这一过程中平台收获了许多境外普通消费者的理解与支持，很多人还表达了对商家的祝福，以及对中国早日取得对抗新型冠状病毒肺炎疫情胜利的祝愿。

2. 上线 DH FASTER，为消费者提供海外仓快速配送服务

敦煌网宣布将上线 DH FASTER 专区，专区内均为海外仓商品，为消费者提供订单快速配送服务，提升消费者体验及信心。DH FASTER 承诺对于美国及欧盟地区在 6 个工作日内确认妥投，对于法国、澳大利亚、西班牙、巴西、俄罗斯等视各国具体情况将送达时限略有延长，最长至 12 个工作日。

目前，服务于该项目的 DH FASTER 海外仓商家招商也同步正式启动。第一阶段将针对可销往美国、英国、俄罗斯等国家和地区的全品类海外仓货物。

3. 启动现货商品征集活动，满足境外市场日常消费需求

为了现阶段能持续满足境外市场日常消费需求，同时也为了降低境内商家损失，避免流量资源浪费，敦煌网大力摸排平台现货商品，启动现货商品征集活动，对有现货且能保证近一个月持续发货的商品，提供站内流量加权扶持，以及站外推广最大曝光。

阅读以上案例，思考：

1. 敦煌网自有物流平台是什么？

2. 为应对新型冠状病毒肺炎疫情，敦煌网提出了哪些对策？

敦煌网开创了 DHgate 小额 B2B 交易平台，打造了外贸交易服务一体化平台 DHport，为优质企业提供了直接对接境外市场需求的通路。率先为传统贸易线上化提供从金融、物流、支付、信保到关、检、税、汇等领域的一站式综合服务。

1. DHLink综合物流平台

DHLink 综合物流平台是敦煌网为所有电商卖家推出的，提供更多安全、高效并低价的国际物流运输方式，同时，优化国际物流操作流程的在线综合物流平台。卖家通过在线填写发货申请，线下发货至合作仓库，并在线支付运费三个步骤，完成国际物流发货，让买卖双方在享受高品质物流服务的同时，大大降低了物流成本。

2020 年 1 月 14 日，敦煌网将正式完成旧版 DHLink 地址中所有线路的下线工作，届时旧版本将无法完成发货申请，旧版本中的线路也将全部迁移至新版（DHLink2.0）本地址中。

DHLink 在线发货流程，如图 8-26 所示。

2. DHLink物流平台操作

（1）注册并登录 DHLink，登录 DHLink 页面，如图 8-27 所示。

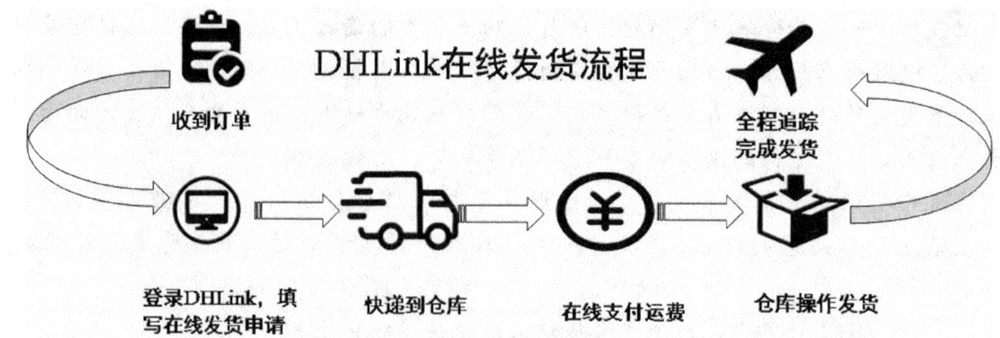

图 8-26　DHLink 在线发货流程

图 8-27　DHLink 首页

单击“注册”，注册账号，如图 8-28 所示。

图 8-28　DHLink 注册页面

登录账号后，单击“我的 DHLink”，如图 8-29 所示。

图 8-29　单击“我的 DHLink”

（2）智能下单

① 创建订单：单击“我的 DHLink—智能下单—创建订单”，创建订单，如图 8-30 所示。

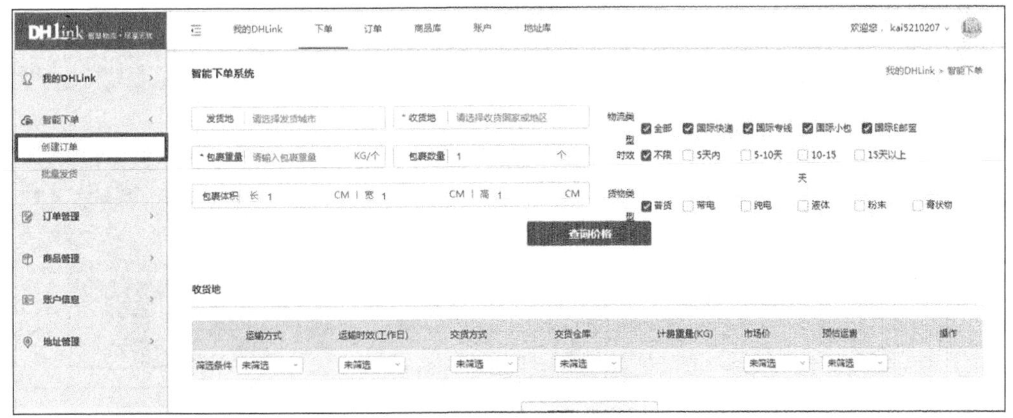

图 8-30　创建订单

在“创建订单”页面，可以输入要发货物的发货地、收货地、包裹重量、包裹数量以及包裹体积，同时选择所需的物流类型、时效、货物类型，单击“查询价格”，如图 8-31 所示。

图 8-31　查询价格

在“查询价格”页面，可以查询物流方案的运输方式、运输时效、交货方式、计费重量、市场价和现价等信息。选择合适的物流方案后，单击“下单”，进入智能下单系统，如图 8-32 所示。

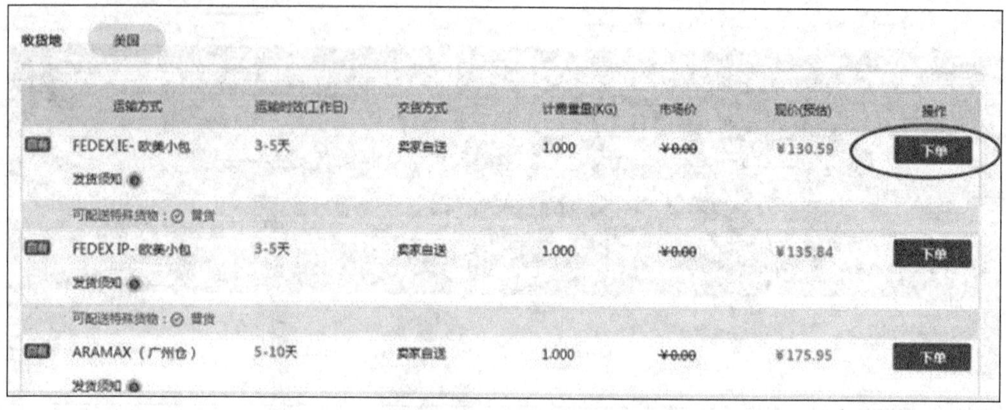

图 8-32　下单

第一，填写收/发件人信息。

在“填写收/发件人信息”页面，再次核对物流方案信息无误后，单击“设置发件地址”，如图 8-33 所示。

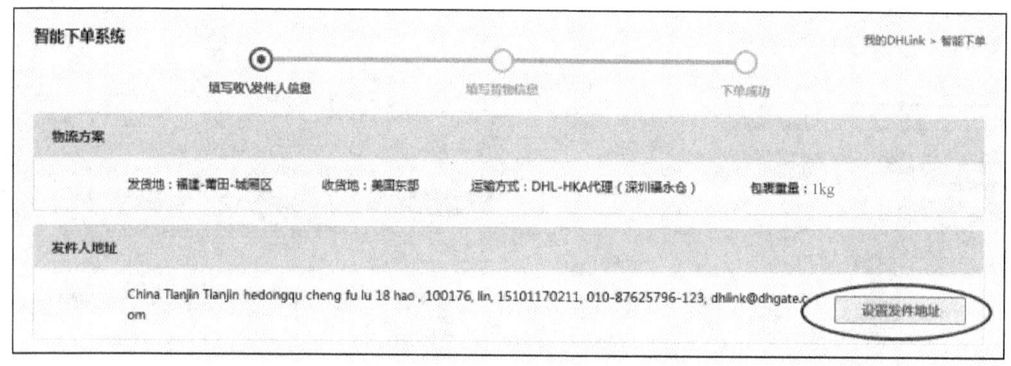

图 8-33　设置发件地址

在“选择发件地址”页面，选择所要使用的发件地址后，单击“使用”按钮，如图 8-34 所示。

图 8-34　选择发件地址

在“填写收/发件人信息”页面，设置完发件地址后，单击“设置收件地址”，如图 8-35 所示。

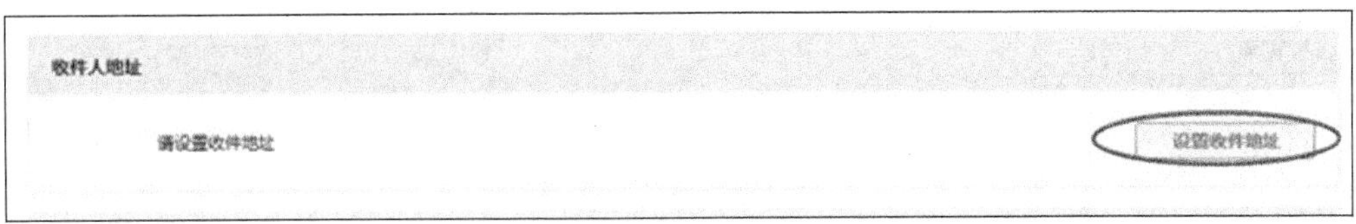

图 8-35　设置收件地址

在“设置收件地址”页面，填写所发货物的联系人、收货国家、州\省、城市、详细地址、邮政编码、联系电话信息，填写完毕后，单击“保存”按钮，如图 8-36 所示。

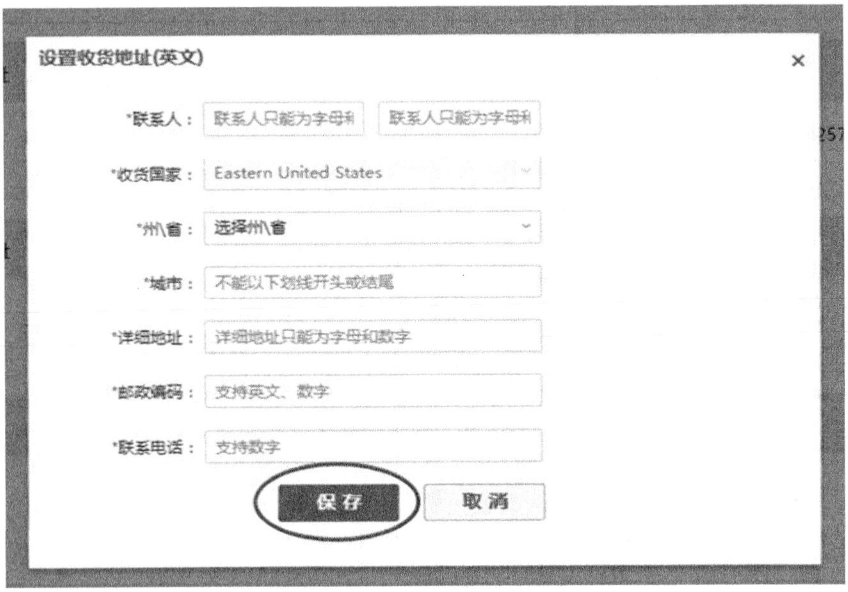

图 8-36　填写收件地址

在“填写收/发件人信息”页面，设置完收件地址后，单击“交货方式”，可查看有关交货方式的相关信息并进行选择，如图 8-37 所示。

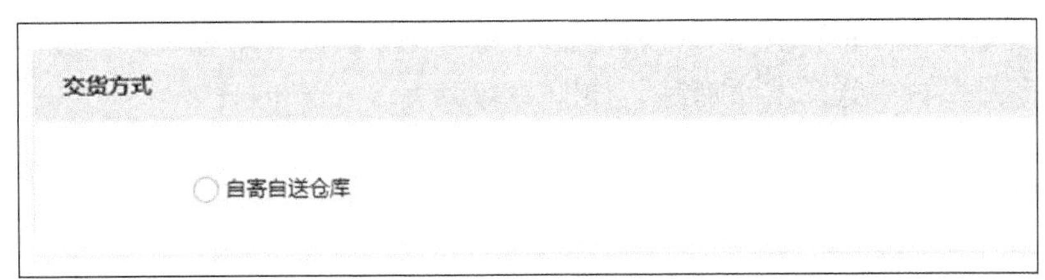

图 8-37　选择交货方式

第二，填写货物信息。

在确认“填写收/发件人信息”页面的信息完整无误后，单击“下一步”按钮，进入“填写货物信息”页面。进入“填写货物信息”页面后，单击“添加商品”按钮，如图 8-38 所示。

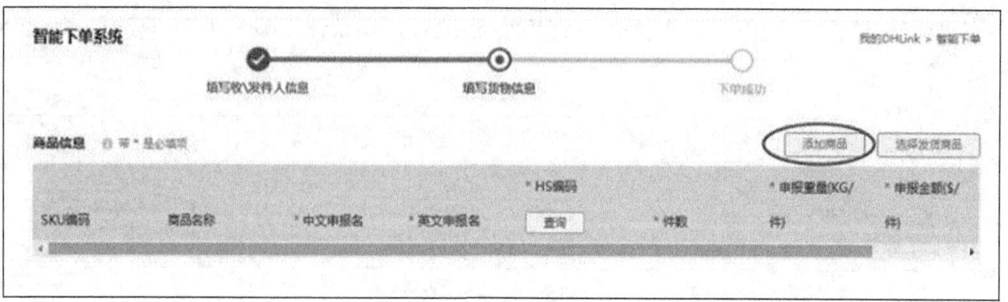

图 8-38　添加商品

在“添加商品”页面，填写所发商品的 SKU 编码、商品名称、所属类目、中文申报名、英文申报名、HS 编码、申报重量、申报金额等信息，填写完毕后，单击“提交”按钮，如图 8-39 所示。

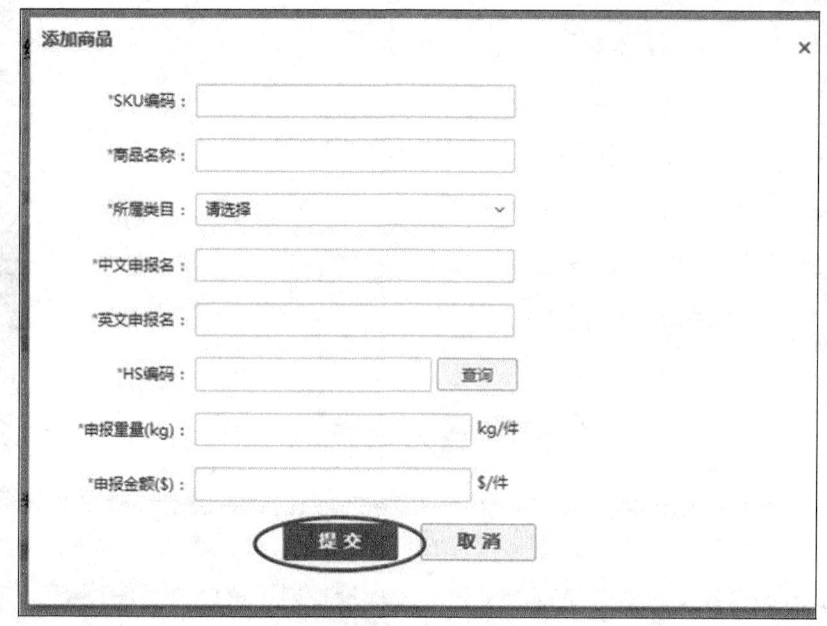

图 8-39　填写商品信息

进入“填写货物信息”页面后，若已提前导入商品模板，则可单击“选择发货商品”，从导入过的商品模板中选择发货商品，如图 8-40 所示。

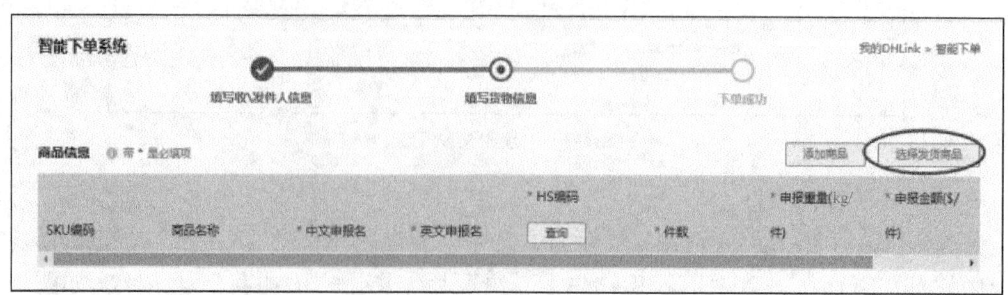

图 8-40　选择发货商品

在进入“选择发货商品”页面后，可根据 SKU 编码、商品名称及所属类目查询商品信息；选择所需商品后，单击“添加”按钮，右侧会出现已添加的商品，所有商品都添加完成后，单击“确定”按钮，如图 8-41 所示。

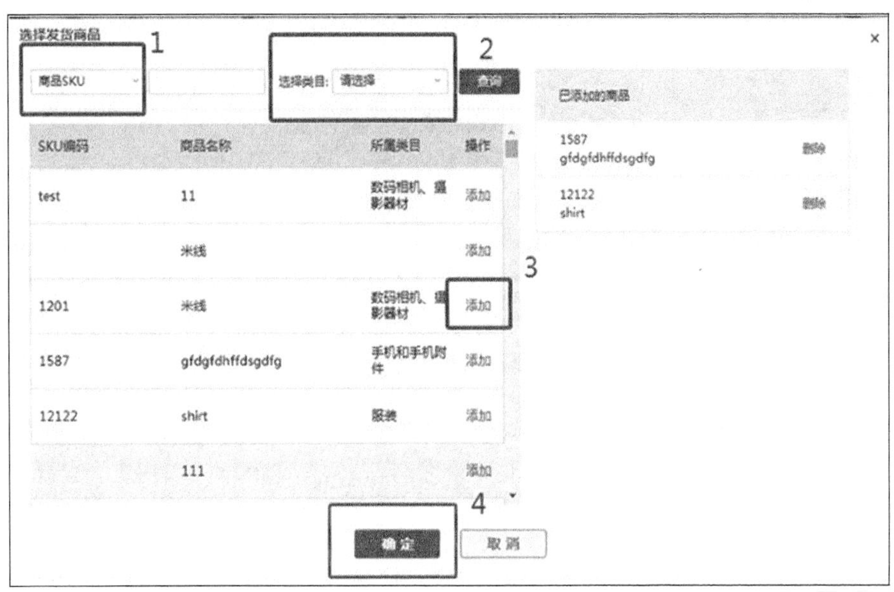

图 8-41　选择发货商品信息

商品信息填写完毕后，继续填写包装信息，包括包裹包装后重量、数量及包装后尺寸，若不止一种类型的包裹，您可以单击“添加包裹”按钮，继续填写包裹信息，如图 8-42 所示。

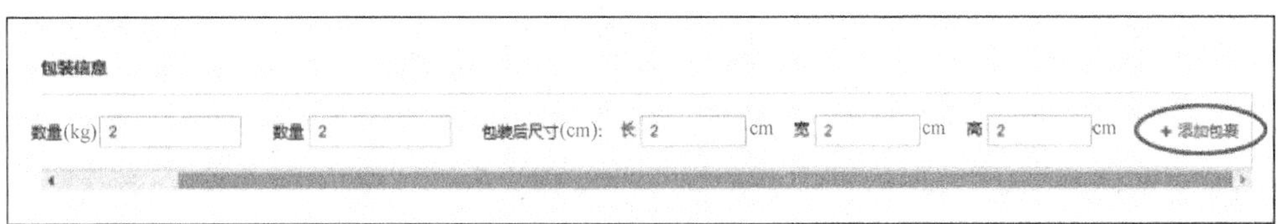

图 8-42　填写包装信息

确认“填写货物信息”页面的信息无误后，单击“提交”按钮，提交后即为下单成功，如图 8-43 所示。

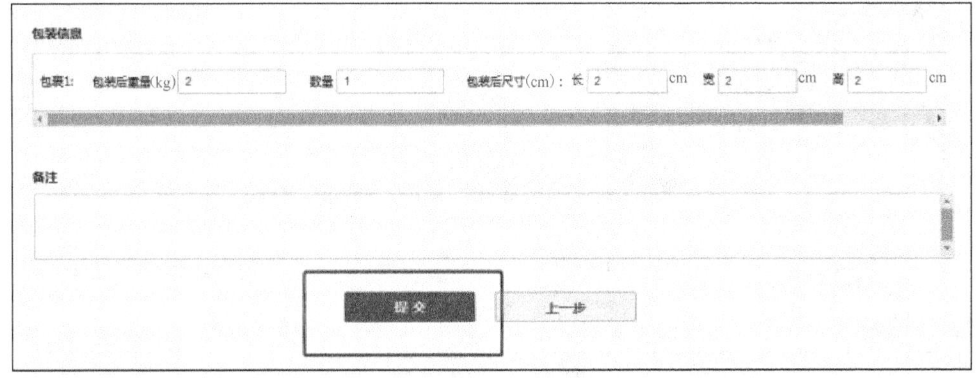

图 8-43　提交

② 批量发货：单击“我的 DHLink—智能下单—批量发货”。

若卖家所要发货的订单较多，可以选择批量发货，如图 8-44 所示。

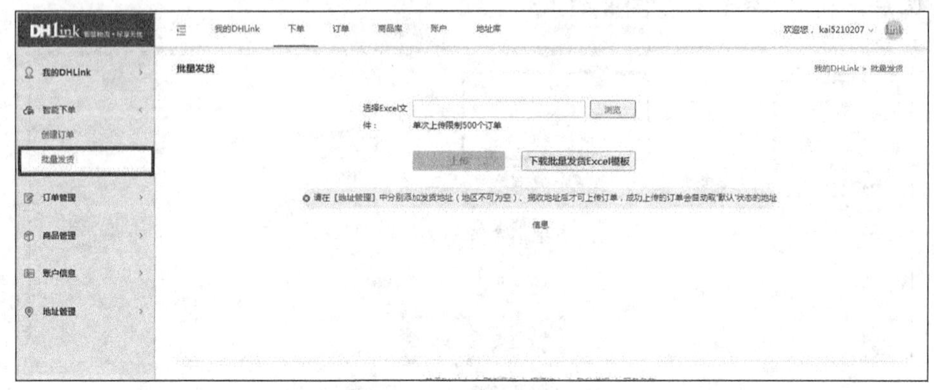

图 8-44　批量发货（1）

下载批量发货 Excel 模板后，根据该模板在 Excel 中填写所要发货的商品信息；单击“浏览”，选择 Excel 文件，单次上传限制 500 个订单；添加 Excel 文件后，单击“上传”，即下单成功，如图 8-45 所示。

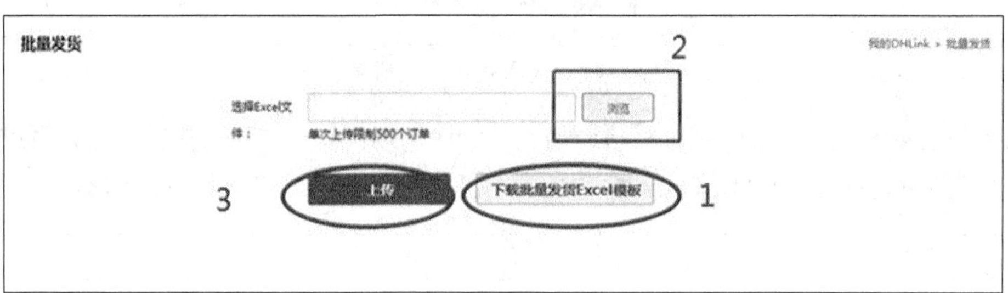

图 8-45　批量发货（2）

（3）订单管理

打开我的 DHLink—订单管理

按照物流类型对订单进行分类管理，订单分为国际 E 邮宝、国际快递、国际专线、国际小包，如图 8-46 所示。

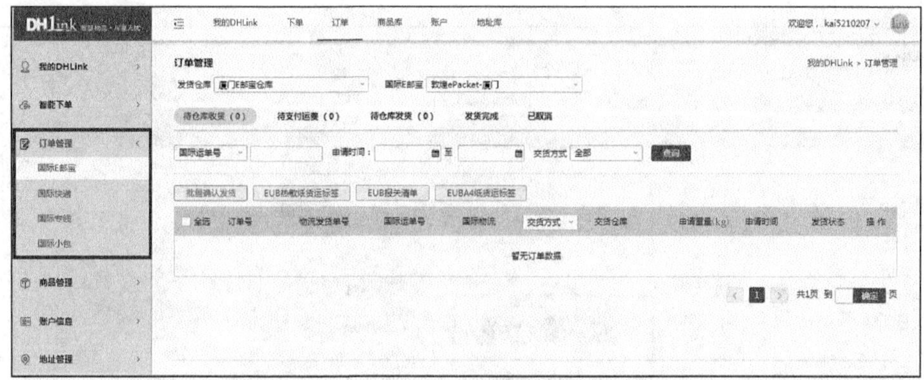

图 8-46　订单管理

进入“订单管理”界面后，可选择物流类型内包含的物流线路对订单进行查看及管理，如图 8-47 所示。

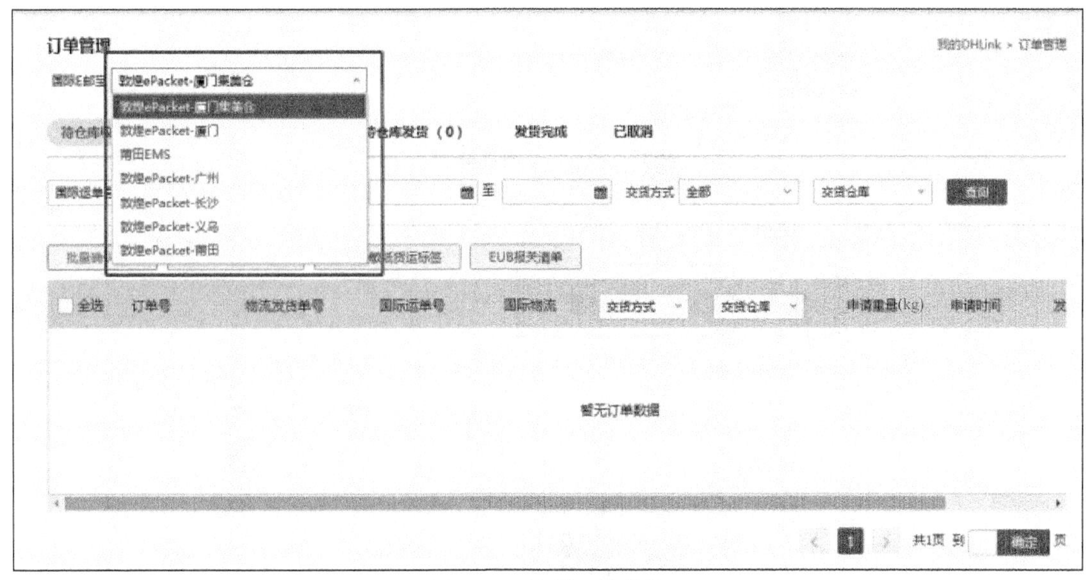

图 8-47　选择运输线路

选择完物流线路后，单击“待仓库收货”，可对待仓库收货的订单进行管理；在待仓库收货的“订单管理”界面中，可根据国际运单号、申请时间、交货方式或交货仓库对订单进行查询；查询到所需订单后，选择需要进行确认发货的订单，单击“打印物流发货单条码”按钮，将打印好的发货单条码贴在包裹上，避免无法收货入库；物流发货单条码打印并粘贴完毕后，选择需要进行确认发货的订单，单击“批量确认发货”按钮，如图 8-48 所示。

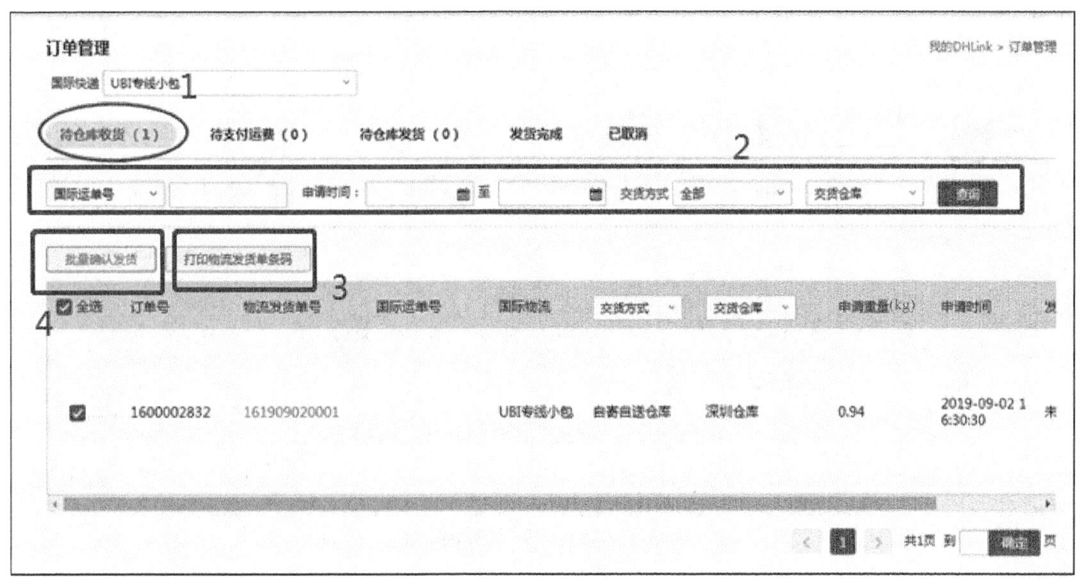

图 8-48　待仓库收货

进入“确认发货”页面后，再次确认订单已发货，若为自送仓库，则选择自送仓库；选择国内物流及填写国内运单号后，单击“确认”按钮，确认所选订单已发货，如图 8-49 所示。

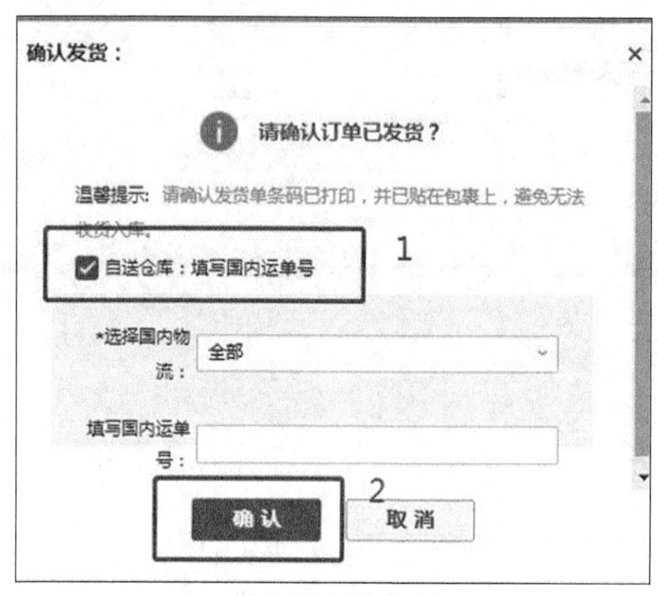

图 8-49　确认发货

选择完物流线路后，单击“待支付运费”，可对待支付运费的订单进行管理；在待支付运费的“订单管理”界面中，可根据国际运单号、交货仓库或申请时间对订单进行查询。查询到所需订单后，选择需要进行支付运费的订单，单击“立即支付”或“批量支付运费”按钮，如图 8-50 所示。

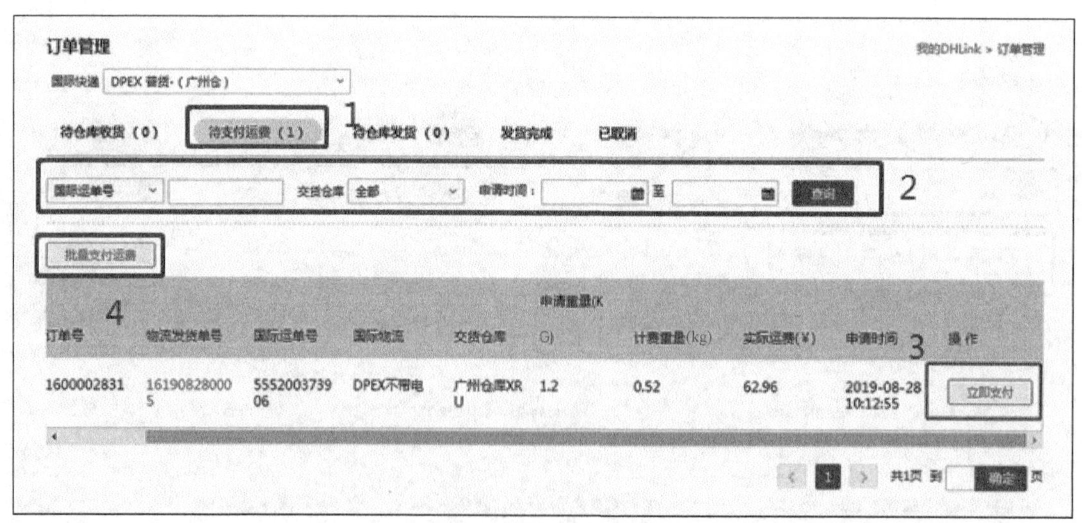

图 8-50　确认待支付的运费

在“支付运费”页面再次确认物流发货单号无误后，单击“支付”按钮，如图 8-51 所示。

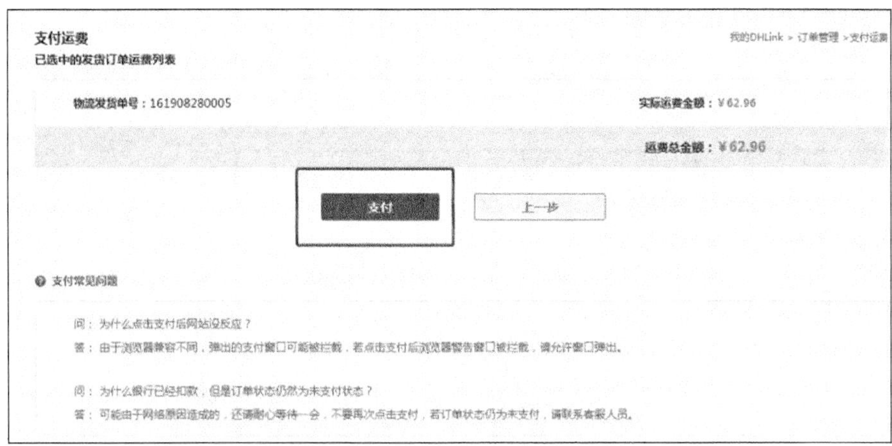

图 8-51　支付运费

选择完物流线路后，单击“待仓库发货”，可查看待仓库发货的订单；单击“发货完成”，可查看发货完成的订单；单击“已取消”，可查看已取消发货的订单，如图 8-52 所示。

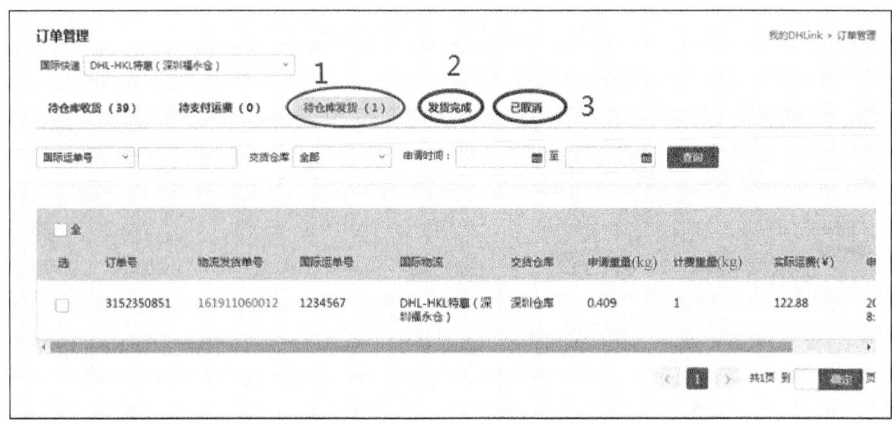

图 8-52　待仓库发货

（4）商品管理

单击“我的 DHLink—商品管理”，如图 8-53 所示。

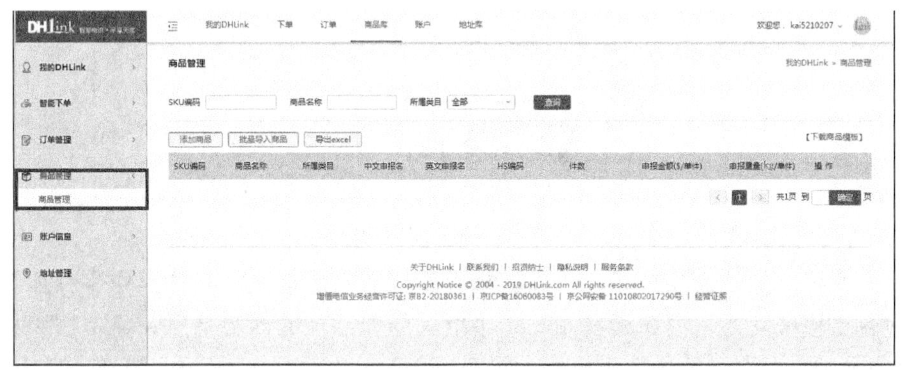

图 8-53　商品管理

在“商品管理”界面中，可根据 SKU 编码、商品名称或所属类目对商品进行查询；单击“添加商品”，下载商品模板，如图 8-54 所示。

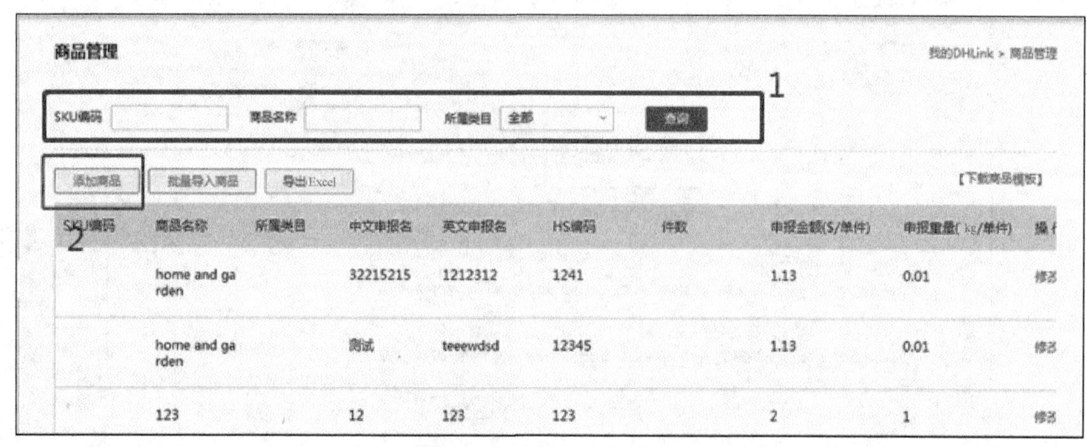

图 8-54　查询、添加商品

在“添加商品”页面，填写所发商品的 SKU 编码、商品名称、所属类目、中文申报名、英文申报名、HS 编码、申报重量、申报金额等信息，填写完毕后，单击“确认”按钮，如图 8-55 所示。

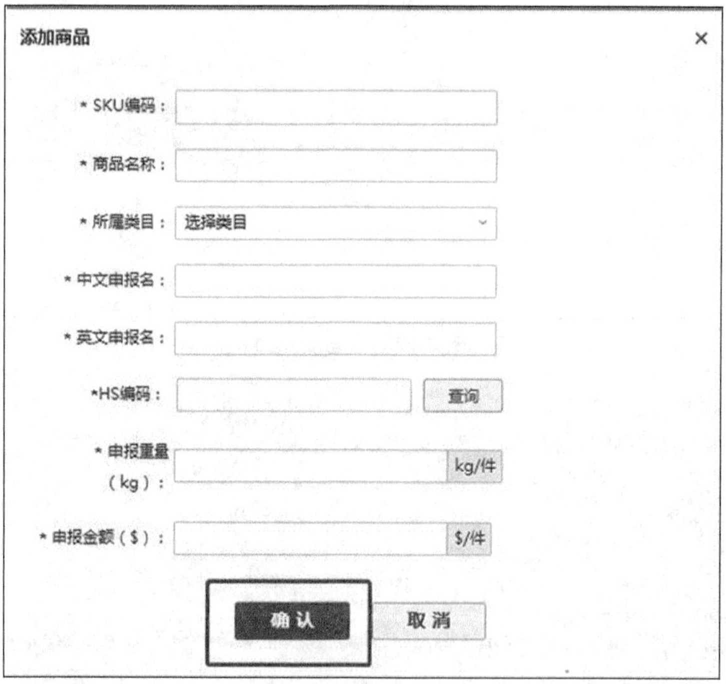

添加商品 ×

* SKU编码：

* 商品名称：

* 所属类目：选择类目

* 中文申报名：

* 英文申报名：

*HS编码： 查询

* 申报重量（kg）： kg/件

* 申报金额（$）： $/件

确 认　取 消

图 8-55　填写商品信息

若卖家所要添加的商品较多，可以选择批量导入商品信息，具体操作步骤如下。

下载商品模板后，根据模板在 Excel 中填写所要添加的商品信息；将根据模板填写的商品信息 Excel 表导入，单击“批量导入商品”即可批量添加商品信息；单击“导出 Excel”，即可导出已添加的所有商品信息的 Excel 表，如图 8-56 所示。

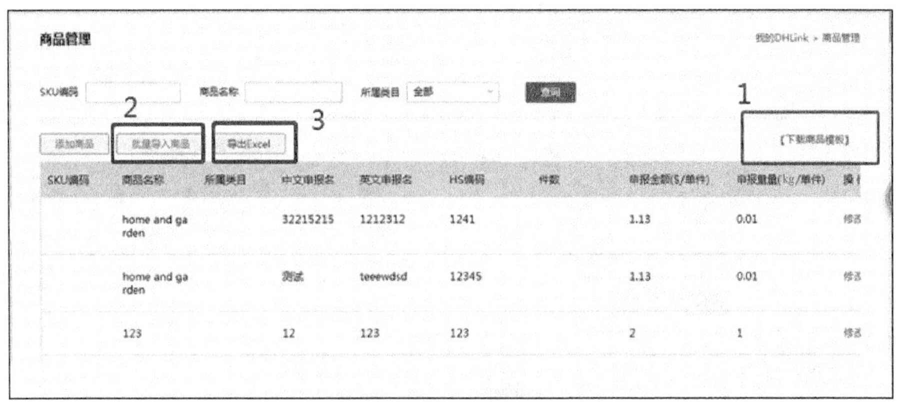

图 8-56　批量导入、导出商品信息

（5）账户信息

单击“我的 DHLink—账户信息”，进入账户信息页面，如图 8-57 所示。

图 8-57　账户信息

在“账户信息”页面，卖家可以得知账户总金额、可用余额和冻结金额，单击“在线充值”按钮，可对 DHLink 账户进行充值，如图 8-58 所示。

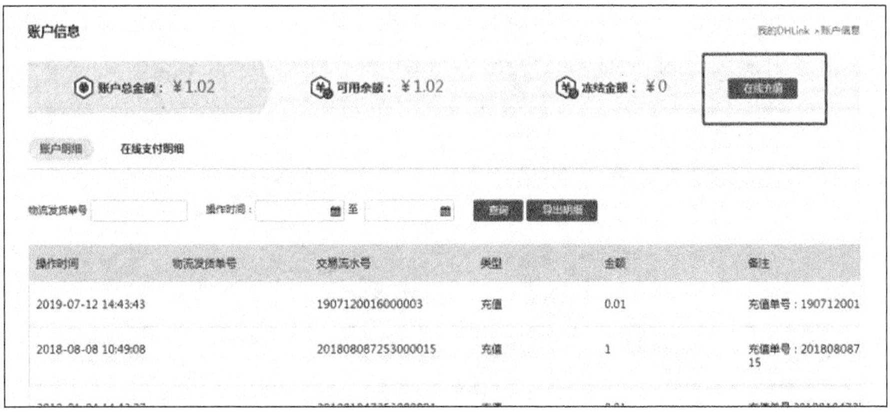

账户信息　我的DHLink > 账户信息

账户总金额：¥1.02　可用余额：¥1.02　冻结金额：¥0　在线充值

账户明细　在线支付明细

物流发货单号　操作时间：　至　查询　导出明细

操作时间	物流发货单号	交易流水号	类型	金额	备注
2019-07-12 14:43:43		1907120016000003	充值	0.01	充值单号：190712001
2018-08-08 10:49:08		201808087253000015	充值	1	充值单号：20180808715

图 8-58　在线充值

进入“账户余额充值”页面（DHgate 旗下“DHLink 综合物流平台”的账户余额管理，主要应用于平台在线发货的物流运费充值、运费支付），在确认充值账户正确后，填写充值金额，单击“下一步”按钮，即可进行充值，如图 8-59 所示。

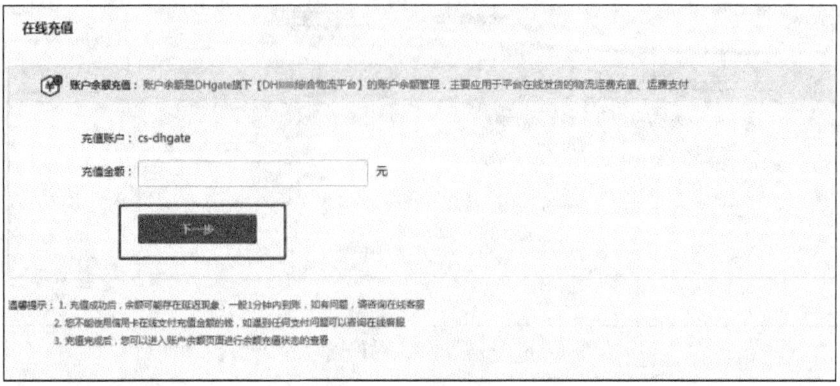

在线充值

充值账户：cs-dhgate

充值金额：　　元

下一步

图 8-59　账户余额充值

卖家可以根据物流发货单号或操作时间，单击“查询”按钮，对账户明细进行查询；卖家若想导出账户明细可以单击“导出明细”按钮，如图 8-60 所示。

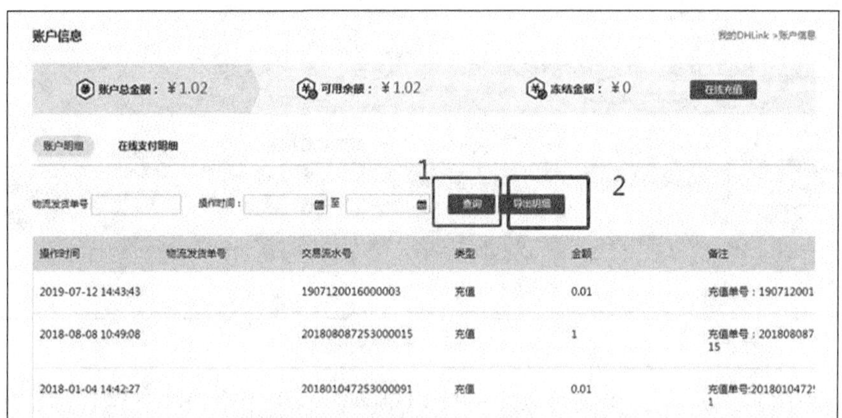

图 8-60　账户明细

卖家可以根据物流发货单号或操作时间，单击“查询”按钮，对在线支付明细进行查询；卖家若想导出在线支付明细可以单击“导出明细”按钮，如图 8-61 所示。

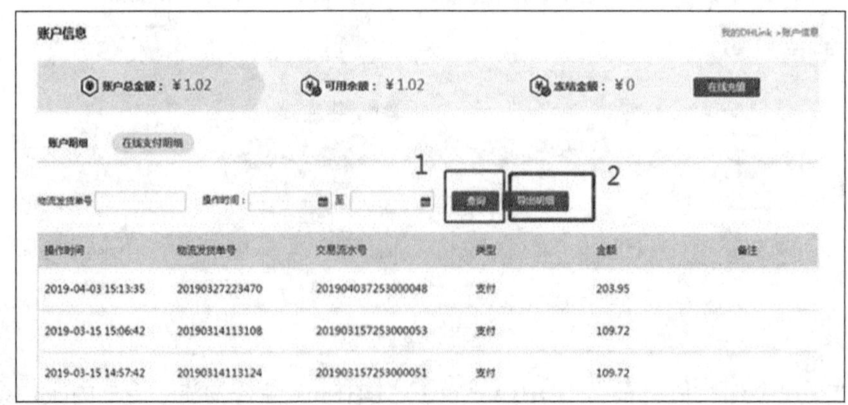

图 8-61　在线支付明细

（6）地址管理

单击“我的 DHLink—地址管理”，进入地址管理页面，如图 8-62 所示。

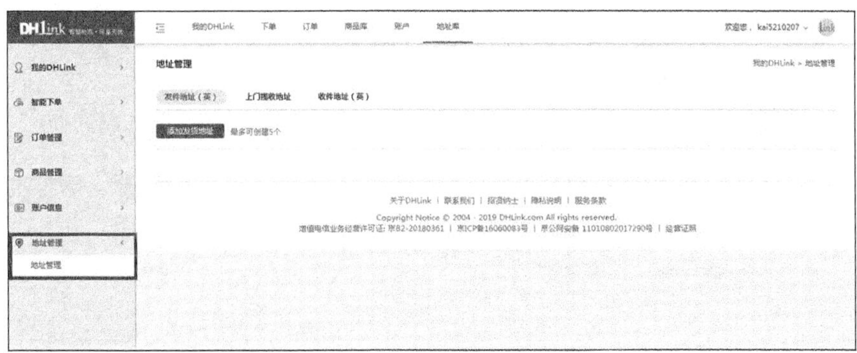

图 8-62　地址管理

进入“发件地址”页面后，单击“添加发货地址”，最多可添加五个发货地址，如图 8-63 所示。

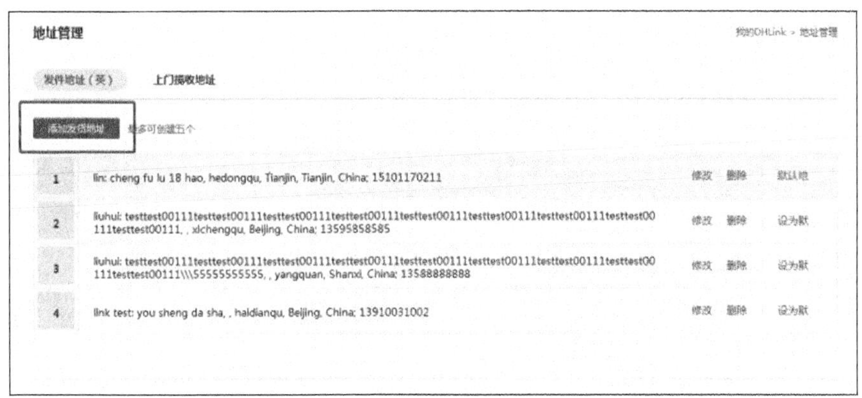

图 8-63　发件地址

进入“添加发货地址（英文）”页面，填写联系人、公司名称、所在地、详细地址、邮政编码、手机号码、固定号码和电子邮箱信息后，单击“确认”按钮，如图 8-64 所示。

图 8-64　添加发货地址（英文）

进入“上门揽收地址”页面后，单击“添加揽收地址”，最多可添加五个揽收地址，如图 8-65 所示。

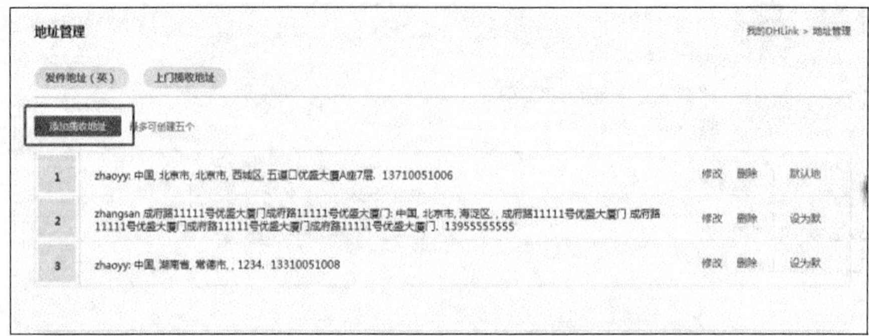

图 8-65　添加揽收地址

进入“添加揽收地址（中文）”页面后，填写联系人、公司名称、所在地、详细地址、邮政编码、手机号码、固定号码和电子邮箱信息后，单击“确认”按钮，如图 8-66 所示。

图 8-66　添加揽收地址（中文）

实践操作项目

登录 eBay、敦煌网、全球速卖通网站，注册账号，查看网站操作流程。

课后习题

案例分析题

1. 受新型冠状病毒肺炎疫情影响，实体商业受挫，而部分线上业务迎来了一波增长。

2020 年跨境电商平台“魔法灯”的销量同比增长了超 500%，客单价增长约 25%，单日 GMV 已经接近 2019 年的“双 11”活动销量。

魔法灯的前身是于 2015 年成立的新西兰阿拉丁公司，之后于 2017 年正式成立香港魔法灯集团（Mofadeng Limited），是一家采取 S2B2C 模式的跨境电商平台。

魔法灯的服务对象是跨境电商小 B 用户，包括微商、KOL、白领、家庭主妇、新移民等，其中 60%长期生活在境外，从去年开始境内用户的比例也逐渐增大。平台为他们提供供应链、仓储、物流、清关、系统等方面的支持，服务于想要购买境外优质商品的消费者。目前魔法灯已经服务了全球近 20 万小 B 用户。

早期魔法灯从澳大利亚和新西兰市场起步，目前已经在欧美、日韩、东南亚等国家和地区均设立了自营海外仓。魔法灯挖掘这些区域本地口碑好的高质量品牌，涉及母婴、美妆、个护、保健、生鲜等 16 大品类，目前已与 1 000 多家境外品牌达成直接合作，共有 1 万多个 SKU。

自 2020 年 2 月开始，平台订单暴增，团队做了一组数据的对比，从春节假期过后到 2 月第一周，平台销量同比增长了约 500%，订单增长约 290%，新上线的小程序端口实现了超过 100%的增长，2 月第一周 GMV 将近 2 000 万元。

创始人王凯认为，过年期间国内的电商平台大多属于休假状态，且部分商品出现紧缺情况，供不应求反而刺激了跨境电商的发展。除了因新型冠状病毒肺炎疫情需要的口罩、消毒类产品，平台上维生素 C、乳铁蛋白、蛋白粉等提高人体免疫力类的产品的销量也呈现大幅增长。

当前的情况对跨境电商确实具有推动作用,不过需求的增长也给供应链和物流带来了很大的压力。王凯表示，平台能及时处理订单，源于魔法灯多年扎实积累的货源能力和物流能力。

对于境外厂家来说，全年生产都已经做好了排期规划，面对临时爆发的需求，厂家也不敢完全放开生产。这个时候平台的数据能力显得很重要，平台根据对未来订单进行预测，以此为厂家提供生产建议，优化生产线。

目前美国、法国、澳大利亚等国家陆续宣布取消部分航线，国际物流成为跨境电商要解决的一个难题。2018 年魔法灯收购了新西兰本地的一家国际物流公司新顺丰（NSF），因此目前已经拥有自主物流资源。NSF 是澳新地区的排名前五的国际物流公司，成立时间超过 7 年，这次为魔法灯带来了一些优势。

第一，在信息层面，仓库与物流深入对接，能实现更快速的订单响应；包裹离境后各环节的真实信息自动传输到订单物流信息中，用户可以自主查询。

第二，在航空运力方面，当前新西兰各大航空公司运力减半，澳大利亚的直飞航线更是全面停飞。王凯表示，目前魔法灯通过 NSF 与各大航空公司多年建立的稳定合作关系，预定好了由澳大利亚飞往其他国家进行中转的航班；而新西兰则在运力减半的情况下，提前预约好了接下来一个月的舱位，以保证包裹顺利发出。

而在境内的清关和派送环节，也因部分口岸海关及快递延期上班时间，导致清关和派送时效有所延误，目前魔法灯已经协调多个口岸进行清关准备，后续全程采用顺丰派送。

问题：（1）魔法灯是如何在新型冠状病毒肺炎疫情期间获得发展的？

（2）新型冠状病毒肺炎疫情的发生对跨境电商有哪些主要影响？

2. 目前，京东物流是全球唯一拥有中小件、大件、冷链、B2B、跨境和众包（达达）六大物流网络的企业，凭借这六张大网在全球范围内的覆盖以及大数据、云计算、智能设备的应用，京东物流打造了一个从产品销量分析预测到入库出库再到运输配送各个环节无所不包，综合效率最优、算法最科学的智能供应链服务系统。

截至 2019 年 6 月 30 日，京东物流运营约 600 个仓库，23 座大型智能化物流中心“亚洲一号”。仓储总面积超过 1 500 万平方米，其中包括了约 250 万平方米的云仓面积。京东物流大件和中小件网络已实现国内行政区县 100%覆盖，自营配送服务覆盖了全国 99%的人口，90%以上的自营订单可以在 24 小时内送达。同时，京东物流着力推行战略级项目“青流计划”，从“环境（Planet）”“人文社会（People）”和“经济（Profits）”三个方面，协同行业和社会力量共同关注人类的可持续发展。

围绕“短链、智能、共生”，京东物流正携手社会各界共建全球智能供应链基础网络（GSSC），聚焦供应链、快递、供应链数字化产业平台三大业务板块，为客户、行业、社会提供全面的一体化的供应链解决方案，实现“有速度更有温度”的优质物流服务。

京东物流的物流服务有哪些？

1. 京东供应链

为商家提供软硬件高度协同、有价值、值得信赖、服务可承诺的，全托管式的供应链一体化服务。

2. 京东快递

为客户提供有温度的优质包裹交付服务。提供多种时效产品选择和个性化增值服务，更加专业、多样，为用户带来更加贴心的体验。

3. 京东快运

京东物流六大产品体系之一，以搭建全球智能供应链基础网络（GSSC）为目标，致力于智能化网络搭建及多式联运研究和应用，在为客户提供动态供应链全生态服务的同时，秉承着合作共赢、协同发展、资源共享、集成创新的理念，建设京东物流复合型通道网络；这是京东物流对内降本增效，对外经营创新的重要驱动。

4. 京东冷链

京东物流早在 2014 年开始打造冷链物流体系，2018 年正式推出京东冷链（JD ColdChain）。京东冷链专注于生鲜食品、医药物流，依托冷链仓储网、冷链运输网、冷链配送网“三位一体”的综合冷链服务能力，以产品为基础，以科技为核心，通过构建社会化冷链协同网络，打造全流程、全场景的 F2B2C 一站式冷链服务平台，实现对商家与消费终端的安心交付。

5. 京东云仓

京东物流以整合共享为基础，以系统和数据产品服务为核心，输出技术、标准和品牌，助力商家及合作伙伴，建设物流和商流相融合的云物流基础设施平台。

6. 京东跨境

京东物流通过在全球构建“双 48 小时”通路，帮助中国制造通向全球，全球商品进入中国。同时，京东物流为商家提供一站式跨境供应链服务。

7. 京东服务+

京东物流以“让服务更有价值”为使命，致力于成为中国最值得信赖的高品质服务平台。聚焦 3C、家电、家居三大领域，提供安装、维修、清洗、保养等服务。

问题：（1）京东物流主要有哪些服务？

（2）京东跨境电商物流的运作模式是怎样的？

附录

实训项目

 实践目的

了解设备时代网的发展历程，理解设备时代网络平台功能，掌握设备时代网络平台的操作流程。

知识准备

一、设备时代网概况

设备时代网由传统外贸龙头企业投资成立，是其母公司辽宁迈克集团股份有限公司（以下简称“辽宁迈克集团”）转型电子商务服务的重大战略布局。辽宁迈克集团股份有限公司成立于 1994 年 3 月 4 日，其前身为辽宁省机械设备进出口公司（成立于 1979 年）；集团更早可追溯到辽宁省机械公司（成立于 1960 年），是集国际工程承包、国际贸易、国内贸易、房地产开发、仓储运输、物业管理为一体的综合性企业。现年均经营额为 16 亿元人民币，年均进出口额为 1.5 亿美元，是中国机电产品进出口商会常务理事单位。

设备时代网是辽宁迈克集团独立研发的国际贸易全价值链的一站式服务平台，该集团还于 2013 年 9 月全资注册了“设备时代（大连）电子商务有限公司”，该公司即设备时代网的运营商。

设备时代网集高度专业化的队伍与专业资源，既为机电行业的中小企业提供外贸专业定制服务，又为其他行业的中小企业提供外贸综合业务服务，专注于支持中小企业无障碍、高效率、低成本地开展国际贸易。以超值服务为导向，以求真务实为根基，设备时代网经过不断发展，逐渐获得了社会各界的认同，先后成为 2012 年度中国可信 B2B 行业网站 50 强，商务部 2013—2014 年度电子商务示范企业，工业和信息化部 2013 年电子商务集成创新试点项目。

设备时代网将被建设成为具有国际影响力的第三方服务平台，帮助中小企业从烦琐的进出口业务流程中解脱出来，使企业专心生产和研发；同时通过平台盘活金融服务，打造具有活力的电子商务产业，围绕核心用户的个性化、碎片化需求，帮助中小企业高效率、低成本地实现国际贸易便利化。

二、设备时代网络平台功能

设备时代网目前凭借国际贸易全价值链的一站式服务已拥有数量可观的注册用户，其中收费用户约占 35%，续约率高达 79%。它结合开拓了国际市场服务，包括报关、报检、租船、订舱等常规外贸服务，还有银行退税、融资金融服务，以及到现场安装调试的售后服务，并将这些服务有效连接为一体。此跨境电商平台的创新点在于将国际贸易涉及的所有步骤完全融合，真正为用户实现国际贸易一站式服务。最典型的盈利服务模式包括以下 3 个方面。

1. 提供电商代运营服务，收取订单成交佣金

该服务由设备时代网工作人员代理运营企业店铺，全权负责产品发布、店铺日常管理运营，并后续实时帮助关注产品询盘、审核采购信息，并在询盘转化为订单的整个过程中提供全程专业服务。不成交不收费，成交后生成订单收取佣金。此项服务适用于试图将产品打入国际市场，但苦于找不到方法、没有稳定专业外贸业务员的供应商企业。

2. 提供网络店铺服务，收取自营店铺年费

店铺全权自营，自主发布产品，直接与采购商联络，按年收取固定会员费，并可按需求定制增值服务，按具体服务另行收取。此项服务适用于自有外贸业务团队或专业外贸业务员并且对电子商务较熟悉的供应商企业。

3. 提供综合商务配套服务，收取服务费

设备时代网提供围绕电子商务的增值线下服务，即从业务洽谈磋商到货物外运以及融资、展会、培训等一站式自助式外贸专业服务，按具体项目收取增值服务费，以及为海外采购商提供工厂评估、产品检验、国际认证、赊销担保、行程安排等专业线下服务，按具体项目收取增值服务费。

三、设备时代网络平台操作流程

（1）注册。在任意设备时代网页面的左上角单击“Join Free”，即“免费注册”，具体如附图 1 所示。

（2）登录设备时代网络平台，如附图 2 所示。

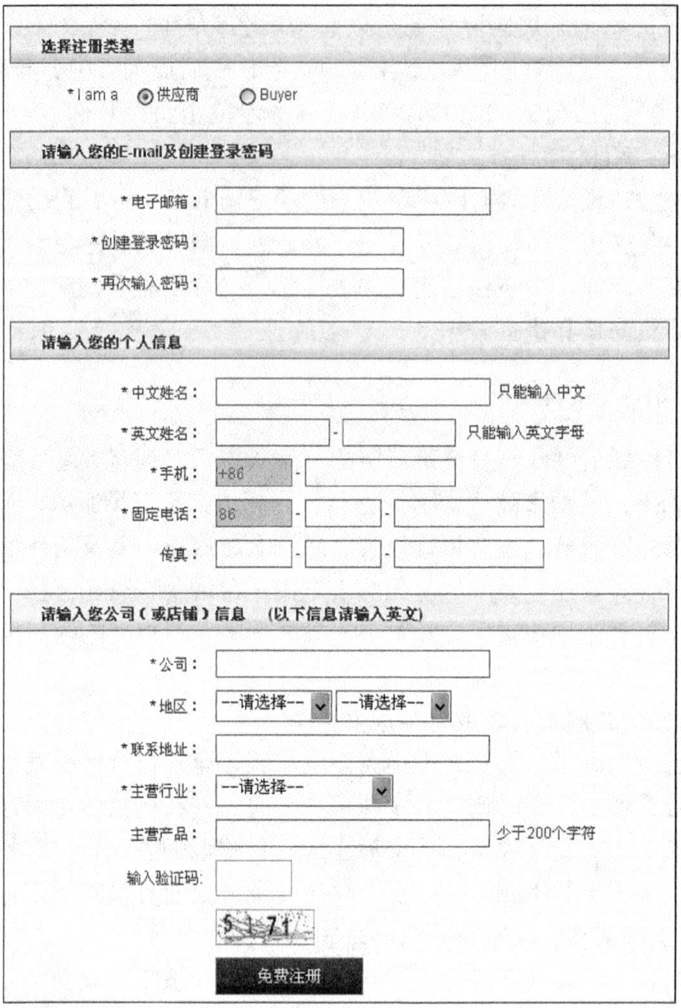

选择注册类型
*I am a
供应商
Buyer
请输入您的E-mail及创建登录密码
*电子邮箱：
*创建登录密码：
*再次输入密码：
请输入您的个人信息
*中文姓名：
只能输入中文
*英文姓名：
只能输入英文字母
*手机：
+86
*固定电话：
86
传真：
请输入您公司（或店铺）信息 (以下信息请输入英文)
*公司：
*地区：
--请选择--
--请选择--
*联系地址：
*主营行业：
--请选择--
主营产品：
少于200个字符
输入验证码:
免费注册

附图 1　注册

Buyers
供应商
Account
Email
Password
Authcode
Remember me
Login
Forgot password?
Join Free
Buyers
供应商登录
账号
电子邮箱
密码
验证码
记住我
登录
忘记密码？
注册店铺

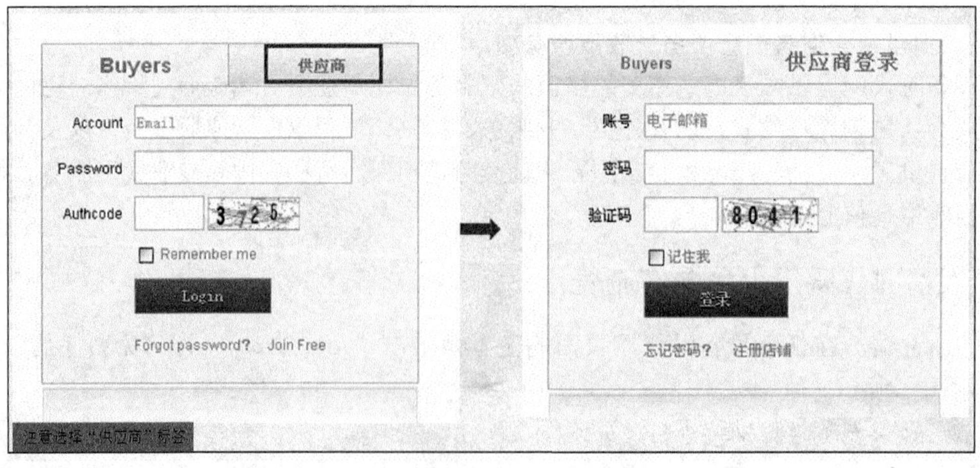

附图 2　登录设备时代网络平台

（3）进入供应商中心，如附图 3 所示。

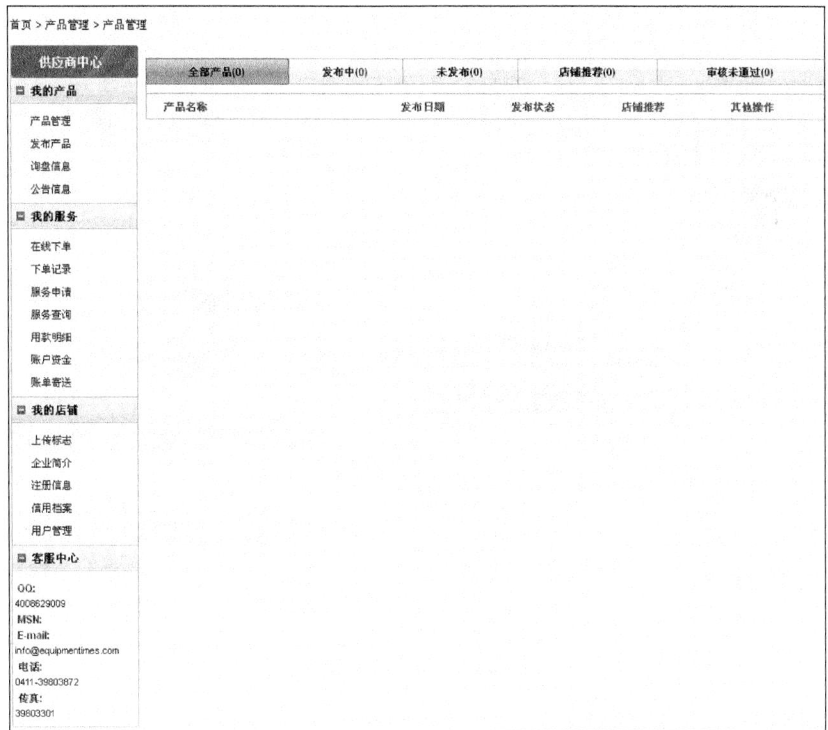

附图 3　进入供应商中心

（4）发布产品，如附图 4 所示。

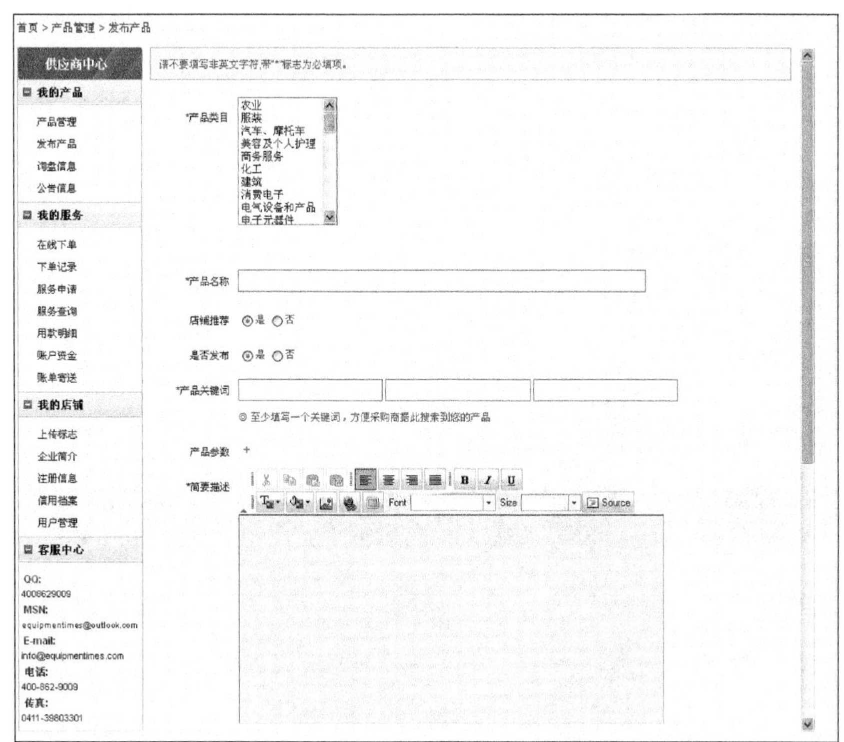

附图 4　发布产品

① 输入产品信息，如附图 5 所示。

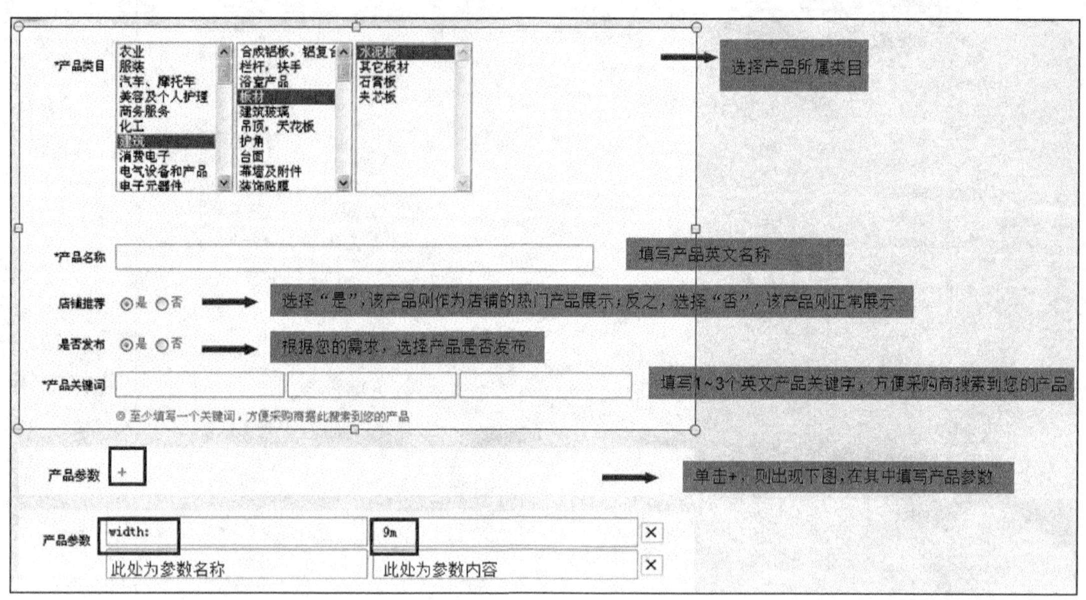

附图 5　输入产品信息

② 输入简要描述，如附图 6 所示。

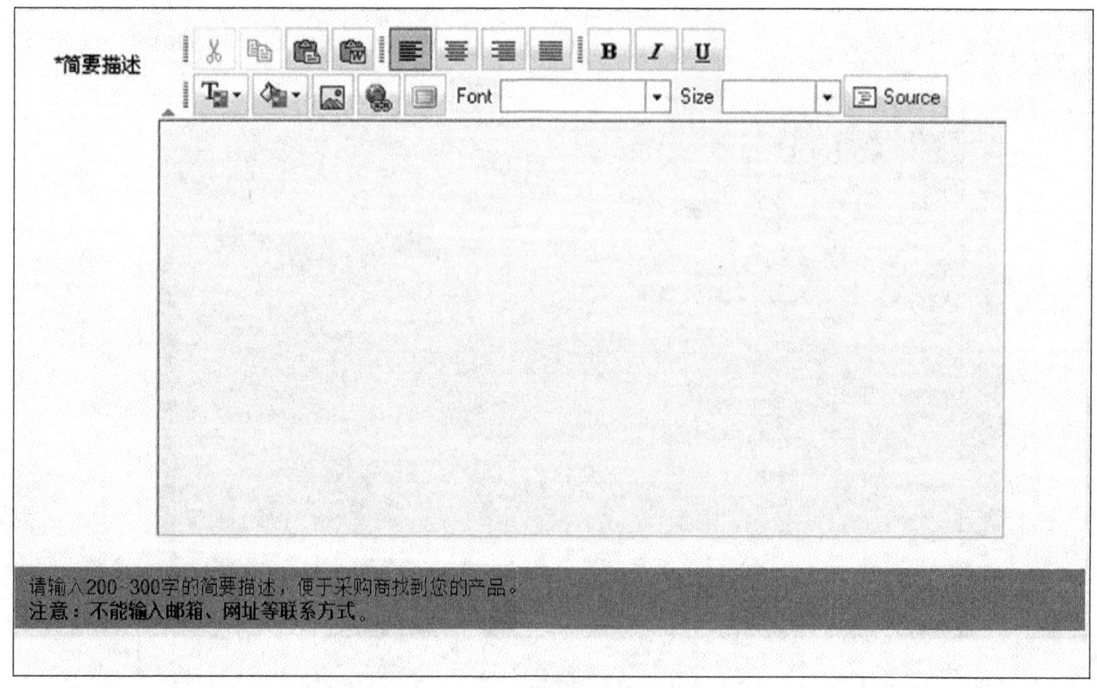

附图 6　输入简要描述

③ 上传图片，如附图 7 所示。

附图 7　上传图片

④ 添加产品详细介绍，如附图 8 所示。

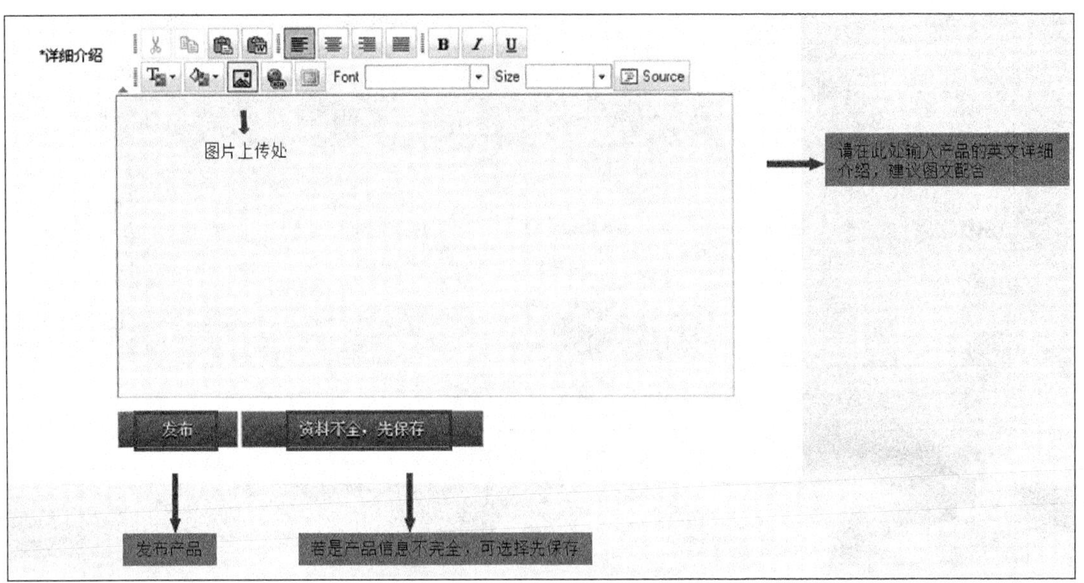

附图 8　添加产品详细介绍

（5）进行产品管理，如附图 9、附图 10 所示。

首页 > 产品管理 > 产品管理

供应商中心
我的产品：产品管理、发布产品、询盘信息、公告信息
我的服务：在线下单、下单记录、服务申请、服务查询、用款明细、账户资金、账单寄送
我的店铺

全部产品(12) | 发布中(12) | 未发布(0) | 店铺推荐(8) | 审核未通过(0)

产品名称	发布日期	发布状态	店铺推荐	其他操作
Cellar Vessels and Customized Tanks	2013-06-19	已发布	是	编辑 删除 预览
INDUSTRIAL BREWERIES	2013-06-19	已发布	是	编辑 删除 预览
MICRO & PUB BREWERIES	2013-06-19	已发布	是	编辑 删除 预览
Customized BBT	2013-06-19	已发布	是	编辑 删除 预览
Customized Beer Fermenters	2013-06-19	已发布	是	编辑 删除 预览
Industrial Brewery Equipment	2013-06-19	已发布	否	编辑 删除 预览
Pub & Micro Brewery	2013-06-19	已发布	否	编辑 删除 预览
Beer Bottling Line	2013-06-19	已发布	否	编辑 删除 预览
Turnkey Beer Packing Solutions	2013-11-12	已发布	否	编辑 删除 预览
kegging machines and canning lines	2013-11-12	已发布	是	编辑 删除 预览
High quality beer keg	2014-03-11	已发布	是	编辑 删除 预览
2-Roller Mill For Malt	2014-04-11	已发布	是	编辑 删除 预览

单击“编辑”，可修改产品信息
单击“删除”，则删除该产品
单击“预览”，则能看到该产品发布后的效果

附图 9　进行产品管理（1）

（6）查看询盘信息及公告信息，如附图 11 所示。

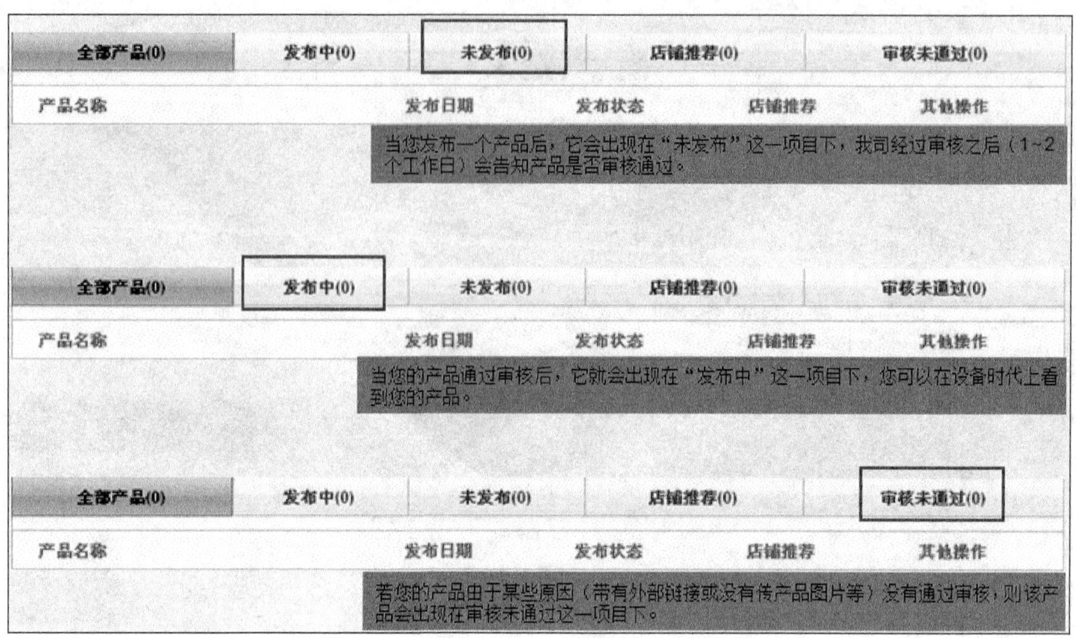

附图 10　进行产品管理（2）

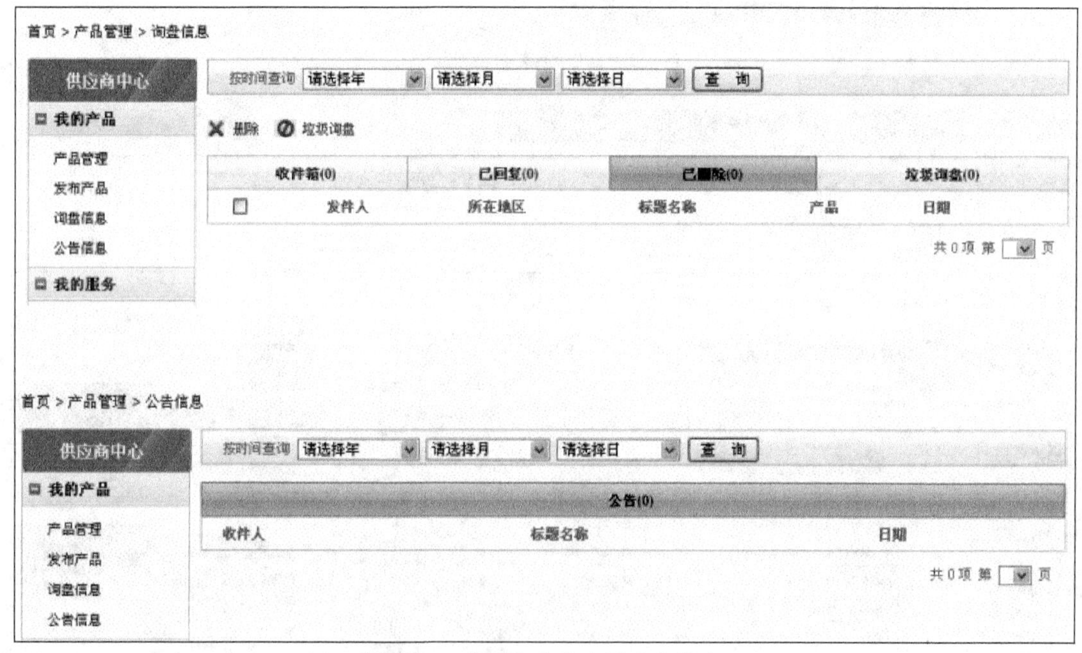

附图 11　查看询盘信息及公告信息

（7）进行店铺管理

① 上传企业标志，如附图 12 所示。

② 添加企业简介，如附图 13 所示。

③ 编辑注册信息，如附图 14 所示。

④ 建立信用档案，如附图 15 所示。

附图 12　上传企业标志

附图 13　添加企业简介

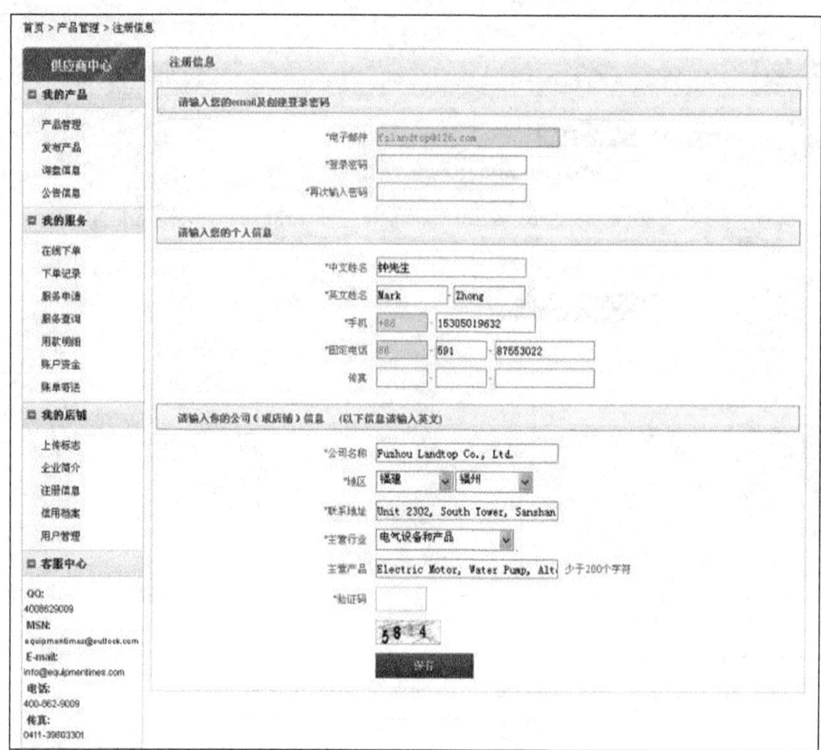

附图 14　编辑注册信息

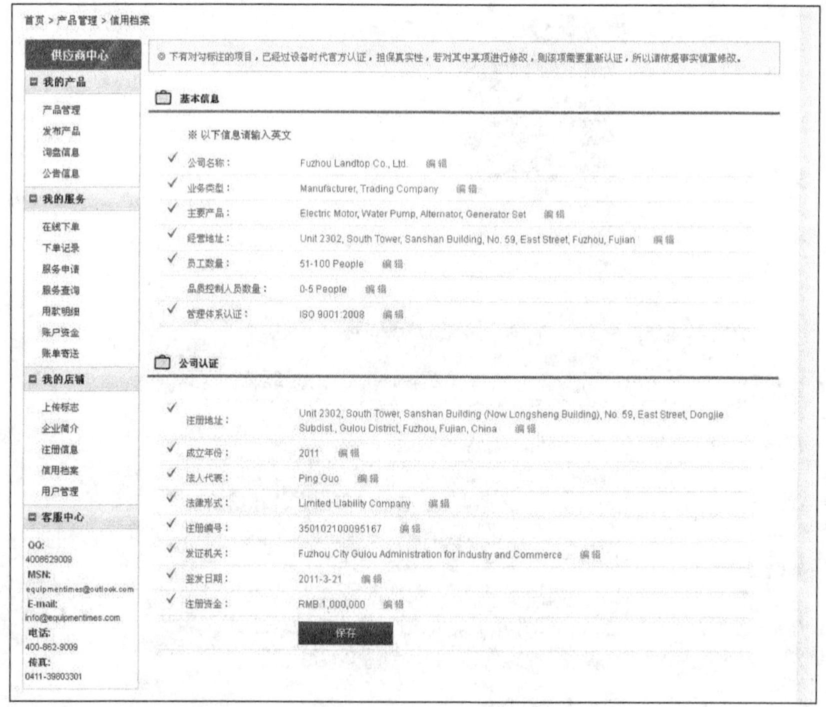

附图 15　建立信用档案

⑤ 进行用户管理，如附图 16 所示。

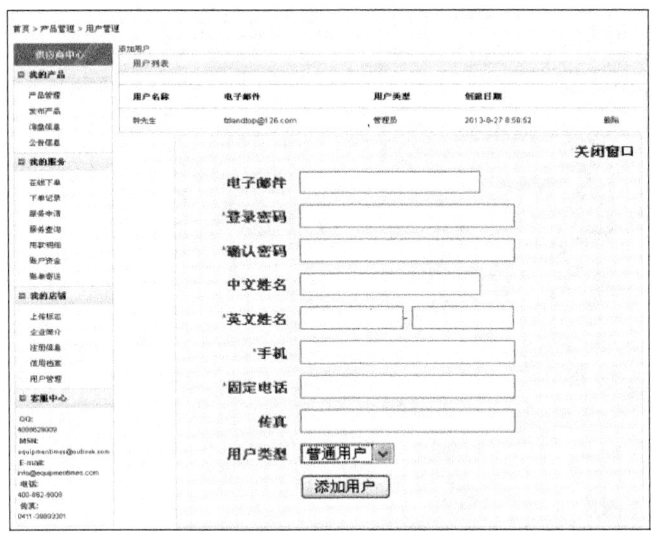

附图 16　进行用户管理

（8）进行服务管理

① 在线下单，如附图 17 和附图 18 所示。

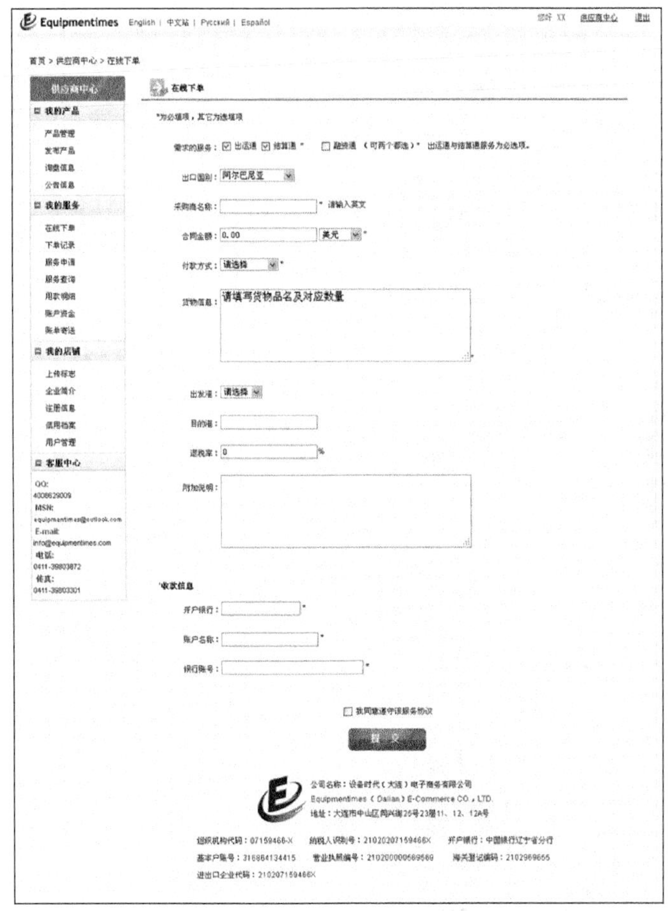

附图 17　在线下单（1）

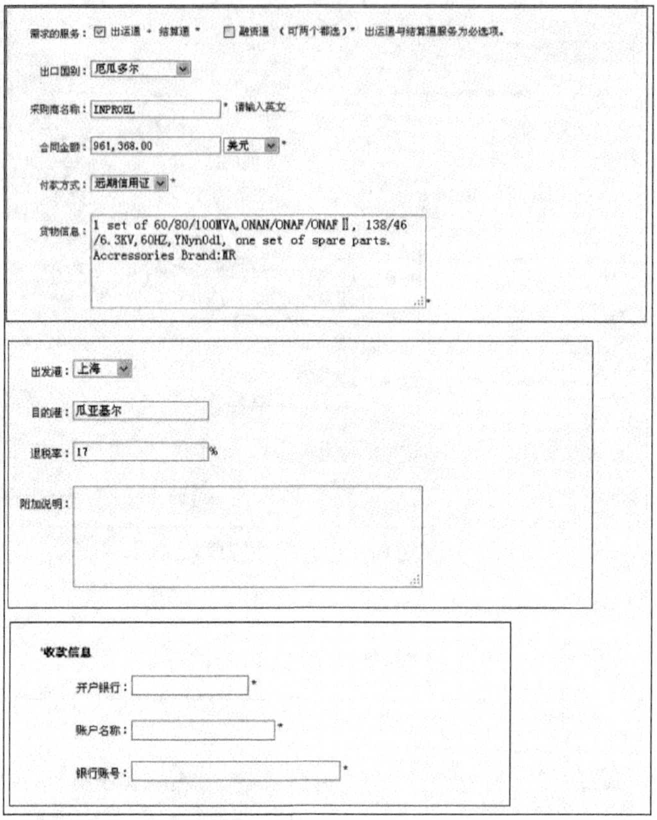

需求的服务：☑ 出运通 + 结算通 * ☐ 融资通 （可两个都选）* 出运通与结算通服务为必选项。

出口国别：厄瓜多尔

采购商名称：INPROEL * 请输入英文

合同金额：961,368.00 美元 *

付款方式：远期信用证 *

货物信息：1 set of 60/80/100MVA,ONAN/ONAF/ONAF Ⅱ, 138/46/6.3KV,60HZ,YNyn0d1, one set of spare parts. Accressories Brand:MR *

出发港：上海

目的港：瓜亚基尔

退税率：17 %

附加说明：

收款信息

开户银行：*

账户名称：*

银行账号：*

附图 18　在线下单（2）

② 查看下单记录，如附图 19 所示。

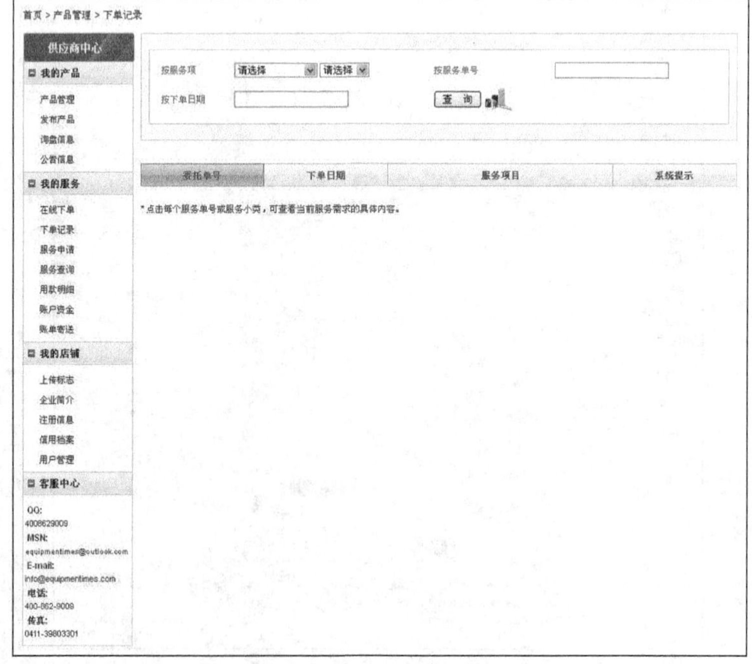

附图 19　查看下单记录

③ 进行服务申请，如附图 20 所示。

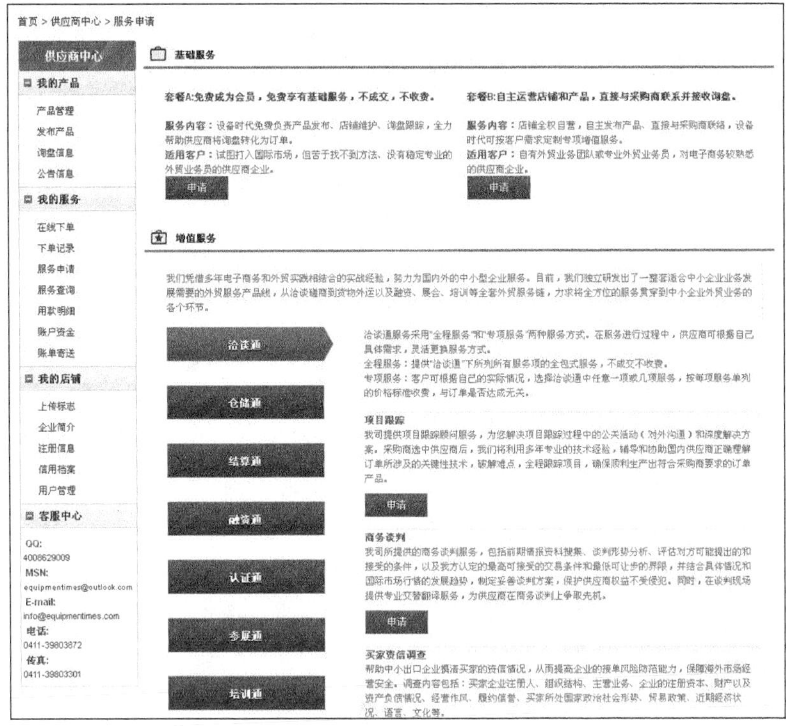

附图 20　进行服务申请

④ 进行服务查询，如附图 21 所示。

附图 21　进行服务查询

⑤ 查询用款明细，如附图 22 所示。

附图 22　查询用款明细

⑥ 进行账单寄送，如附图 23 所示。

附图 23　进行账单寄送

实训操作要求

一、出运通

出运通受托为中小企业代理完成报关、报检、运输、保险等进出口服务。

1. 报关报检

设备时代提供合同项下货物的报关报检专业服务、并根据需要缮制合同项下货物的相关出口单据，包括报关/报检委托书、报关单、商业发票、装箱单、订舱单、出口合同、原产地证及优惠产地证、使馆认证的各项材料、专业机构提供的相关证明等。

2. 物流保险

设备时代提供合同项下货物出运所需的租船、订舱、海运保险、港杂等相关的一系列服务，并把关货物装箱及国内运输安全，保证货物保质保量按时到达目的港。

二、结算通

结算通包括跨境结算、收汇核销和出口退税。

1. 国际结算

国际结算包括国际结算系统、国际贸易融资系列、结售汇和外汇买卖系列及个性化解决方案系列。

2. 收汇核销

提供合同项下所有款项的银行收汇、申报及核销服务。设备时代专业结算团队为客户提供各种跨境结算服务，解决中小企业与银行对接门槛的障碍，简化业务流程。每单一经收汇，设备时代人员必定及时配单核销，保障按时有序进入退税环节。

3. 出口退税

设备时代外贸团队精通产品出口退税政策及相关申报程序，为供应商提供合同项下货物的出口退税申报服务。设备时代拥有详细的出口退税单证管理办法，对业务、储运、财务、单证等责任部门（人）的工作职责和权限、退税单据传递流程时限等均进行了严格规范，形成一个协同退税的有机整体，保证效率。

三、完成出运通+结算通服务

出运通的界面如附图 24 所示。

附图 24　出运通

第一步：申请服务

在设备时代网站上选择“出运通”+“结算通”，单击“在线下单”按钮，如附图 25 所示。

附图 25　出运通+结算通在线下单

登录后，设备时代会员将进入在线下单页面，开始填写服务内容，如附图 26 和附图 27 所示。

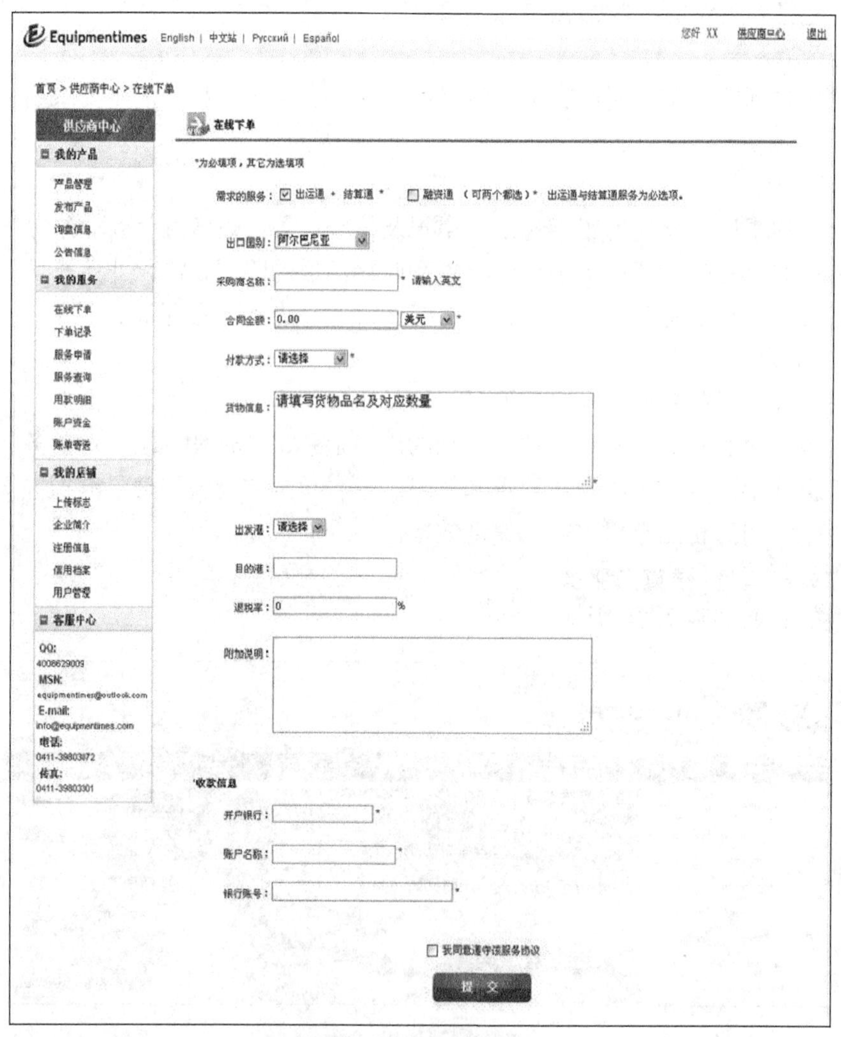

附图 26　填写服务内容

此处信息为必填项，请正确填写信息，如附图 27 所示。

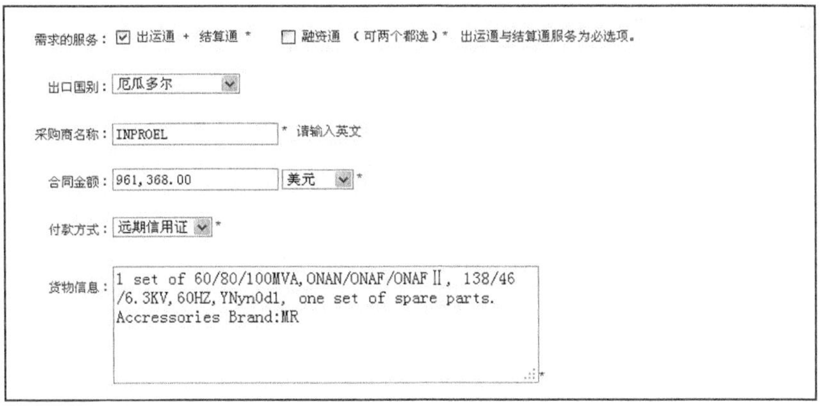

需求的服务：☑ 出运通 + 结算通 *　☐ 融资通 （可两个都选）* 出运通与结算通服务为必选项。

出口国别：厄瓜多尔

采购商名称：INPROEL * 请输入英文

合同金额：961,368.00 美元 *

付款方式：远期信用证 *

货物信息：1 set of 60/80/100MVA,ONAN/ONAF/ONAF Ⅱ, 138/46/6.3KV,60HZ,YNyn0d1, one set of spare parts. Accessories Brand:MR *

附图 27　必填项信息

此处的信息为选填项，若是不把握信息的正确性，可以稍后填写，如附图 28 所示。

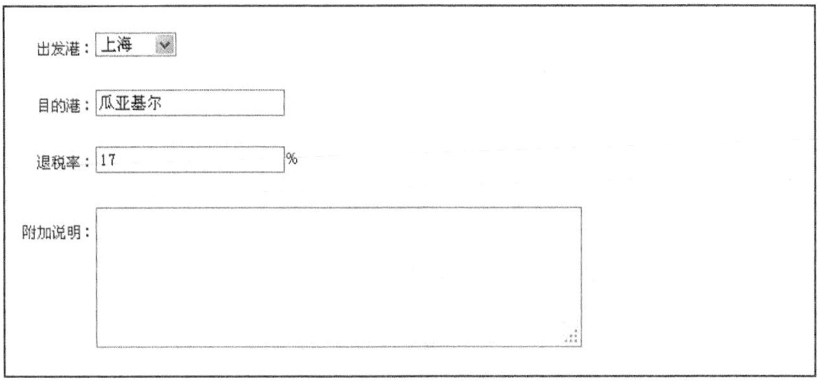

出发港：上海

目的港：瓜亚基尔

退税率：17 %

附加说明：

附图 28　选填项信息

收款信息为必填项，请填写公司的银行账户信息，如附图 29 所示。

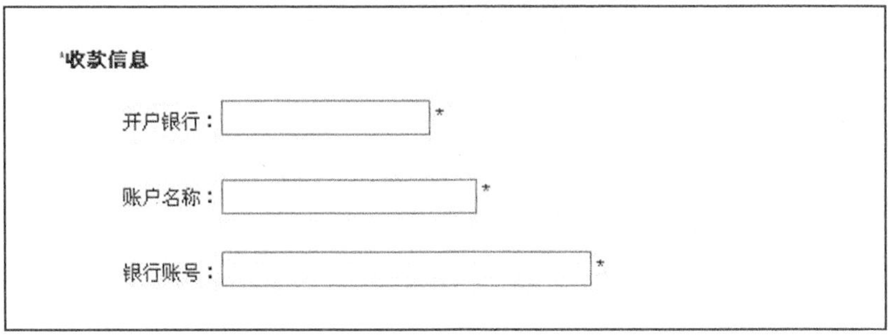

*收款信息

开户银行： *

账户名称： *

银行账号： *

附图 29　收款信息

第二步：审核材料

申请服务后，由设备时代网站审核资料，客户确认信息无误后，双方签订合同。且订单状态为受理，该订单信息不可变更，如附图 30 所示。

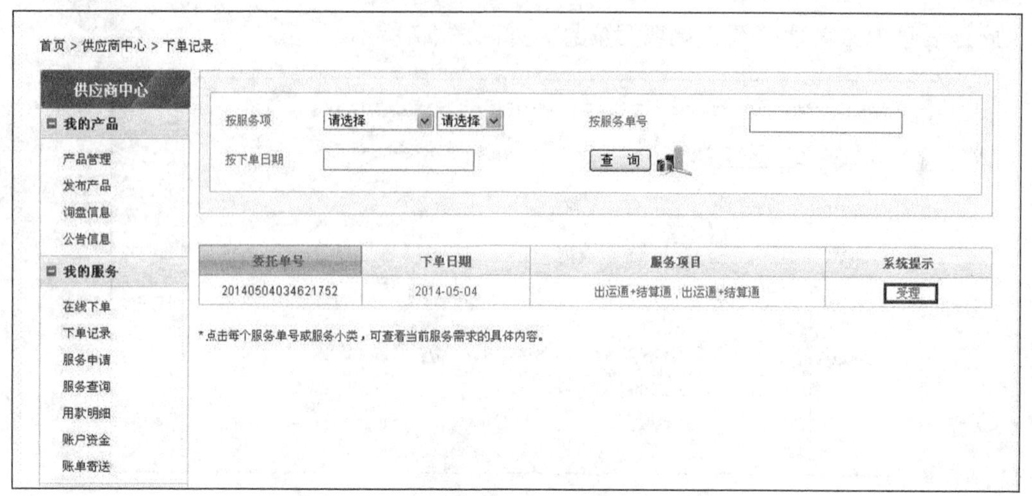

附图 30　受理订单

注意：订单状态为受理。

第三步：开始服务

办理进出口通关流程包括：申报—查验—征税—放行—结关，如附图 31 所示。

附图 31　进出口通关流程

参考文献

[1] 逯宇铎．国际物流管理．3 版．北京：机械工业出版社，2016.

[2] 逯宇铎．国际物流学．2 版．北京：北京大学出版社，2014.

[3] 逯宇铎．跨境电商背景下物流网络风险管理研究．北京：科学出版社，2018.

[4] 陈碎雷．跨境电商物流管理．北京：电子工业出版社，2018.

[5] 邓玉新．跨境电商：理论、操作与实务．北京：人民邮电出版社，2017.

[6] 邓志超．崔慧勇，莫川川．跨境电商基础与实务．北京：人民邮电出版社，2017.

[7] 肖旭．跨境电商实务．2 版．北京：中国人民大学出版社，2018.

[8] 张瑞夫．跨境电子商务理论与实务．北京：中国财政经济出版社，2017.

[9] 陆端．跨境电子商务物流．北京：人民邮电出版社，2019.

[10] 李贺．报关实务．2 版．上海：上海财经大学出版社，2018.

[11] 孙东亮．跨境电子商务．北京：北京邮电大学出版社，2018.

[12] 郑建辉．跨境电子商务实务．北京：北京理工大学出版社，2018.

[13] 吴喜龄，袁持平．跨境电子商务实务．北京：清华大学出版社，2018.

[14] 韩小蕊，樊鹏．跨境电子商务．北京：机械工业出版社，2017.

[15] 王玉珍．电子商务概论．北京：清华大学出版社，2017.

[16] 曹盛华．跨境电商务发展策略与人才培养研究．北京：中国水利水电出版社，2018.

[17] 陈启虎．国际贸易实务．北京：机械工业出版社，2019.

[18] 孙正君，袁野．亚马逊运营手册．北京：中国财富出版社，2017.

[19] 丁晖．跨境电商多平台运营：实战基础．北京：电子工业出版社，2017.

[20] 于立新．跨境电子商务理论与实务．北京：首都经贸大学出版社，2017.

[21] 陈江生．跨境电商理论与实务．北京：中国商业出版社，2018.